K.B060735

완벽에 관하여

BUILDING:

A Carpenter's Notes on Life, New York, and the Art of Good Work

Copyright © 2023 by Mark Ellison

All rights reserved.

Korean translation rights arranged with Aevitas Creative Management,
New York through Danny Hong Agency, Seoul.

Korean translation copyright © 2024 by Bookstone Publishing

이 책의 한국어판 저작권은 대니홍 에이전시를 통한 저작권사와의
독점 계약으로 ㈜북스톤에 있습니다.
저작권법에 의해 한국 내에서 보호를 받는 저작물이므로
무단전재와 복제를 금합니다.

완벽에 관하여

훌륭한 것을 만들어내는 일에 대한
뉴욕 목수의 이야기

마크 엘리슨
지음

정윤미
옮김

넉스톤

차 례

불길한 시작

나는 온갖 물건을 만드는 목수다.

처음부터 목수가 되려던 것은 아니었고, 어쩌다 보니 이 직업을 갖게 되었다. 고등학교를 그만둔 후에 케임브리지 센트럴광장에 일할 기회가 생겼다. 학교 친구의 부모님이 새로 매입한 타운하우스를 수리하는 일이었다. 예전엔 집집마다 아버지들이 주로 그런 일을 하셨고, 일손을 거들 만한 아이는 모두 아버지를 도와야 했다. 그때까지 목수라는 직업은 주일학교에서 들어본 것이 전부였고 목수를 만난 적도 없었다. 그래도 나는 목수로 일할 기회를 즉시 받아들였다. 손재주가 있는 편이었고, 손이 지저분해지는 일을 싫어하지 않았다. 오히려 그때까지 제대로 된 직업을 가져본 적이 없었기에 뿌듯하기까지 했다.

목수로 일하면서 경력에 대해 거짓말을 늘어놓은 적이 딱 한 번 있다. 서른 살 때였는데 목수, 수납장 제작과 같은 여러 가지 일을 15년 이상 했다고 말했다. 실제로는 10년밖에 안 됐으면서 나이 많은 기술자가 누리는 신임을 나도 얻어보려고 욕심을 부린 것이었다. 물론 사람들은 내 나이만 들어도 거짓말임을 금방 눈치챘을 테지만, 아무도 신분증을 확인하지 않았다. 사실 그 시절에는 나만 한 경력을 가진 사람도 찾기 어려웠다.

이제는 경력을 부풀릴 필요가 없다. 실제 경력이 40년이나 되기 때문이다. 다행히도 나는 여전히 이 일을 정말 좋아한다. 그렇지 않다면 그 오랜 세월 동안 해내지 못했을 것이다. 기술적으로도 그렇지만 고객 응대도 힘들고, 때로는 신체적이나 정신적으로 스트레스가 많다. 예전에는 미국 경제 호황기의 대저택에 맞먹는 멋진 집이나, 〈더 젯슨〉(1960년대 미국 애니메이션 시트콤으로, 로봇과 외계인 등이 등장하는 미래를 배경으로 한다─옮긴이)의 우주시대조차 질투할 만큼 크고 현대적인 주택을 짓겠다는 욕심에 밤샘 작업도 마다하지 않았다. 지금 돌이켜 보니 그보다 훨씬 더 많은 꿈과 목표를 이뤘다.

그동안 내가 세운 건축물은 대부분 화려하고 세련된 것이라, 나는 직접 살아보지 못했다. 그 건물들을 그저 보금자리라 부른다면 타지마할을 단순한 비석으로 취급하는 셈이다. 뉴욕의 최고 디자이너라면 화려함과 독특함이 만나는 지점에서 돈이 가장 많이 벌린다는 걸 잘 알 것이다. 세상 누구도 갖지 못한 특별한 방을 만들어달라고 요청한 고객이 한두 명이 아니었다. 내가 지은 가장 화려한 결과물은 내 눈에도 비현실적으로 보였다. 지금 생각해보면 완공된 건물에 들어가볼 수 있었던 것도 매우 특별한 기회였다.

나는 아이를 낳아본 경험은 없지만, 출산은 몇 번 지켜보았다. 사람들은 여자가 출산의 고통을 기억한다면 인류가 멸종되었을 거라 말한다. 다시 출산을 원할 리 없으니까. 예쁜 아기의 사진은 누구나 좋아한다. 아무런 사고도 치지 않고 말끔하고 조용히 있는 아기는 귀엽다. 마찬가지로 사람들은 사소한 부분까지 완벽하게 갖춰져 있고 최고급 자재와 모든 벽면에 반사되는 조명이 사용된 멋진 인테리어 사진에 열광한다. 하지만 나는 뉴욕의 고급 아파트 사진을 봐도 감탄사를 연발하며 부러워하지 않는다. 그 한 장의 사진을 위해, 궂은 날씨에도 트럭에서 자재를 내려 화물용 엘리베이터로 운반하고 고생해서 현장을 꾸며야 한다는 사실을 누구보다 잘 알기 때문이다. 내가 살아본 집의 열 배도 넘는 면적을 어수선하고 먼지투성이인 상태에서 그렇게 꾸미려면 얼마나 엄청난 노력이 드는지 설명하기도 어렵다. 그러는 동안 옆집과 위아래층에서는 공사 소음 때문에 불평이 끊이지 않으며, 소송을 걸겠다고 으름장을 놓기도 했을 것이다. 이런 소음에도 아랑곳하지 않고 공사하는 미련한 인간들은 당장 조용히 하지 않으면 감옥에 처넣어야 한다는 막말도 귀 따갑게 들었을 것이다.

　내게는 화려한 사진이 가득한 인테리어 잡지가 마치 예쁜 아기 앨범과 같다. 그런 사진은 모두 자랑스럽지만, 그 상태를 만들어내기까지의 혼란을 떠올리면 터무니없게만 느껴진다. 온몸에 먼지를 뒤집어쓴 현장 노동자, 푹푹 찌는 날씨, 거칠게 소리치는 고객, 부상, 다시는 일을 맡지 못할 만큼의 끔찍한 실수 등은 도대체 그 사진 속 어디에 있는가?

‡

　세상에서 보는 것은 실체가 아니라 반사된 모습이다. 롱아일랜드시티의 집에서 창밖을 내다보면 맨해튼의 스카이라인이 보인다. 아침에는 반짝거리는 선을 죽 그어놓은 것 같고, 저녁에는 그 위로 석양이 부드럽게 펼쳐진다. 내가 공사했던 건물도 몇 채 보이고, 완공된 아파트의 모습을 머릿속으로 그려보기도 한다.

중산층이 주로 사는 고층 아파트와 맨해튼의 부유층 전용 타워 사이에는 큰 차이가 없다. 건물을 세우는 데 들어가는 자재도 다를 바 없어서 구조용 콘크리트와 강철, 알루미늄 창틀과 판유리로 된 커다란 창, 금속 스터드와 석고보드 마감, 합판으로 된 문, 자질구레한 하드웨어, 여러 가지 붙박이 세간 및 가전제품이 합쳐져 건물이 완성된다. 내가 사는 중산층 아파트와 최고급 아파트를 비교해도 조명, 난로, 문손잡이, 에어컨의 기능은 같은데 비용만 열 배쯤 차이가 난다. 사실 어떤 주택이든 건축 요소는 거의 같다. 차이는 겉모습뿐이다. 고급 주택의 경우 좀 더 예술적인 느낌이 가미된다. 외양은 겉치레다. 그런 환상은 종이짝처럼 얇아서 살짝 긁히기만 해도 훼손될 수 있다. 요즘 고급 목공 작업에 쓰이는 귀한 목재는 두께가 16분의 1인치도 되지 않는다. 알고 보면 목공소에서 내다 버린 나무 조각이나 길가에 흔한 포플러나무로 만든 것이다. 가장 비싸게 팔리는 수제 세라믹 타일도 고운 흙을 구운 다음 유약을 입혀서 매끄럽고 보기 좋게 만든 것일 뿐이다.

리노베이션 공사가 잘 진행되려면 겉으로 드러나는 모든 요소를 계획하고 시공하는 데 어마어마한 시간과 노력이 든다. 그러나 고객은 눈에 보이는 베니어판에만 관심을 가지며, 그 뒤에 가려진 시스템이나 자재에는 조금도 신경 쓰지 않는다. 집에 대한 환상이 생기면 그것을 손에 넣기 위해 상상을 초월하는 금액도 기꺼이 지불한다. 호화로운 집에서 세련되고 멋지게 차려입은 사람들의 사진을 보면 다들 부러움에 탄성을 지른다. 인간 사회의 전체 질서는 부러운 시선을 얼마나 많이 받는지로 측정되는 걸까? 이 나라는 물론이고 세계 대부분 지역에서 태어나는 순간부터 주변에서 가장 부유한 사람을 떠받들고, 모방하고, 부러워하도록 학습하는 것 같다. 성취, 재능, 지능, 지혜, 아름다움, 결단력과 같은 성공의 개념에도 열광하지만, 대중의 머릿속에는 부의 축적과 과시야말로 그 어떤 것보다 확실한 성공의 척도로 여겨진다. 내가 몸담은 업계와 출판업계는 이 환상을 먹여 살리고 유지하는 데 총력을 기울인다.

건축업에 종사하는 40년간 나는 독특한 교육을 받았다. 나와 동료들은 사람들이 보는 겉모습 뒤에서 하루 중 대부분의 시간을 보낸다. 우리는 하나도 놓치지 않고 모든 것을 본다. 100년이 넘는 역사를 지닌 파크 애비뉴는 '전쟁 전'에는 지저분한 돌덩어리와 해골이 나뒹구는 곳이었다. 하청업체 직원들은 전쟁의 공포로 가득한 국가 출신들이었다. 설계 책임자가 할 일이라고는 비용을 맞추는 것뿐이었고, 가사도우미는 스트레스로 머리가 한 움큼씩 빠지곤 했으며, 탈의실 서랍에는 때 이른 사춘기를 맞은 소년조차 다 먹지도 못할 만큼 많은 양의 애더럴과 리탈린(ADHD 치료제—옮긴이)이 넘쳐났다. 수없이 많은 경험이 오랜 시간에 걸쳐 나를 가르쳤다. 시간이 지나면서 이런 경험이 나를 완전히 둘러쌌고, 마침내 부러움이라는 감정은 마음에 비집고 들어올 틈이 없었다.

대부분의 생명은 표면 아래에 숨어 있다. 미켈란젤로의 조각 작품에서는 한껏 팽팽해진 살 아래로 뼈대와 힘줄을 볼 수 있다. 조각 작품의 매끄러운 표면 아래에는 그가 해부를 통해 터득한 지식이 담겨 있다. 전문 사냥꾼은 사냥감을 몇 주간 걸어두거나 직접 잡으면 고기 맛이 완전히 달라진다는 점을 안다. 예쁜 사진, 잘 가꾼 정원, 잘 차려진 식탁을 삶의 목표로 삼으면 정말 많은 것을 놓칠 수 있다.

잡지에 나올 법한 집을 지으려면 한동안 기름때와 흙먼지를 뒤집어써야 한다. 전 세계의 광고주와 별볼일없는 인플루언서들은 끝도 없이 부를 축적하는 것이야말로 화려하고 만족스러운 삶을 누리는 길이라고 목이 쉬도록 강조한다. 하지만 그런 주장은 우리가 걸친 암흑의 철갑을 뚫지 못한다. 우리는 화려한 겉모습에 가려진 실제 모습을 너무도 잘 안다. 궁전 같은 저택에 손님들이 감탄하면 자부심은 높아지겠지만, 그렇다고 해서 자녀에게 사랑받는 부모가 될 수 있는 건 아니다.

모든 사람이 공예를 배우거나 육체노동에 전념해야 한다는 말은 아니다. 하지만 먼지나 흙 반죽이나 어두운 생각을 외면하면 인생에서 유의미한 순간을 지나쳐버리게 된다. 처음부터 끝까지 직접 만들어보면, 완성품을 소유하는 것과는 비교할 수도 없을 만큼 많은 것을 배울 수 있다. 30년 전이라면 이런 말을 감히 하지 못했을 테고, 할 말도 그다지 없었다. 이제 예순을 바라보니 살면서 배운 점을 나누고 싶다.

한 가지 분명히 해둘 점이 있다. 잘나가는 목수가 되려는 사람에게는 이 책을 추천하고 싶지 않다. 이 책은 부모나 교사, '권위'를 가졌답시고 못마땅한 얼굴을 한 사람들에게 등 떠밀려서가 아니라, 스스로 잘해내고 싶은 사람들을 위한 것이다.

한 분야에 숙달(mastery)되는 건 결코 쉬운 일이 아니다. 스스로를 '마스터'라고는 아예 생각하지도 않고, 누군가가 나를 그렇게 표현하는 것도 무척 싫어한다. 아무리 노력해도 부족한 면이 있기 마련이라고 인정하는 편이 낫다. 아무리 노력해도 종종 생각지 못한 곳에서 장애물을 만나곤 한다. 전 재산인 500달러를 지하철에서 소매치기당하거나 전기톱에 왼손이 거의 절단된 채 직접 운전해서 응급실에 가는 등 별의별 사건이 뉴턴의 제3법칙에 포함될 거라고 누가 감히 예측할 수 있을까?

이 세상의 법칙은 관용을 베풀지도, 도움을 주지도 않는다. 개인의 성취보다는 DNA의 생존에만 관심이 있기 때문이다. 하지만 나는 사람들이 생각보다 훨씬 더 많이 원하는 대로 하면서 인생을 살 수 있다고 주장한다.

내가 학문의 길을 가야 한다고 잘못 생각한 바로 그분이 나에게 중요한 교훈을 주었다. 무언가를 간절히 원하며 그 목표를 위해 기꺼이 노력한다면 인생에서 정말 많은 것을 이룰 수 있다는 것이었다. 그분은 내게 영감을 불어넣어주었으니, 그분에 대해 이야기해보겠다.

어머니는 의사였다. 우리 사남매가 초등학교에 들어갈 무렵인 1960년대 후반에 피츠버그에서 의대에 입학했다. 사람들이 알면 정신 나갔다고 욕할까 봐 자녀가 있다는 사실은 대학에 알리지 않았다.

어머니가 그런 진로를 택할 거라고는 누구도 예상하지 못했다. 1956년에 어머니는 식물학 전공으로 코넬대를 졸업했는데, 그 시절에 식물학은 여성이 그다지 환영받지 못한 분야였다. 졸업 후에는 아버지와 함께 뉴욕으로 이사했고, 아버지가 신학 공부에 몰두하는 동안 어머니는 컬럼비아대학교 사범대학에서 섬유 분야를 공부했다. 그러다 1958년에 형이 태어났는데, 부모님은 좁은 기숙사 방에 아기 누일 공간을 따로 만들지 못해 결국 서랍장 맨아래 칸에 아기를 눕혔다.

아버지는 이 세상 사람이라면 누구도 실질적인 지식을 가지지 못한 과목의 시험에 합격해 오리건 주립병원에 속한 사제로 일하게 되었다. 그래서 부모님은 오리건주까지 먼 거리를 이사했다. 그 병원은 영화 〈뻐꾸기 둥지 위로 날아간 새〉에서 정신병자들을 학대한 것으로 유명해진 곳이었다.

이사하고 6개월 뒤에는 누나가 태어났다. 생활이 힘들어지자 어머니는 전도사의 아내 노릇을 할 자신이 없다고 아버지에게 털어놓았다. 1960년대에 아내가 없는 전도사는 목양견 없는 목자와 같았다. 아내가 없으면 실질적인 업무는 누가 한단 말인가? 다행히도 아버지는 어머니의 말을 진지하게 받아들여 막 발을 내디딘 목회자의 길을 그만두었다. 부모님은 중고로 구매한 볼보 미니버스에 짐을 싣고 또다시 시골길을 천천히 달렸다. 목적지는 인디애나주 라피엣이었다.

아버지는 퍼듀대학교에서 사회학 박사 과정을 시작했는데, 사회가 급격히 변화하던 시절이라 취업에 유리한 전공으로 여겨졌다. 그러다 내가 태어났고, 1년 반 후에 여동생이 태어났다. 박사

학위를 받은 아버지는 피츠버그에 조교 자리를 구했고, 가족 모두 다시 짐을 싸서 이사했다.

당시 관습대로, 아버지가 교직 생활을 하는 동안 어머니는 집안일을 도맡았다. 일상은 매우 검소했다. 나는 열 살이 되어서야 처음으로 새 바지를 입어보았다. 그때까지 영화관에는 두 번밖에 가보지 못했고, 외식한 날도 다섯 번이 되지 않았다. 하지만 부모님은 매우 지혜로웠다. 두 분은 피츠버그대학교에서 제공하는 교육, 의료 및 레크리에이션 혜택을 빠짐없이 활용했다. 덕분에 애디론댁 호숫가에 있는 허름한 헛간에서 긴 여름휴가를 열 번이나 지냈다. 어린 시절에 그곳은 내게 에덴동산이었다.

헛간 위 어두컴컴하고 커다란 방은 어머니의 작업실이었다. 아이들은 그 작업실에서 뛰어놀 수 없었다. 어머니는 그해에 유행하는 옷을 직접 만들어 옷장을 가득 채우곤 했다. 재봉에 심취했을 시기엔 터퍼레이크에 있는 매크로 부인의 집을 드나들었다. 매크로 아주머니는 매년 뉴욕에 가서 튤, 울트라스웨이드, 벨벳, 리넨, 실크 원단을 가져왔는데, 하나같이 짜임이나 무늬가 대담하고 화려했다. 말하자면 그 시대에 가장 멋진 것이었다. 터퍼레이크는 뉴욕주에서 가장 가난한 동네인 프랭클린 카운티에 있었지만, 매크로 부인의 집 지하실에서는 마법 같은 일이 벌어졌다. 내 기억에 지하실에는 좁다란 통로가 다섯 개 있어서, 그곳을 지나려면 사방에 널려 있는 볼트와 직물 견본에 부딪히기 십상이었다. 하지만 어머니는 매번 그런 것들을 전혀 건드리지 않고 원단 묶음을 가지고 나오셨다.

지금 돌이켜 생각해보니 매크로 부인의 지하실은 거대하고 창의적인 비밀 네트워크의 지하 중추였던 것 같다. 지금은 어떤 흔적도 남지 않았지만, 어머니 세대의 페미니스트들은 매우 강력한 영향력을 발휘하여 현대 사회 조직에도 깊이 파고들어 있다.

이 이론을 뒷받침할 증거는 고작 사진 한 장뿐이지만 꽤 설득력이 있다. 어릴 때 살던 집 앞 잔디밭에서 찍은 사진으로, 우리 사남매는 어머니 옆에 한 걸음씩 떨어져 서 있다. 어머니가 잘 가꾼 장미 덤불이 우아한 배경 역할을 한다. 어머니는 단순하지만 몸에 꼭 맞는 A라인 리넨 원피스에 의대 졸업 가운을 걸친 모습이다. 전해 여름에 삐걱거리는 헛간 위층에 있는 커다란 탁자에서 재단하고 바느질하고 지퍼를 달고 옷깃을 만들고 몸에 대보며 직접 만든 그 원피스였다.

그날, 의과대학 학위 수여식에 여섯이나 되는 대가족이 참석한 것은 우리뿐이었다. 단상에 오른 학생 중에서 자녀가 있는 사람도 어머니뿐이었다. 이머니는 1966년에 아홉 살도 되지 않은 아이 넷을 키우던 중에 피츠버그 의과대학에 입학했는데, 학교가 여성 지원자에게 더 엄격한 기준을 적용하다가 소송당하기 1년 전이었다. 그 기준을 뚫고 입학해서 수석으로 졸업했다. 더 놀라운 사실은 의대를 다니는 동안 어머니가 직접 요리한 저녁을 먹지 못한 날이 손에 꼽을 정도였다는 것이다.

우리는 졸업식이 끝나고 집에 돌아오자마자 마당에 모였다. 이 사진은 엄마가 자유로워진 첫날을 기념하는 것이다. 뉴욕 5번가에 사는 딸을 둔 돈 많은 아버지들은 그날 어머니가 보여준 새로운 형태의 당당함을 흉내라도 내려면 돈을 좀 쓰라는 시달림을 받았을 것이다. 하지만 잡지 사회면에서 화려한 겉모습이 아니라 그 이면의 깊이를 볼 줄 아는 사람이라면 돈으로는 결코 살 수 없음을 잘 알 것이다. 진정한 자부심은 스스로 노력하는 자만이 맛볼 수 있다.

진정으로 여자의 인생에서 가장 행복한 날이었다.

‡

요즘 내가 하는 일을 보면 40년 전과는 공통점이 거의 없다. 작업실에서 뭔가를 만드는 데는 작업 시간의 25%만 사용한다. 일이 없어서는 아니다. 오히려 사람들이 이것저것 만들어달라고 끊임없이 부탁한다. 그동안 상상할 수 있는 모든 형태의 문을 수천 개의 수납장에 달았고, 목공에는 그다지 필요하지 않은 조인트 작업에도 능숙해졌으며, 금속, 플라스틱, 유리, 기계 분야도 잘 알기에 고급 주택에 들어가는 웬만한 물건은 다 만들 수 있다. 이제는 흥미로울 것 같은, 다시 말해 대개는 불가능해 보이는 프로젝트만 골라서 맡아도 된다. 그러나 나는 고고한 장인과는 거리가 멀다. 작업장에서 오래 혼자서 일하다 보면, 모든 것이 뒤죽박죽이고 때로는 혼돈의 도가니로 변하는 현장이 그리워진다.

요즘 나는 건축가와 엔지니어가 들이미는 지시 사항에서 모순점이나 기본적인 이해 부족을 찾아 문제를 해결하기 위해 현장에 나가는 경우가 많다. 이런 점을 찾아내려면 직접 현장에 나가야 한다. 집주인은 이런 일을 하라고 내게 보수를 주는데, 솔직히 내가 봐도 이상한 일이다. 사실 집주인은 설계팀에 바로 그런 일을 하라고 비용을 들이는 것인데 말이다. 그들이 손에 들고 있는 도면을 며칠 들여다보면 나를 고용해 공사 현장에 개입시키는 것이 현명한 이유를 수백만 가지는 찾을 수 있다. 시공사는 설계 도면대로 건축을 진행할 계약상의 의무가 있다. 지시대로 하지 않으면 고소당해서 실직하고 만다. 다행스럽게도 나는 시공사가 아니다. 나를 고용하는 집주인은 아직 발생하지 않은 문제를 해결해달라고 요청한다.

나는 일단 건네받은 서류에 크고 작은 오류, 생략된 부분, 미처 확인하지 못한 사항이며 빠진 정보가 많다고 가정한다. 시키는 대로만 작업하면 프로젝트마다 수천 개의 결함이 남는다. 그러니 나는 시키는 대로 할 생각이 전혀 없다. 나는 규칙을 잘 지키는 사람이 아니다. 권위를 쉽게 인정하지도 않는다. 어쨌든 오랫동안 이 일을 해오면서 이 괴팍한 성정을 잘 보완한 덕에 즐겁게 일하면서 수익을 거두는 비즈니스 모델로 만들었다.

이제 내가 일하는 공사 현장으로 가보자. 그러면 이 비즈니스 모델이 어떻게 작동하는지 쉽게 이해할 수 있다.

현재 나와 동료들은 약 180년 전 브루클린에 나란히 지어진 목조 타운하우스 두 채를 작업한다. 천장이 낮고 기초 부분이 빈약하며 단열재도 없고 마감재는 낡은 지 오래고 석면이나 곰팡이, 부식된 부분 등 온갖 군데가 문제투성이다. 처음에 집 안 곳곳을 살펴볼 때 이곳에 살면 우울감에 압도되겠다고 느꼈다. 내가 집주인이라면 차라리 집이 무너지길 바랄 것 같았다. 뉴욕의 랜드마크 보존 위원회는 이 건물이 보존할 가치가 있다고 판단해 구조를 보존하고 1900년대 초반의 사진 몇 장에 찍힌 상태로 외관 마감재를 복원하길 원했다. 사진을 보면 이미 대대적인 스타일 보수 작업이 적어도 한 차례 진행된 사실을 알 수 있었다. 중고시장에 판매되는 미술품과 순수 예술의 관계처럼 이런 건물들은 역사적 보물이기도 하지만, 그 가치는 보는 사람의 눈에 달렸다. 어떤 당국은 엉망진창으로 보이는 것도 '보존'한다.

계획에 따르면 지하실을 90cm 정도 더 파서 사람이 살 수 있게 만들어야 한다. 하지만 기초도 그만큼 확장하지 않으면 불가능한 작업이다. 우리 엔지니어는 'A-B-C 언더피닝(underpinning)' 공법을 제안했다. 나는 몇 년간 다른 프로젝트에 이 공법을 사용해보았다. 간단히 설명하자면 다음과 같다.

• 지하실 내부에 수작업으로 90cm 너비의 트렌치(trench)를 파는데, 기존에 있는 기초의 아래를 향해 파야 한다. 트렌치 간격은 1.8m이며, 기초 부분을 아래로 얼마나 확장하느냐에 관계없이 기초 주변 전체를 파낸다. 공사 도중에 흙더미가 무너지지 않도록 트렌치 측면에 나무판자를 설치한다.
• 기존의 건물 기초 아래로 콘크리트와 철근을 보강한다. 두께와 깊이는 필요한 만큼으로 하고, 콘크리트가 굳는 양생 시간이 필요하다.
• 충분히 굳은 후에 합판을 치우고 다시 수작업으로 바닥을 판다. 약 90cm 깊이로 트렌치를 파고 합판을 덧댄 다음 기초 아랫부분에 콘크리트를 다시 붓는다.
• 이 과정을 한 번 더 반복하면 모든 작업이 끝난다.

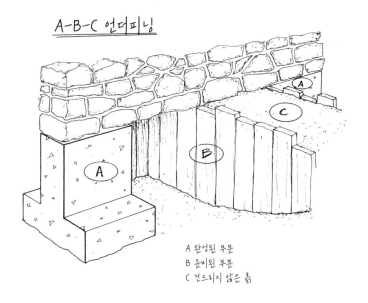

A-B-C 언더피닝

A 완성된 부분
B 준비된 부분
C 건드리지 않은 흙

설명만 들으면 어린아이도 할 수 있는 아주 쉬운 일 같다. 요즘 세상에 땅을 파본 아이는 거의 없겠지만. 그러나 날씨가 덥든 춥든 상관없이 이런 일을 하는 게 비인간적인 건 분명하다. 참기 어려울 정도로 시간이 오래 걸리고, 몸도 힘들고, 돈도 많이 든다.

계획만 봐도 이미 마음에 들지 않았는데, 첫날 현장에 나가보니 상황은 훨씬 심각했다. 기초 공사에 사용된 돌은 모양이 제각각이었는데, 아무렇게나 퍼다 놓고 모르타르를 대충 부어놓은 것이 분명했다. 당시 사용되던 지하 시멘트 슬러리는 고작해야 몇십 년밖에 버티지 못했다. 눈에 보이는 돌은 맨손으로 잡아당겨도 쏙 빠져나올 것 같았다. 엔지니어링 학위가 없는 사람도 이렇게 엉성한 돌무더기 아래에 90cm 너비의 트렌치를 파면 어떤 사태가 벌어질지 뻔히 알 정도였다.

당장 계획을 수정해야 했다.

이 정도로 심각한 문제에 대해서는 나도 별다른 해결책이 없을 때가 있다. 무슨 대책을 내놓든 엄청난 비용이 들 것이다. 자존심은 상처받기 십상이고, 작업자의 안전은 위험하다. 새 계획이 기존 계획보다 훨씬 낫다는 확신을 모든 사람에게 주어야 한다. 이럴 때면 나는 1~2주 정도 머리를 비운다. 일이 왜 이렇게 되었는지 설명해야 하는 압박이 크지만, 항상 그 문제를 머릿속에 넣고 다니되 너무 직접적으로 깊이 생각하지는 않다 보면 어느 순간 해결책이 자연스럽게 떠오른다. 그렇게 해서 꽤 효과를 보곤 했다.

이번에 떠올린 아이디어는 거의 완성되었다. 나는 외벽에 해당하는 건축가의 도면을 여러 장 인쇄한 다음 스케치를 시작했다. 한 시간 만에 이 프로젝트에서 가장 긴 벽을 이해하기 쉽게 그려냈다. 건물 양쪽 끝에서 약 1.2m 위에 있는 두 개의 교각이 거대한 트러스의 양 끝을 떠받치는 모습이었다.

다음 설계 회의에 도면을 가져가 설명했다.

"이건 트러스로, 교각과 같은 역할을 하죠. 건물 전체를 지지할 만큼 단단합니다. 임시 교각(temporary pier)에 트러스의 양쪽 끝을 올려둘 겁니다. 이렇게 하면 기존의 기초에서 벽 전체를 무너뜨린 다음 기계로 땅을 파고 적당한 일체형 기반(monolithic foundation)을 부어 넣을 수 있습니다. 그런 다음에 전체를 다 분해하고 집을 빙 돌아가며 같은 작업을 반복하면 단단한 기반을 새로 만들 수 있습니다. 먼저 가장 긴 벽을 이렇게 한 다음, 다른

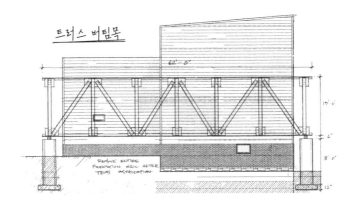

트러스 버팀목

벽에는 길이에 맞춰 트러스를 자르면 됩니다. 그러면 견고한 결과물을 얻을 수 있고, 시간도 절반으로 줄일 수 있죠."

탁자에 둘러앉은 사람들은 순식간에 믿지 못하겠다는 표정으로 바뀌었다. 나는 그런 반응에 익숙했기에 아랑곳하지 않고 계속 설명했다. "이렇게 하면 자재 비용은 하나도 들지 않아요. 외벽을 지지하는 강철 앵글은 재사용할 수 있고, 기존의 장선은 망가져 있어서 같은 모양으로 제작해서 교체할 건데 나중에 트러스를 제작할 때 사용할 겁니다. 강철은 재활용하면 되고, 마이크 멀리건의 증기 삽차처럼 단판적층재(LVL)는 새 건물의 일부가 될 거예요." 아무도 내 말을 못 알아들은 표정이었다. "그림책(《마이크 멀리건과 증기 삽차》—옮긴이) 있잖아요! 낡은 증기 삽차로 땅을 파는데, 일을 너무 빨리 하느라 구덩이에서 빠져나갈 길을 만드는 걸 잊어버린 이야기요. 그러자 증기 삽차는 보일러로 개조돼 건물을 덥히며 새 인생을 살죠. 혁신적인 변화잖아요."

설득하는 데 시간이 좀 걸렸지만, 실력 있는 구조 엔지니어와 몇 차례 회의를 거친 후에 필요한 계산을 모두 끝내고 정식 도면을 완성했더니, 건축가들도 마음을 돌렸다. 우리 팀 엔지니어는 이런 접근법에 자극받았다. 그러나 대부분의 사람들은 그에게 항상 예전의 방식을 원한다. 다행히 그는 마이크 멀리건을 알고 있었다.

이 책을 집필하는 현재, 우리는 첫 번째 트러스를 조립하고 있다. 굉장히 방대하고 멋진 작업이다. 이웃들도 큰 관심을 보이고, 조만간 언론 취재가 시작될지도 모른다.

여기서 말하는 '우리'는 나와 매일 현장에서 일하는 건축업자를 포함한다. 건축국과 교통국에서 하루가 멀다고 찾아오면 이에 응대하고, (시에 사용료를 지불했는데도) 주차 공간을 건축업자들이 차지한다고 짜증 내는 이웃을 달래는 사람이다.

우리 건축가는 인지도 따위는 신경 쓰지 않는 모양이다. 며칠 전, 그는 자신의 소셜미디어 계정에 "여기는 볼만한 게 없다고, 사람들아!"라는 말과 함께 멋진 트러스 사진을 올렸다. 대상을 명확히 하기 위해 지역주민협회를 태그해서 말이다. 트러스가 문제의 해결책이며, 그와 엔지니어 팀은 그들이 자초한 문제에 이래라저래라할 권한이 없었다는 사실은 언급하지 않았다. 어쨌거나 시 관계자와 이웃의 거센 반응을 볼 때 그가 내 이름을 밝히지 않은 것은 다행이다. 예일대 건축학 과정에서는 지역사회 주민을 대하는 방식이나 윤리는 필수과목이 아닌 모양이다.

일주일 정도 지나면 트러스는 더 멋진 모습을 갖출 것이다. 그러면 트러스 아래쪽인 기존의 기초 부분에서 약 16m를 걷어내고, 기초벽을 새로 부어 넣을 때까지 삐걱거리는 낡은 건물은 트러스에 매달려 있을 것이다. 그 후 이 작업을 여러 번 반복할 것이다. 20년 전만 해도 상상조차 못 할 공법이다. 정말 장엄하다.

내 직업은 바로 이런 일이다. 물론 더 바람직하고 효율적인 해결책을 찾을 때도 있지만, 이번 공사에서는 그 방법이 건물을 싹 무너뜨리는 것뿐이다. 랜드마크 보존 위원회는 이를 받아들이지 않았다. 부적격 판정을 내리는 방법도 고려해보았지만, 그러면 새로운 구조물을 현대 규정에 맞게 완전히 새로 설계해야 했다. 어마어마한 비용이 들 텐데, 건축 규정 때문이 아니라 순전히 설계비 때문이다.

내 일은 복잡한 퍼즐을 맞추는 것이라 생각한다. 그래서 부조리한 면을 봐도 좌절하지 않는다. 똑같은 작업은 한 번도 없고, 다음에 어떤 작업을 할지도 전혀 예측할 수 없다. 그러니 이 일이 지루할 수 있겠나. 죽을 때까지 해도 좋을 것 같다. 작업장에서 만들어보고 싶은 것이 얼마나 많은지 모른다. 어떤 사람들은 야금야금 나를 갉아먹는 허황된 프로젝트라고 생각할지도 모른다. 하지만 더 이상 돈을 벌 필요가 없어도 이 일을 계속할 생각이다. 언제 링을 떠나야 할지 모르는 노장의 투혼이라고나 할까.

‡

얼마 전, 어머니에게 전화를 걸어서 어머니에 관해 쓴 내용을 읽어주고는 잘못된 부분이 있는지 물었다. 어머니는 매크로 부인을 언급한 부분에서 ‘파리’를 ‘뉴욕시’로, ‘캐시미어’는 ‘실크’로 바꿔야 한다고 지적했다. 캐시미어는 직물의 종류를 가리키는 말이 아니고 엄밀히 말하면 실크도 정확한 표현은 아니지만, 어쨌든 실크는 어머니가 가장 좋아하는 것이었다.

어머니에게 전화했을 때, 아직 이 책에 담아내지 못한 아이디어가 몇 가지 더 있었다. 처음에는 내 인생을 정리하려고 글을 쓰기 시작했지만, 지금은 세상이 바라는 삶에서 벗어나 자신이 원하는 삶을 살아가려는 사람에게 요구되는 자질에 대한 고찰로 발전했음을 깨달았다. 그런 삶을 꾸리려면 어떤 자질이 필요한지 오랫동안 깊이 생각해보았다. 지금까지 살면서 많은 사람이 나에게 크고 작은 영감을 불어넣어주었는데, 그중에서도 어머니야말로 대표적인 본보기다. 어머니는 성실함, 결단력, 대담함, 남의 평가에 휘둘리지 않는 강단, 자립심, 낙천적인 마음, 때로는 고집스러움이라는 내면의 특성을 결합해 의지라는 것을 만들었다. 여러 해 동안 이런저런 대화를 나누었지만, 이런 주제로 대화한 적은 없었다. 나는 공상하는 것을 좋아해서, 어머니에게는 구체적인 의견을 구하는 편이다. 한번은 어머니에게 이렇게 물었다. "엄마, 강한 의지를 가진 사람이 미래를 볼 수 있다고 생각해요?"

"오, 그렇단다. 당연하지, 아가."

어머니는 나를 '아가'라고 불렀다.

어머니는 내가 아는 사람 중에 가장 현실적인 사람이다. 허영심과는 거리가 멀었는데, 아마 농업경제학자와 통계학자였던 부모님의 영향이 컸을 것이다. 어머니처럼 의지가 강한 사람은 미래가 확실하다고 확신한다.

‡

그 과정은 생각보다 단순하다. 대개 의지를 강하게 키우려면 시각화가 중요하다고 생각한다. 하지만 이는 더 쉬운 길을 바라는 사람들이 지어낸 말이다. 이상적으로 생각하는 인생을 시각화하는 것은 죽을 때까지 계속되는 과정이지만, 연습만으로는 아무것도 이룰 수 없다.

나는 비전을 가져야 한다고 굳게 믿는다. 비전을 잘 세우는 것도 생각처럼 쉬운 일은 아니다. 하지만 모든 비전에는 보상이 따른다. 비전을 세우려면 끊임없는 노력이 필요한데, 기꺼이 노력하려는 태도를 타고나지 않았다면 좋은 모범이라도 물려받아야 한다. 그것이 어머니가 내게 물려준 첫 번째 재능이었다. 한편 어머니가 신중하게 계획한 길을 단호히 거부할 정도로 나는 자존심이 강하고 고집이 센데, 그 또한 어머니에게 물려받은 면이었다.

누구나 그렇듯이, 나는 태어날 때 아무것도 할 줄 아는 게 없었다. 그러나 운 좋게도, 가능성이 희박한 일에 도전하기를 두려워하지 않는 사람들을 보며 성장했다. 노력하는 자세를 배우는 것은 그 자체로 보상이 된다. 하루하루 노력하다 보면 그다음에는 더 열심히, 더 효과적으로 노력할 수 있고, 그 과정이 수년간 이어지면 상황은 완전히 달라진다.

독자들이 이 책에서 좋은 영감을 얻거나 나의 일과 행복을 통해 인생의 지침을 발견하길 바란다. 친구에게 읽어줄 만한 가벼운 이야기들을 떠올리며 이 책을 썼다. 내 삶의 여정에서 큰 교훈이 되었던 주요 덕목을 각 장의 제목으로 내세워 구성했다. 이야기에 묘사된 경험, 노력, 사람은 내 삶의 성장 과정에서 톱니 모양의 포물선을 그린다. 이야기는 일종의 우화로, 각각 단순한 교훈을 담고 있다. 이 책을 읽는 독자 모두는 아니어도 한두 사람만이라도 교감해주길 바란다. 사람은 누구나 자신만의 어려움에 직면하고, 자신의 약점에 걸려 넘어지며, 인생의 고비를 넘으면서 실수를 저지른다. 약간의 운이 따르고 결단력이 있다면 스스로 인생을 개척할 수 있다. 이 책은 내가 인생을 개척한 이야기다. 내가 할 수 있는 일이라곤 영감과 조언을 나누는 것뿐이다. 노력은 각자의 몫이다.

누구에게나 미래는 보이지 않는다. 나도 앞일을 볼 수 없었다. 하지만 씨를 뿌리고 가꾸면 반드시 열매를 얻는다. 그 사실은 확실하게 볼 수 있다. 예를 들어 지금 공사 중인 의뢰인들의 집이 완성되면 어떤 모습일지 아주 세세한 부분까지 그릴 수 있다. 그리고 작업대에는 오로지 내 만족을 위해 진행하는 개인 프로젝트도 있다. 최근에 매입한 화강암 표면의 소방서도 보인다. 입구는 주철로 만들어져 반짝거리고 세련된 은박 간판이 있다. 미래를 생각하면 눈앞에 떠오르는 것이 많지만, 사생활이므로 여기서 말하지는 않겠다.

최선을 다하라. 자기가 원하는 일을 하라. 아이에게 지나친 칭찬은 하지 말라. 절대 금물이다.

1장

신념

나는 지금의 내 모습이
내가 아니라고 믿었다.
그리고 내가 확실히
그럴 수 있다고 믿지 않았다.

무엇이든 거듭해서 그만두는 아이들이 그렇듯이, 일을 시작하고 처음 몇 년은 엉망진창이었다. 바퀴벌레가 득실대는 아파트에 살았고, 닥치는 대로 일을 맡았으며, 누울 수만 있다면 소파에서도 잠을 청할 수 있었다. 예술적 성향이 내 인생의 궁극적인 길이라는 생각에 빠졌다. 나는 어디든 기타를 들고 다녔으며, 그림을 그리고, 조각하고, 그럭저럭 들어줄 만한 곡도 작곡했다.

당시 로어이스트사이드에 사는 지인이 순회 극단에서 일했다. 그들은 주말마다 워싱턴 스퀘어공원에 가서는, 구경꾼을 잔뜩 모아놓고 진부한 농담을 던지거나 저글링 묘기를 부리곤 했다. 그는 나에게 '타고난 끼'가 있다고 치켜세우고는 저녁마다 서커스 기술을 가르쳐주었다.

나는 자신이 없었지만, 그는 지금의 삶에서 벗어나 인생의 무대에 설 필요가 있다고 생각했다. 그때까지 사람들 앞에 나선 기억이라고는 피아노 경연대회에서 순서를 기다리며 양손에 땀이 흥건했던 것이 전부였다. 사람들의 박수나 환호로 기분이 좋았던 적은 없었다. 속이 울렁거려서 그대로 사라지고 싶었다. 하지만 그는 공연자와 청중이 주고받는 에너지만큼 강력한 것은 없다고 주장했다. 그의 표현에 따르면 그 에너지는 매우 신성하고 마약처럼 중독성이 있다는 것이다. 그에게는 연습을 통해 얻은 자신감과 열정이 있었다. 몇 번인가 저녁에 함께 연습하고 나니 나도 해볼 수 있겠다는 자신감이 생겼다.

그해 12월은 뉴욕의 습한 추위와 함께 찾아왔다. 그가 집에 찾아와서는 나에게 공연 순서가 났다고 알려주었다. 5번가에 자리 잡은 고급 백화점에서 서부풍의 데님 의류 프로모션을 하는데 분위기를 띄워줄 밴조 연주자를 찾고 있었다. 나는 그게 좋은 기회라는 확신이 들지 않았다. 5번가라 하면 삭스, 펙스, 테일러 같은 고급 백화점에서 느꼈던 이질감만 떠올랐다. 게다가 나는 밴조를 가지고 있을 뿐 연주자로 불릴 만한 실력이 아니었다. 〈포기 마운틴 브레이크다운〉을 아주 천천히 연주하거나 〈비버리 힐 빌리즈〉의 오프닝곡을 겨우 흉내 내는 정도였다. 게다가 패션 쪽에는 문외한이어서, 사춘기였던 1970년대에도 괜찮은 브랜드 제품을 가져본 적이 없었다.

그는 두 시간짜리 공연에 250달러를 받을 수 있다며 나를 부추겼다. 결국 나는 미끼를 물고 말았다.

마침내 공연날이 되었다. 우중충하고 습한 날씨에 마음은 가라앉았다. 하늘도 내 불안한 마음을 알아주는 것 같았다. 옷장에는 제대로 된 옷이 하나도 없어서, 청바지에 셔츠를 걸치고 부츠를 신은 다음 반다나를 머리에 둘렀다. 가난뱅이 카우보이가 따로 없었다. 새 줄을 끼우고도 연습은 얼마 하지 못한 밴조를 손잡이가 떨어져 나간 낡은 케이스에 넣은 다음 옆구리에 끼고 집을 나섰다.

공연 담당자는 나에게 매장 입구로 오면 된다고 했다. 보안팀, 인사팀, 운동복 판매장 등을 돌아다닌 후에야 드디어 아는 얼굴을 만났다. 어느 극단에서 광대 겸 예약 업무를 맡던 여자였다. 그 여자는 내 팔을 잡더니 내가 뭘 해야 하는지 알려줄 '예술 담당자'에게 데려갔다. 그녀는 행운을 빈다며 자기가 쓰고 있던 카우보이모자를 내게 씌워주고는 "오늘 공연에 이 모자가 잘 어울릴 것 같아"라고 말했다. 광대들은 으레 어색한 친절을 보이곤 한다. 나는 모자를 이리저리 눌러보았지만 내 머리에는 턱없이 작았다. 나는 순박한 카우보이처럼 보이기 위해 모자를 머리 뒤에 걸쳐두었다. 공연에 대한 불안감은 사라지지 않았다.

예술 담당자는 대기실로 안내해주었다. 실력 좋은 피아노 연주자가 잘 알려진 카우보이 음악 악보를 뒤적이고 있었다. 그는 "이 곡 들어봤어요?"라고 묻더니 남자다움과 열정에 대해 노래하는 잘 알려지지 않은 곡을 스윙 버전으로 연주했다. 나는 "음, 좋은 노래죠"라고 대꾸했다. 바로 옆에는 모델 세 명이 거울 앞에서 서로 자기가 잘났다며 뽐내고 있었다. 한 사람은 몸에 꼭 맞는 테니스복을 입었고, 다른 사람은 여성미를 강조한 땀복을, 또 다른 사람은 1980년대풍의 다소 민망한 체조복을 위아래 한 벌로 입고 있었다. 아무래도 뭔가 이상했다.

예술 담당자가 모두 모이라고 하더니 프로모션 주제가 바뀌었다고 설명했다. "제시는 크리스마스에 맞춰 새롭게 운동복 제품을 선보일 예정입니다. 테드가 판매대 옆에서 피아노를 연주하고, 크리스티와 멜라니가 옆에 서세요. 질은 무대를 걸고, 마크가 질의 뒤를 따라가며 밴조를 연주하면서 사람들의 이목을 끌

거예요!"

나는 두 귀를 의심할 수밖에 없었다.

담당자의 말대로, 몸에 쫙 달라붙는 형광색 스판덱스를 입은 열여덟 살짜리 모델이 앞서 걸어가고, 얼굴이 빨개진 카우보이가 흙이 잔뜩 묻은 부츠를 신고 두 곡뿐인 레퍼토리를 되풀이해서 연주하며 뒤를 따랐다. 나를 신기한 듯 처다보는 사람들이 분명히 있긴 있었다. 하지만 두 시간 동안 애써 노력한 공연이 단 한 건이라도 매출을 올리는 데 도움이 되었는지는 잘 모르겠다. 공연을 빨리 끝내고 싶은 마음뿐이었다. 나는 허둥지둥 대기실로 돌아와서 밴조를 케이스에 넣고 일당을 받은 다음 카우보이 모자를 돌려주었다.

‡

나는 실망스러운 상황이 생긴다고 해서 중도에 포기해버리는 성격이 아니다. 그보다는 새로운 가능성을 찾아내려고 끈질기게 노력하는 편이다. 사람들 앞에서 공연하는 것이 적성에 맞지 않는다면 잘 맞는 다른 일을 찾으면 된다. 그렇게 나는 이 일 저 일 경험 삼아 해보기 시작했다. 어떤 것은 흥미롭지 않아도 시도했는데, 먹고살려면 어쩔 수 없는 선택이었다. 대개는 매우 극적인 경험으로 끝났다.

• 아이스크림 판매 및 케이크 장식. 매디슨 애비뉴와 72번가. 1년은 무난하게 지나갔다. 패트리샤 닉슨이라는 손님이 있었는

데, 단것을 먹고 기운을 얻는 남편을 위해 간식을 주문했다. 패트리샤가 주문한 케이크는 내가 장식을 맡았다. 안타깝게도 가게 임대 계약이 끝날 무렵에는 감당할 수 없을 만큼 임대료가 올랐다. 아이스크림 가게는 문을 닫았고, 그 자리에 랄프로렌 매장이 들어섰다.

• 제본 작업. 월가의 주식 보고서를 인쇄하는 회사에서 일했다. 마감이 생명인 회사라 매주 우편물 발송 작업을 하느라 밤을 새웠다. 나는 가능한 한 끝까지 버틸 생각이었지만 사고가 일어났다. 초승달 모양의 렌치와 봉투에 자동으로 인쇄물을 넣어주는 기계가 있었는데, 알코올 중독자인 기계 책임자가 어느 날 졸음에 겨워 유압식 종이 절단기의 테이블을 치우다가 양팔이 잘린 것이다. 작업 속도를 높이려고 안전 스위치에 테이프를 감아놓은 데다 사장 아들이 밤샘 작업자들에게 대마를 나눠준 것이 화근이었다. 그래서 그만두었다.

• 동물용 사료 운송 트럭 운전사. 26번가 및 세컨드 애비뉴. 복도에서 매주 아이린 카라와 마주치는 것만으로도 좋아서 어쩔 줄 모르던 나이였다. 사실 그녀 같은 사람은 피츠버그에 있는 제철소 인근에서는 보기 힘들었다. 하지만 관리자 중 하나가 동물 사료와 함께 코카인도 배달하기 시작하면서 상황이 급격히 악화했다. 나는 운전 중에 교통위반으로 경찰 단속에 두 번 걸렸는데, 그 뒤로는 불안해서 견딜 수 없었다.

마침내 나는 아르메니아계 미국인 목수의 보조원으로 일하게 되었다. 그는 밤이면 뻔뻔스러운 가학성애자로 돌변하곤 했다.

1장 | 신념   33

나는 뉴욕의 찌는 듯한 여름날 30kg이 넘는 벽판 100장을 짊어지고 높은 계단을 올라야 했는데, 도대체 그런 일을 왜 좋아하는지 이해가 가지 않겠지만 나는 비로소 제자리를 찾은 것 같았다. 지금도 나는 종일 고된 일을 하고 녹초가 되어 실신하듯 잠드는 것을 좋아한다.

그래서 이 일을 계속했다. 사실 모든 직업에는 배울 점이 있다. 두 번 다시 하기 싫은 일이라도 대부분의 경험은 유용하다. 이를테면 이상한 모양을 한 부분을 메울 때 케이크 장식 기술을 활용하기도 한다. 포장할 때는 제본소에서 터득한 방식을 적용한다. 여전히 무대 체질은 아니지만 가끔은 무대에서 컨트리풍 음악을 연주하기도 한다. 단, 카우보이모자를 쓰는 우스꽝스러운 짓은 하지 않는다.

‡

'신념'과 '숭고함'이라는 단어는 자주 붙어 다닌다.

사람들은 오랜 시간을 들여 인생의 퍼즐을 맞추려 애쓰는데, 이때 주장과 반박을 자신의 경험에 비추어 신중하게 따져보며 이성적으로 판단하려 노력한다고 생각하는 독자도 있을 것이다. 이러한 가정은 나의 방식과는 전혀 다르다. 인생에 대한 나의 견해들은 유치원 친구부터 전설적인 컨트리음악에 이르기까지 다양한 출처에서 우연히 건진 것들이 태반이다. 그중 대부분은 저녁 식사 메뉴보다 빨리 결정해버림으로써 이득을 얻었다고 자신 있게 말할 수 있다.

때로는 '신념'이라고 여긴 것이 틀렸음을 인정해야 하는 상황이나 생각지 못한 전개에 충격을 받기도 한다. 인생에 쓰나미 같은 변화가 닥칠 때 사람은 예상 밖의 행동을 한다. 다른 사람은 어떤지 모르겠지만, 내 삶을 돌이켜 보면 최악의 순간에 완전히 매몰되는 듯해도 그 경험을 통해 정화되는 부분도 있었다. 물론 실망과 고난이 따르지만, 그 일을 계기로 묵은 감정이 씻겨 나가고 그동안 생각지 못한 새로운 관점에 흥미를 가지게 된다. 인생을 바라보는 시각이 달라진다는 면에서 참혹한 격변에도 긍정적인 면이 있지만, 그런 일이 자주 일어나길 바라는 것은 아니다.

누구나 인생을 살다 보면 끔찍한 일을 겪는다. 실패, 상실감, 고통, 죽음은 누구나 감당해야 할 몫이다. 몸에 남은 흉터보다 그런 감정적 흉터가 더 오래가기도 한다. 그런 일을 누가 반기겠는가? 나도 전혀! 하지만 정말 힘든 일을 일부러 직시하고 귀를 기울이고 자세히 살펴보려고 노력한다. 그러면 굳게 믿은 나 자신이 잘못되었거나 비겁하거나 옹졸했다는 사실을 어김없이 깨닫는다. 나는 나 자신이 한때 믿었던 부드럽고 다정한 사람이 아니었다.

감사하게도 나 자신을 돌아보는 온건한 방법을 찾았다. 내게는 존경하는 사람이 서너 명 있다. 그들은 모두 내 소신이나 오만함에서 의심스러운 부분을 정확히 짚어냈다. 내가 그들을 존경하고 그들도 나를 아끼기 때문에, 나는 생각이 많아서 머릿속이 터질 것 같은 상태여도 그들이 하는 말을 받아들일 자리는 만들어두려 한다. 며칠 곰곰이 생각해보면 그들의 말이 옳다는 것을 깨닫는다. 내가 또 어리석었던 것이다. 그런가 하면 오래된 잡지에서 가져온 아버지가 해줄 법한 조언이나 통찰 같은 건 과감하게 버리기도 한다.

이런저런 입장을 확고하게 믿다 보면 자기 자신을 온전히 신뢰하지 못한다. 견딜 수 없는 진실은 모두 외면해버리는 것이다. 부끄럽고 고통스러우며 수치스러운 것뿐 아니라, 기쁘고 즐거운 좋은 진실까지 배제해버린다. "여기 이 작은 로드맵은 나라는 사람이 정의롭고 착하다는 것을 보여주는 도표다. 나는 항상 로드맵에 표시된 경로로 다니며, 이를 소중하게 여긴다"라고 생각하면 마음은 편할 것이다. 하지만 내면은 물론이고 현실에서도 이런 사고방식으로는 도저히 감당할 수 없는 일이 벌어지고 있다는 점을 기억하길 바란다.

내가 더 이상 믿지 않는 몇 가지 신념을 열거하면 다음과 같다.

나는 친절한 사람이다.

나는 정직하다.

사랑은 영원한 것이다.

인생은 계속된다.

나는 예술가가 아니다.

누구나 이와 같은 자신만의 신념이 있을 것이다.

나는 친절한 사람은 아니지만, 함부로 행동해서는 안 된다는 것은 잘 알고 있다. 가끔은 타고난 성향대로 행동하고 싶지만 참아야 할 때가 있다. 불교를 믿는 의뢰인들 때문에 쩔쩔맬 때 마야가 도와준 적이 있는데, 마야에게 신세를 갚는 심정으로 그 일화를 공개하려 한다. 마야가 보인 친절은 과분한 것이었다.

‡

거친 말을 내뱉고 싶을 때 그 충동을 제어하는 첫 번째 방법은 예의를 지키는 것이지만, 그런 노력은 종종 수포로 돌아간다. 상대방이 자리를 뜨자마자 불쾌한 생각이 머릿속에 가득 차고 거친 말이 쏟아져 나온다. 상대방의 의견을 속으로 비웃거나 어떨 때는 나도 모르게 입 밖에 내뱉는다. 하지만 대부분의 사람들은 내가 판단한 것보다 좋은 점이 더 많다. 그러므로 내 신념이 무엇이든 간에 상대방을 존중하고 예의 바르게 대해야 한다.

20여 년 전, 처음으로 '이름난' 건축가와 함께 파크 애비뉴 아파트의 개축 공사를 할 기회가 생겼다. 나는 기회를 잘 잡지 못하는 편이라 공사를 할 때 별다른 생각이 없었다. 설계는 '미니멀리스트' 디자인이라고 설명했는데, 이는 설계자가 컴퓨터로 비정형 모양을 그리는 것은 어렵지만 사각형은 아주 쉽게 그릴 수 있음을 잘 안다는 뜻이다. 그래서 아파트는 3D의 무채색 몬드리안 스타일이 될 것이었다.

미니멀리스트 공간은 사실 건축가에게 최악의 난제다. 실제로 공사해보기 전까지는 과연 현실적으로 가능한지 의심을 떨칠 수 없다. 수납장, 옷장, 가전제품의 문이 아파트 벽면의 절반을 차지했고, 모두 같은 느릅나무를 15cm 길이로 잘라내어 만든 베니어판으로 덮여 있었다. 여닫이문, 미닫이문, 숨겨진 공간으로 이어지는 문은 모두 같은 재료를 사용했기에 같은 나무 패턴이 끊기지 않고 이어지는 것처럼 보였지만, 나무 패널마다 용도가 다르거나 다른 방으로 연결되는 문이었다. 하드웨어나 벽면 스위치도 튀거나 전체적인 패턴을 망치지 않았다. 처음 오는 손님은 냉장고를 열거나 화장실이 급할 때 헤맬 수 있었다. 공간은 호두나무, 화강암, 콘크리트 등 다양한 바닥재로 구분했다. 예를 들어 "아, 바닥이 콘크리트니까 여기는 주방이구나"라는 식이었다. 벽이나 모서리가 바닥과 맞닿는 부분도 일정한 규칙에 따랐다. 석판이나 마루판 접합부는 느릅나무 합판의 이음새와 정확하게 맞췄다. 신데렐라보다 덩치 큰 의붓언니가 유리 구두에 발을 끼워 넣는 식으로 모든 것이 계획 도면대로 철저히 진행되어서, 어떤 것은 아무렇지도 않게 잘려 나갔고 어떤 것은 억지로 밀어 넣었다.

그런 장소를 도면으로 그리는 것은 간단하다. 모든 직사각형의 모서리가 서로 겹치지 않게 배열하면 짠, 하고 도면이 완성된다. 하지만 공사를 하는 것은 전혀 다른 문제다. 비현실적인 도면으로 건물을 완성하는 방법은 앞에서 뒤로, 좌에서 우로, 위에서 아래로 모든 위치에 모든 요소를 정확히 제자리에 놓는 것뿐이다. 이는 서로 다른 자재가 만나는 지점, 이를테면 나무로 된 부분이 유리창과 맞닿는 지점 같은 데서 모든 요소를 밀리미터의 둘째자리까지 계산해서 정확하게 도면을 그리고, 자재를 재단하고, 시공해야 한다. 유리창, 창틀, 창대돌 및 나무 자재를 각기 다른 곳에서 만들어도 안 된다. 이런 제작소는 서로 의사소통을 하지 않기 때문이다. 각각의 제작소에서 네 명의 설치 담당자를 보내겠지만, 까다로운 설계 의도를 전혀 모를 것이다. 전쟁 전에 지어진 건물은 설계도를 정확히 구현한 것이 아니라 주먹구구식으로 만들어졌다. 어느 방향에서든 정렬이 몇 밀리미터만 어긋나도 건축물 전체에 치명적이다. 선이 서너 개만 정렬되지 않아도 누구나 금방 알아볼 수 있다. 일반적인 작업에는 인부가 30명 정도 필요한데, 관심사나 기술의 수준이 저마다 다르므로 이런 표준을 충실히 따르리라고 기대하기는 어렵다.

벽면 작업도 머리가 아픈데, 벽 뒤는 아예 미로였다. 전선, 덕트, 조명 덮개, 변압기, 상수도관, 하수도관, 스마트홈 케이블, 경관 조명 제어장치, 빛가리개 모터, 프로젝터 TV, 숨겨진 하드웨어, 수납장 조립, 그 밖에 현대적인 미니멀리스트 주택을 구현하는 데 필요한 다양한 장치가 설치되었다.

이 집의 도면을 제작하는 고된 작업은 브루클린 노동자 계급 출신의 젊은 건축가가 맡았다. 상당히 버거운 작업인데도 그는 수많은 세부 사항을 일일이 그려가며 나에게 열정적으로 설명해주었다. 그는 건축가였지만 평범한 목수들처럼 행동해서 잘 지낼 수 있었다. 그를 고용한 건축가는 진행 상황을 확인하러 종종 찾아오곤 했는데, 점잖은 데다 일에 대한 애정도 있었지만 어쨌거나 건축가의 입장이었다. 아이비리그 출신들이 일부러 상대방이 알아듣지 못하는 전문 용어나 고급 용어를 남발하는 것처럼, 그도 걸핏하면 전문 용어를 사용했다. 그의 태도는 존중과 무시 사이를 오갔다. 이런 탓에 첫인상이 결코 좋지는 않았지만, 시간이 흐르면서 나는 그를 존경하게 되었다.

그의 상사는 프로젝트 전체를 이끄는 선구적인 건축가였다. 그 여자는 건축업계에서 오랫동안 인정받은 실력가로, 내가 앞에서 '이름난' 건축가라고 소개한 그 사람이었다. 우리의 선구자는 마른 편이었고, 윤기가 흐르는 머릿결에 어울리는 검은색 옷을 항상 입었으며, 걸음걸이는 활기찬 느낌을 주었다. 도면을 들고 다니거나 그림을 그려서 설명한 적은 없었지만, 조명의 배치를 팔을 휘저어서 알려주거나 손날로 키패드를 설치할 곳을 보여주었다. 그녀는 항상 활력이 넘쳤으며 우리처럼 어리바리한 인부들과 함께 일해도 자신의 비전을 구현할 수 있다는 자신감을 보였다. 이제부터 그녀를 마야라고 부르겠다. 마야는 우리를 친근하고 편하게 대해주었지만, 우리는 못된 남자들이라 그녀가 엘리베이터를 타고 사라지기가 무섭게 그녀를 두고 짓궂은 농담을 던졌다.

어쨌든 마야가 옳았다. 그녀의 설계대로 건축은 진행되었다.

‡

그로부터 5년이 지났고, 개축 작업은 다섯 번이나 반복되었다. 나는 건축업자의 프로젝트 관리자를 맡아 처음이자 마지막으로 사무직으로 일했다. 책상 앞에서 일해보니 건축 프로젝트의 자금 흐름을 잘 이해하게 되었다. 살도 쪘다. 한번은 센트럴 파크 웨스트에 있는 독특한 모양의 오래된 타워에 있는 펜트하우스의 개조 공사를 맡았다. 어느 부동산 재벌이 소유한 아파트로, 그의 부인은 중년의 막바지를 넘기고 있었다. 아이들은 모두 커서 집을 떠나서 이곳은 노부부가 황혼을 보낼 둥지가 될 터였다. 그들은 달라이 라마를 직접 알현한 적이 있을 만큼 열성적인 불교 신자였다. 달라이 라마는 내 생각보다 훨씬 세상사에 정통한 것 같다. 정의로운 일은 공짜로 알아서 해결되지 않는다고 한 것을 보면 말이다. 어쨌든 공사 중에는 부부를 자주 만나지 못했다. 매월 공사비를 청구할 무렵이면 남편이 나와 함께 현장을 둘러보면서 청구서의 모든 항목과 실제 공사 현황을 비교하며 이의를 제기할 때나 만날 수 있었다.

미니멀리즘은 상류층에서 큰 인기를 끌었기에, 목조 몰딩으로 교체 작업을 해본 게 벌써 몇 년 전이다. 하지만 모든 스타일에는 저마다 어려운 부분이 있기 마련이다. 그런 부분이 건축의 재미와 직결되므로 나는 어려움이 생겨도 그리 싫지 않았다. 컴퓨터로 설계한 옵아트 일본식 미닫이문과 은은한 빛이 도는 수지 싱크대, 메시형 니켈 방화 스크린, 유색 콘크리트 카운터와 나중에 광고에 나오면 다들 침을 흘릴 만한 여러 가지 장치를 설치했다. 세부 사항을 다 설명하려면 〈아키텍처럴 다이제스트〉(Architectural Digest, 미국 건축 잡지—옮긴이)의 지면이 모자랄 정도였다.

노부부의 이삿날까지 모든 일이 순조롭게 진행되었다. 사실 뉴욕에 고급 아파트를 짓는 것은 별로 재미있는 일이 아니다. 지저분하고 시끄럽고 시간도 오래 걸리는 데다 비용은 엄청나게 많이 들고 제날짜에 끝나는 법이 없었다. 게다가 입주 준비를 하다 보면 또다시 힘들고 짜증스러운 일이 계속 생기는데, 이런 문제를 소유주가 순발력 있게 처리하지 못한다고 해서 나무랄 수도 없는 노릇이다. 이때도 입주일까지 목수 몇 명이 남아서 몇 가지 마무리 작업을 하고 있었다. 쓸고 닦고 치우는 중이라 아파트 내부는 어수선한 상태였다. 누가 그런 상태에서 귀중한 도자기 컬렉션이나 주문 제작한 수공예 티베트 카펫을 들여오고 싶겠는가? 우리는 가능한 한 빨리 청소를 마치고 집을 비워주려 했지만, 여주인은 목이 쉬도록 소리를 지르며 온종일 불평을 늘어놓았다.

이유 없이 소리만 지르는 사람을 대하기란 상당히 난감하다. 구체적으로 무엇을 원하고 우리가 어떻게 해주길 바라는지 알려줬다면 상황은 좀 나았을지 모르지만, 이번에는 하나부터 열까지 문제투성이였다. 아파트는 건축 상태가 엉망이었고, 우리에게는 명확한 기준이 없으며, 작업자들이 무례하게 행동했다는 것이었다. 남편의 불만은 구체적이었다. 벽에 설치한 에어컨에서 윙윙거리는 소리가 나서 명상실은 무용지물이며, 수제 덴마크 은식기 세트를 우리가 훔쳤다고 생각했다.

그들은 불교 신자였으나, 그 사실은 전혀 도움이 되지 않았다.

분위기는 험악해졌고, 나는 매일 현장에서 잔뜩 위축되었다. 스트레스 때문에 소화가 안 돼서 살이 빠진 것이 유일한 희소식이었다.

어느 날 오후, 부부의 친구가 아파트를 둘러보러 올 참이라 인부들은 3시까지 철수하라는 통지를 받았다. 동료들은 2시 50분에 나갔다. 내가 코트를 입고 아파트 입구로 나온 그 순간 메인 엘리베이터가 열렸다. 나는 여주인이 엘리베이터에서 내리는 것을 보고 자리를 피하려 했는데, 엘리베이터에서 "마크 씨!" 하고 나를 부르는 따뜻한 목소리가 들렸다.

부인은 마야를 보고 꽤 놀란 표정이었다. 마야는 늘 그랬듯이 검은 재킷을 입은 세련된 모습으로, 부인을 본체만체하고 나에게 곧장 달려와서 반갑게 껴안으며 인사를 건넸다. "잘 지냈어요? 너무 오랜만이네요! 세상에, 이 집을 마크 씨가 공사한 건가요? 정말 대단해요. 너무 멋지네요." 그러고 나서 부인을 바라보며 "이분이 공사를 맡았다니, 사모님은 정말 운이 좋으세요!"라고 말했다. 마야는 내게 팔짱을 끼고 집 안 곳곳을 자세히 보여달라고 했다.

마야의 칭찬은 내게 과분했다. 나는 그동안 같이 일하면서 그녀를 항상 유쾌하고 예의 바르게 대했고 함께 수다를 떨기도 했다. 하지만 그런 것이 무색해질 정도로 거친 말이나 행동을 한 적도 많았다. 그날 마야는 내가 기대한 것 이상으로 완벽하게, 진심으로 도와주었다. 그날 마야에게 도저히 갚을 수 없을 만큼 큰 신세를 졌다.

그 후로 공사를 맡긴 집주인 부부는 더는 심한 말을 퍼붓거나 괴롭히지 않았다. 두 사람은 이상하리만큼 조용해졌다. 친구들이 와서 아파트 내부를 구경할 때도 작업자들을 내보내지 않았다. 마야가 보증한 대로 그들이 바라는 것은 모두 갖춘 새집이 완공되었다. 마야는 내게도 큰 변화를 일으켰다. 마야가 알든 모르든 간에 그녀를 함부로 대한 것을 뼈저리게 후회했고, 두 번 다시 그런 어리석은 짓을 하지 않기로 마음먹었다.

며칠 후, 은식기 세트도 발견되었다.

‡

검증되지 않은 신념은 가치가 없다. 광고에서나 볼 법한 문구, 의도는 좋지만 나를 모르는 사람이 해주는 조언, 1970년대의 과장된 노래 가사에서 종종 내 존재의 의미를 찾으려 할 때가 있는

데, 요즘 말로 '웃픈' 일이다.

　우리는 다음과 같은 이유로 혼란스럽다.

　인생에 대한 신념.

　내가 어떤 사람인지에 대한 신념.

　내 능력에 대한 믿음과

　내게 허용된 일이라고 믿는 것.

　우리는 스스로를 명확히 정의하기 위해 고군분투한다. 어떤
것은 그냥 놓치거나 흘려보내도 전혀 부끄러운 일이 아닌데 말
이다.

2장

재능

영감이 떠오르거든
그에 따르라.

지금부터 하려는 이야기는 생각해볼 만하다. 재능은 한평생 나를 괴롭힌 주제다. 어렸을 때도, 어른이 된 지금도 마찬가지다. 내가 비범한 능력을 발휘하면 사람들은 어김없이 이렇게 말했다. "마크는 정말 재능이 많은 사람이야."

"마크"—내가 어릴 때는 대놓고 이의를 제기하기란 불가능했다.

"정말"—세상에는 비범한 사람이 실제로 존재하므로, (어린 왕자가 그린 것처럼) 코끼리와 조금도 닮지 않은 그림에는 칭찬을 아끼는 편이 도움이 될 것이다.

"재능이 많은"—신이 개개인에게 운명의 씨앗을 뿌리면, 누군가는 자라서 교향악의 거장이 되고 또 어떤 사람은 치킨이나 튀기는 게 숙명인 걸까?

"~사람이야"—정말 그럴까? 단 한 문장으로 한 사람을 설명할 수 있단 말인가? 인생은 끝까지 살아보지 않으면 알 수 없다.

그것이 진실이라 해도 나는 그 말이 틀리기를 간절히 바란다.

내가 보기에 재능에 대한 논의는 두 가지 단순한 오해를 바탕으로 한다.

하나, 성과를 예측하는 데 가장 중요한 요인은 재능이다.

타고난 능력은 수치로 나타내기 어렵다. IQ 테스트는 수치로 능력을 표현하려는 시도인 셈이다. 소득과 IQ가 관련 있다고 말하지만, 그러한 연구 결과는 재능을 성공으로 연결할 방법을 찾지 못한 이 세상의 많은 천재를 간과한 것이다. 상관관계와 인과관계를 여전히 혼동하는 고등학생처럼. 나아가 타고난 재능을 아예 수치로 나타낼 수 없는 분야도 있다. 음악가나 소설가가 그 분야를 제대로 공부하기 전에는 그의 잠재력이 어느 정도인지 어떻게 알 수 있겠는가?

나는 무작위로 주어지는 유전적 요소의 불평등함을 완전히 부정하기보다는, 능력 계발이라는 도박판에서 이기는 사람도 더러 있다는 걸 받아들일 뿐이다.

어릴 적 친구 중에 매우 뛰어난 재능으로 칭찬받은 두 사람이 있었다. 한 명은 혁신적인 글로벌 의학 연구소의 책임자가 되었으나, 다른 친구는 약물 과다 복용으로 비명횡사했다.

〈아메리카 갓 탤런트〉라는 TV 프로그램이 있다. 나는 이 프로그램을 한두 번밖에 보지 않았지만, 프로그램 제목을 다음과 같이 바꾸면 좋겠다. '미국에는 한 가지 기술을 꾸준하고도 부지런히 연습하는 사람들이 상당히 많다.'

그렇게 제목을 바꾼다면 나는 모든 회차를 챙겨 볼 것이다.

둘, 당장 잘할 수 없다면, 그 일을 굳이 할 필요가 없다.

이보다 어리석은 말이 있을까? 흥미로운 사람은 재미있다고 느끼는 관심사를 파고들기 때문에 흥미로운 것이다. 현행 교육이 매사에 아이들을 비교하고 순위를 매기는 데 급급하지 않다면, 아이들은 대개 평범하다는 사실을 좀 더 자연스레 받아들일 것이다. 현재 미국에서 내 기타 실력이 80만 번째라고 해서 정말 창피할까? 나는 매일 기타를 연습하지만 1등 상을 바라지는 않는다.

이 주제를 꺼내면 사람들이 쉽게 발끈하기에, 다른 방식으로 처음부터 다시 설명해보겠다. 거듭 말하는 이유는 주변 사람들이 항상 이야기하는 걸림돌이 바로 재능과 타고난 능력이기 때문이다. 사람들은 재능이 없거나 충분히 재능을 계발하지 못했다고 생각하는데, 이런 생각은 정말 쓸모가 없다. 어떤 일을 얼마나 능숙하게 하느냐는 사실 그리 중요하지 않다. 중요한 것은 그 일을 하는 과정에서 어떤 의미를 얻는가다.

'재능'은 훌륭한 체의 역할을 한다. 어떤 일을 몇 번 시도해본 결과 계속 노력할지, 그만둘지를 결정하는 도구다. 세상에서 내로라하는 경지에 오른 사람들이 TV에 나와서 "어릴 때는 백신 개발에 전혀 관심이 없었습니다"라거나 "이 분야에서 어느 정도 성과를 거두기까지 8~9년은 혹독한 훈련을 받았습니다"라고 말해도 누구도 이런 말을 귀담아듣지 않는다. 오히려 〈엘리제를 위하여〉를 화음을 넣어 연주하거나 미국 국가를 멋지게 노래하는 2학년짜리 꼬마에게 온갖 찬사를 보내는 교사의 말에 귀를 기울이고, 자신은 그런 칭찬을 받지 못했으므로 두 번 다시 음악은 손대지 않겠다고 결심한다.

나는 아홉 살인가 열 살 때쯤 모차르트가 말도 안 되는 어린 나이에 협주곡을 작곡했다는 이야기를 들었다. 수십억 달러짜리 복권 당첨자가 손으로 꼽을 만큼 적은 것처럼, 역사적으로 모차르트 같은 신동은 그리 많지 않다. 통계는 특잇값을 가장 매력적으로 다룬다. 모차르트의 아버지 레오폴트는 전혀 유명하지 않았지만, 완벽한 바이올린 교본을 집필했던 작곡가이자 연주자 겸 교사로서 모차르트에게 도움을 주었을 것이다. 레오폴트는 아들이 피아노에 손이 닿을 만큼 크자마자 하루도 빠짐없이 몇 시간이고 연습을 감독했다. 모차르트의 천부적인 재능을 부정하려는 것이 아니니 오해 없길 바란다. 그는 파멸로 향할 만큼 음악에 대한 열정을 불태웠고, 그 결과 음악사에 누구도 상상하지 못한 가능성을 열었다. 그는 화성이나 리듬, 멜로디에 자유를 불어넣었으며, 음악에 표현된 감정의 폭도 넓혔다. 그전에 그런 시도를 한 사람은 없었다.

인류 역사에는 놀라운 재능을 지니고도 이렇다 할 업적을 세우지 못했거나 잠시 유명세를 누리다가 몰락한 사람이 많다. 자애로운 부모의 양육, 엄격한 연습, 지혜로운 교사의 가르침, 불가능에 가까운 냉정한 겸손이라는 요건이 갖춰지지 않는 한 아무리 특별한 재능도 자산보다는 오히려 부채가 될 확률이 높다. '타고난 재능'이 무엇이든 간에 남들보다 열심히 연습하고, 모든 가능성을 시도해보고, 꾸준한 노력과 집중력, 근성을 발휘하여 마침내 널리 인정받은 사람들도 무수히 많다. 모차르트의 업적을 그저 '재능'만으로 평가하는 것은 모든 사람이 가진 가능성을 모욕하는 짓이다. 모차르트의 성공이 오직 재능 때문이라면 누가 그의 발자취를 따르겠는가.

누구나 어린 시절을 돌아보면 어떤 분야에서 발전할 가능성이 있는지 알 수 있다. 나는 네 살쯤에 어머니가 연주하는 피아노 아래에 누워서 나무와 금속으로 만들어진 피아노에서 나오는 진동을 온몸으로 느끼곤 했다. 내가 음악에 대해 매력을 느낀 건 그때부터였다. 수만 시간을 연습하고 수십 명의 교사에게 음악을 배웠고 셀 수 없이 실패를 경험했으며 몇 차례 공연이 큰 성공을 거두었다는 점에서 나와 모차르트는 공통점과 차이점이 있다. 음악의 매력을 추구하는 과정에서 어느 정도까지 발전했는지, 타고난 재능이 얼마나 크게 도움이 되었는지는 중요하지 않다. 주변 상황, 생리학적 요소, 기질은 직접 결정할 수 있는 사안이 아니다. 그러나 꾸준히 노력하고 연습하는 것은 선택할 수 있다. 자기가 할 수 있는 데까지 최선을 다하고 기쁨을 느끼면 그것으로 충분하다. 어떤 분야에서든 노력에는 끝이 없다. 누구도 가장 깊은 본질에 도달하는 것은 불가능하다.

나는 '천부적인 기질'이 있었을까? '재능'이 있었을까? 물론이다. 모든 아이에게는 재능이 있을까? 나는 그렇다고 생각한다. 하지만 어떤 '재능'이 있거나 없는지 꼬집어서 아이에게 알려주는 것은 재능의 불씨를 꺼버리는 셈이다. 나는 그 단어가 싫다. 이 세상에 존재하는 모든 단어 중에서 기쁨과 진정한 만족감을 앗아가는 것이 '재능'이라는 단어다.

‡

나는 아버지의 작업장에서 공예 기술을 처음으로 접했다. 아버지는 나 혼자 작업장에 있게끔 허락하진 않았지만, 목재와 도구는 항상 관심을 끌었다. 타고난 재주는 없었지만 어릴 때부터 호기심이 많고 마음먹으면 해봐야 직성이 풀리는 성격이었다. 이런 특성은 나를 괴롭히기도, 도움이 되기도 했다.

　내가 대여섯 살 때, 피츠버그의 지하실에 있는 아버지의 작업장에 갔다. 특별히 할 일은 없었던 것 같다. 나는 아버지가 쓰는 도구를 꺼내고 나무 조각을 모아놓은 통을 뒤져서 작업하기 시작했다. 시간이 얼마나 지났는지 감각이 없었고, 망치로 엄지손가락을 한 번 이상 내리쳤고 톱날에 손이 베었지만 상관없었다. 감쪽같이 낫지 않아도 상처는 아물기 마련이다. 이는 세상을 살아가는 데 큰 위로가 된다. 그렇게 고생한 결과 시집 크기의 단상을 완성했다. 네 다리는 뭉툭했고, 중간에는 나무로 만든 크랭크가 달려 있었다. 크랭크는 장부촉과 못 하나, 소나무 손잡이로 됐는데, 놀랍게도 작동했다! 손잡이를 잡고 돌리니 무엇이든 조일 수 있었다. 그야말로 만능 크랭크였다! 나는 집 안 곳곳을 다니며 단단히 조여야 할 것을 조인 후 장난감 상자에 그것을 던져버리고는 까맣게 잊어버렸다. 가끔 다른 물건을 찾으려고 상자를 뒤적이다가 몇 번 본 기억은 난다. 피츠버그를 떠날 때 부모님은 이런 잡동사니를 가져가느라 이사 비용을 더 내느니 버리는 게 좋겠다고 결정했을 것이다. 괜찮다. 충분히 이해할 수 있다. 요즘 부모들은 자녀의 손이 닿은 것이라면 무엇이든 보물처럼 여기지만, 그 시절에는 그런 분위기가 아니었다.

　우리가 가진 것은 결국 사라지지만, 추억은 아무도 빼앗지 못한다.

루이지의 저택에서 밤샘 작업을 하다

'초심자의 행운'이라는 말은 정말 맞는 것 같다. 어쩌면 새로운 것을 시도하는 사람에게 이 우주가 보내는 작은 격려인지도 모른다. 또한 잘난 체하는 기성세대가 정신 차리고 열심히 노력하게끔 자극도 준다.

20년간 이 분야에 종사하자 목공이라는 포괄적인 단어에 속하는 웬만한 작업은 다 경험했다. 새로운 밀레니엄이 시작되는 순간 컴퓨터 오류가 발생하여 전 세계가 혼란에 빠질 것이라고 야단법석이었지만, 우려와 달리 재앙은 벌어지지 않았다. 세상은 여전히 희망으로 가득 차 보였다. 그리고 나는 서른여덟 살이 되었다.

나를 고용한 도급업자는 복잡하고 혁신적인 요소가 두드러진 프로젝트를 주로 맡는 것으로 유명했다. 사실상 소유주가 생활에서 갖추거나, 사용하려 하거나, 즐기고 싶어 하는 시제품을 작업 전반에 도입해야 한다는 뜻이다. 고급형 주택 계약에서만 볼 수 있는 조건이 있다면 고객이 혁신과 독창성을 요구한다는 것이다. '오직 나만 가지고 있는' 최신 요소를 집에 갖춰서 손님에게 자랑하고 싶어서다. 하지만 그 정도로 독창적인 구조를 설계하고 구현할 능력이 있는 건축가는 없어서, 독창성을 구현하는 것은 도급업자의 몫이 된다. 의뢰인이 원하는 독창성은 기껏해야 선 몇 개로 된 대략적인 스케치로만 표현된다. 이와 같은 설계상의 간극을 공략하여 나만의 틈새시장을 만들었다. 물론 위험부담은 상당히 높지만, 나는 누구도 시도하지 않은 새로운 것을 만드는 일을 예전부터 좋아했고, 늘 해오던 일이라서 거부감은 없었다.

이 도급업자에게 고용되기 2년 전에, 그와 일하는 하도급업자 중에 건축 목공을 설치하는 사람에게 일을 배우고 있었다. 나는 결과물의 질적 수준을 유지하면서 작업 속도를 높이는 독특한 시스템을 몇 가지 개발했는데, 이 도급업자가 그 사실을 알고는 나를 따로 부르더니 함께 일하자고 단도직입적으로 제안했다. 나는 몇 차례 거절했지만 결국 제안을 받아들였고 비밀 엄수 의무에 서명했다.

나를 고용한 도급업자는 나를 '기술 전문가'라고 부르곤 했다. 내가 '엔지니어'라고 부르면 사기 치는 것과 다를 바 없다고 완강히 거부했기 때문이다. 엔지니어가 되려면 학위를 받고 시험에 합격하여 물리학을 안다는 공식 인증을 받아야 하는데, 위스콘신주에서 받은 GED(고졸 학력 인증서—옮긴이)는 그런 효력이 없었다. '기술 전문가'로서 내 일은 신박한 조합을 만드는 방법을 연구하는 것이었다. 뉴욕 트라이베카의 로프트 아파트의 메자닌(mezzanine, 1층과 2층 사이의 낮은 중간층으로, 중이층이라고도 한다—옮긴이)에 아주 얇게 바닥을 깔거나, 파크 애비뉴의 타운하우스에 기념비 모양의 웅장한 6층 계단을 만들거나, 어퍼이스트 사이드의 타운하우스 거실 벽면 전체에 리처드 세라(Richard Serra, 미국의 미니멀리즘 조각가—옮긴이) 스타일의 물결 모양 벽난로를 설치하거나, 단순한 정육면체 방이 회전해서 플라스마 TV, 드롭다운형 작업대, 완벽한 컴퓨터 스테이션을 갖춘 작업 공간으로 바뀌는 사무실의 누크(nook, 구석지고 아늑하고 조용한 공간—옮긴이)를 구현하는 등의 작업을 했다. 나는 이런 조립품의 구성 요소 하나하나를 손으로 그려서 도면을 완성하고, 하드웨어와 자재를 구하고, 제작을 도와주는 외부 업체에 필요한 것을 보내주었다.

도면을 그리는 것은 건물에 대한 아이디어를 생각하고 의견을 표현하는 방법이다. 그림을 직접 그리면 내 의견을 정확히 전달할 수 있다. 이 일을 처음 시작했을 때부터 25년간 내가 함께 일한 건축가들은 다 이런 식으로 생각을 정리하거나 전달했다. 프로젝트를 진행하다가 정말 복잡한 문제가 생기면 책상에 둘러앉아서 몇 시간이고 함께 고민했다. 그들은 해결책이 확실히 보일 때까지 레이어, 나사, 볼트를 하나하나 그리거나 수정하는 작업을 끝없이 반복했다. 나도 그들의 방식이 익숙해졌고, 실제로 도움이 되었다. 세월이 흐르자 손으로는 종이에 2차원 도면을 그리면서 머릿속에 3차원으로 입체적인 결과물을 조립할 수 있게 되었다. 몇 년간 꾸준히 연습했더니 다른 사람들이 보기에 지나치게 도전적이거나 엄두가 나지 않는 건축 조립물도 구현할 수 있다는 자신감이 생겼다. 위험하다는 느낌이 들면 레니라는 프리랜서 엔지니어에게 도면을 보냈고, 레니는 검토한 후 도면에 인증 도장을 찍어서 보내주었다. 그렇게 하는 데 수백 달러가 들었지만, 인증을 받고 나면 '이만하면 됐다'라는 확신을 갖고 공사를 진행할 수 있었다.

대부분은 문제가 없었다. 가끔 문이 휘어서 똑바로 펴야 하는데, 기타 모양의 트러스 로드(truss rod)를 눈에 띄지 않는 곳에 설치해서 문을 똑바로 펴는 방법을 개발했다. 메커니즘이 단단히 버티지 못해서 말썽을 일으킨 적이 한두 번 있었지만 며칠 걸려 수리하면 괜찮아졌다. 시제품을 만들면서 이만큼의 작업 성공률을 올린다면 내 방식이 옳다고 확신할 법했다. 하지만 엔지니어에게 인증을 받고도 끔찍한 실패를 저지를지 모른다는 두려움에 늘 시달렸다. 화재가 발생하여 불길이 걷잡을 수 없이 번질지도 모른다거나, 크리스마스에 한자리에 모인 대가족이 사진을 찍기 위해 계단에 우르르 올라가서는 장난꾸러기 꼬마의 제안대로 일제히 뛰면서 사진을 찍으려다가 계단이 무너지지 않을까 하는 상상으로 밤잠을 못 이룰 때가 많았다.

기술적인 문제로 고민할 때도 있었고, 말도 안 되는 마감일로 마음고생한 적도 있었다. 두 가지 문제가 겹치는 작업도 물론 있었다. 그래도 나는 문제를 해결하는 것을 즐겼고, 상황이 악화해도 최악까지 내몰리지 않는 한 스트레스를 견딜 만했다.

이렇게 몇 년을 지낸 후, 새로 지어진 첼시의 호화 주택 개발 프로젝트를 따냈다. 맨 위의 두 개 층을 우리가 맡았다. 소유주는 개발자의 아들과 곧 결혼할 동성 남편이었다. 개발자는 이탈리아 출신의 70대 남성이었는데, 젊은 시절에 미장공으로 성실히 노력하여 선배들을 모두 제쳤다. 등이 약간 굽고 이는 다 빠진 것 같았지만 힘이 넘치고 솔직했으며, 특히 아들을 사랑하는 마음이 대단했다. 그의 아들 루이지는 단정하고 이목구비가 뚜렷한 미남형이었다. 걸걸한 목소리로 즐겁게 일하시라고 말하면서도, 잘못된 부분은 가차 없이 지적했다. 나는 평소 의뢰인과 허물없이 지내는데, 상대방에게 존경심이 생기면 더 빨리 마음을 여는 편이다.

아파트 설계업체의 의도는 전통적인 요소와 미래지향적 요소를 적절히 배합하는 것이었다. 어떤 방은 작고 아담한 분위기여서, 오크나무와 실크벽지로 꾸민 서재는 아주 정교하게 숨겨진 문으로만 드나들 수 있었다. 반면 아주 크고 호화로운 방도 있어서, 넓고 웅장한 거실에는 석고로 된 커다란 크라운 몰딩과 고풍스러운 거울 벽이 있는 미니바가 눈길을 사로잡았고 청동 테두리의 가죽 패널 사이사이로 자코메티 스타일의 작은 기둥이 보였다. 처음에는 그런 방식에 대한 내 불안함에 근거가 없어 보였다. 질서정연한 요소가 화려하고 세련된 요소들과 적절한 균형을 이루었다. 정반대의 요소들이 어우러진 디자인은 집주인 부부가 전혀 다른 개성을 지녔다는 면에서 일맥상통했다. 루이지는 단호하고 진지한 반면, 션은 변덕이 심한 공상가였다.

두 사람의 집을 공사하면서 배울 점이 많았다. 디자인에 대한 나의 보잘것없는 지식을 넓힐 기회가 되었을 뿐 아니라 설계자와 의뢰인이 단호하고 매우 까다로웠기 때문이다. 단호함과 까다로움은 대체로 함께 나타나는 성격적 특성이 아니다. 그들은 공사가 최대한 빨리 끝나기를 원했고, 진행을 방해할 생각은 추호도 없었다.

주인의 취향대로 수백만 달러짜리 주택을 짓는 대공사에 문제가 없을 리 만무했다. 이번에도 몇 가지 문제가 있었다. 배관공은 순은으로 된 싱크대를 관통하는 2인치짜리 구멍을 뚫어버렸다. 프로젝트 총책임자가 스티처라는 은세공 전문가를 고용해서 이 문제를 해결했다. 그는 싱크대 아래 공간으로 기어 들어가서 납땜 작업을 했다. 그러는 바람에 월넛 싱크대의 보호막 역할을 하던 붉은색 송진 종이에 불이 옮겨붙은 것을 보지 못했다. 키가

크고 호리호리한 스티치가 불이 붙은 종이를 타일 바닥에 펼쳐
놓고 정신없이 발로 밟아서 불을 끄던 모습이 생생하게 기억난
다. 무섭기도 하고, 우습기도 했다. 다행히 스프링클러가 작동하
기 전에 불을 껐다.

　마감일이 다가올수록 모든 작업자가 시간에 쫓겼다. 이삿짐
을 나르고, 액자를 걸고, 카펫을 깔고, 커튼을 달고, 입주 청소를
하고, 실내를 장식하는 작업 등이 이미 오래전부터 계획되어 있
었고, 계획된 날짜를 변경하는 것은 아무도 달가워하지 않았다.
루이지는 건축업자인 아버지 덕분에 이런 상황에서는 일손이 더
필요하고, 시간도 더 오래 걸리고, 스트레스도 커진다는 것을 잘
알고 있었다. 우리는 다른 프로젝트에서 일손을 빌렸다. 루이지
는 건물의 지하 차고 한쪽에 임시 작업장을 마련해주었다. 마감
일이 코앞이었기에, 가족에게는 당분간 집에 못 간다고 말하고
임시 작업장에서 생활했다.

　피자와 달걀 샌드위치가 우리의 주식이었다. 내 고용주인 도
급업자가 사기를 높이려고 식대를 모두 내주었다. 나는 구부러
진 경첩 나사를 펴고 긁힌 부분을 연마한 다음 세 개의 몰딩 조
각을 못으로 고정하는 작업을 분 단위로 할당했다. 목수 25명,
일용직 노동자 다섯 명, 그리고 피자를 사준 도급업자까지 하루
에 16시간씩 쉬지 않고 수백 가지 일을 해냈다. 빠진 부품이 있
으면 내가 사방에 수소문해서 조달했다. 상황은 그럭저럭 흘러
갔다.

　아파트에는 로비와 위층을 잇는 단순한 디자인의 내부 계단
이 있었다. 계단은 이미 설치되어 있었으나 난간이 없었다. 설계

58

업체는 설치업체에서 제공한 아주 고전적인 계단 모양을 그대로 사용한 것 같았다. 아래쪽 계단은 곡선으로 되어 있지만 다른 부분은 직선이었고 위쪽 끝에서 벽과 이어지는 부분은 원을 한 바퀴 돌린 모양이었다. 이 형태를 보완하려면 나선형 벌류트가 필요했다. 나는 전문 금속공이 아니었기에, 용접이 가능한 합금을 구매할 때 프랑스식 대장 기술 견습생이었던 친구에게 조언을 구했고, 나중에 부품을 연결해달라고 부탁했다. 그는 기꺼이 도와주겠다고 했다. 이전에 더 큰 프로젝트를 몇 차례 함께했기에 이 일만큼은 누구보다도 믿고 맡길 만한 사람이었다.

이삿날을 불과 이틀 남겨놓고 부품이 도착했다. 그런데 계단을 따라 부품을 배치해보니, 수평 벌류트에서 계단을 따라 올라가는 레이크 레일에 맞는 부품이 없었다. 가슴이 덜컥 내려앉았다.

마감일이 코앞이라 멍하니 있을 수 없었다. 나는 정신을 차리고 어떻게 할지 고민했다. 딱 들어맞는 크기이면서도 난간의 부드러운 곡선을 감당할 수 있는 가로, 세로, 높이가 $0.75 \times 6 \times 12$인치인 황동 조각을 구해서 그것을 구부리고 고급 레일 시스템의 부품처럼 보이도록 조각 작업도 해야 했다. 나는 곧장 밖으로 나가 택시를 잡아타고 커널 가에 있는 철물점으로 향했다. 그곳에서 합금으로 된 부품 중에 황동 조각을 찾아냈다. 또다시 택시를 타고 시내에 있는 또 다른 철물점으로 갔는데, 제품 종류가 많고 재고도 넉넉했다. 그 가게에는 드레멜 사의 공구가 있었는데, 취미로 작업하는 사람들이 주로 사용하는 부속이 잔뜩 달려 있었다. 이 공구로 과연 작업을 잘해낼 수 있을지 확신이 서지 않아서 버, 줄, 톱날, 사포 등 조금이라도 도움이 될 만한 것은 전부 쓸어 담았다.

자칫하면 마감 직전의 아파트를 망칠 것 같아서, 필요해 보이는 도구를 모두 챙겨서 차고에 있는 작업장으로 갔다. 동굴처럼 어둡고 으슬으슬했다. 조명도 몇 개 없었다. 우선 톱과 합판으로 작업대를 만들었다. 만반의 준비를 끝냈다.

황동 슬래브로 이어지는 완만한 곡선을 따라가며 내가 아끼는 낡은 실톱으로 천천히 손질을 시작했다. 몇 차례 톱질해서 미완성 부품을 얻었다. 이제는 구부려야 했다. 한 번도 해본 적이 없는 작업이라, 0.75인치 두께의 조각은 손으로는 절대 구부릴 수 없다는 것을 그제야 깨달았다. 망치로 때려도 보고 밟아도 봤지만 아무 소용이 없었다. 프로판 토치로 열을 가했다가 작업용 장갑만 구멍 났다. 그래도 여전히 단단했다. 마지막으로 모루를 사용해보기로 했다. 주차장에 모루가 있을 리 없었지만, 그나마 비슷한 대형 철제 쓰레기 수거통이 있었다. 나는 부품 끝을 무거운 손잡이의 구부러진 부분에 고정한 다음, 못뽑이로 힘껏 두들겼다. 수십 번 휘두른 후에야 황동 조각이 조금 휘어지는 것 같았다. 희망이 보였다. 조금이라도 휘면 조각을 손잡이 방향으로 조금 더 당긴 다음 힘껏 내리치는 과정을 반복했다.

자정에 가까운 시각이었다. 작업 소음은 주변 사람에게 매우 거슬리지만, 정작 작업자는 아무렇지도 않다. 차고에서 작업하는 소리는 건물의 모든 거주자에게 불편을 끼치고 있었다. 나는 일에 정신이 팔려서 뒤에서 목소리가 들릴 때까지도 그 소리가 얼마나 거슬리는지 몰랐다. "지금 한밤중이잖아요. 소리 좀 낮춰줄래요?" 루이지가 미소를 지은 건지 찡그린 것인지 알 수 없는 얼굴로 손전등을 들고 있었다. "앗, 죄송합니다. 난간을 마무리하고 있었습니다." 루이지는 작업대, 쓰레기통, 황동 조각, 지렛대 등의 도구와 땀에 흠뻑 젖은 내 모습을 보더니 "알겠습니다. 마무리하세요"라고 말했다. 그 뒤로 더는 방해하는 사람이 없었다. 나는 쓰레기통 손잡이에 맞추어 구부러진 모양을 구현하고 해가 뜰 무렵 드레멜 사의 공구로 멋진 모양을 새겨넣었다. 다른 작업자들이 8시에 출근할 때까지도 나는 사포질을 하느라 여념이 없었다.

잠시 후 대장장이 친구가 용접공을 데리고 나타났다. 새로 만든 부품은 계단에 맞게 잘라놓았고 계단을 따라 올라가면서 다른 부품들을 설치할 위치도 정해놓았기에 이번에는 모든 게 완벽하게 준비되었다고 확신했다. 내가 해냈다. 뿌듯했다. 방금 마무리한 커브 모양의 부품을 다시 집었다. 10인치 길이로 일정하고 기존 부품과 비교해도 튀지 않았다. 나는 부품을 친구에게 내밀면서 "이건 내가 어젯밤에 직접 만든 거야"라고 말했다.

"이걸 직접 만들었다고? 아주 좋은데?" 그 칭찬으로도 충분했다. 그는 용접 작업을 끝내고 연결 부분을 연마해주고는 만족스러운 표정으로 돌아갔다.

그다음 날, 이삿짐센터 사람들이 왔다. 50여 명은 되는 것 같았다. 꼼꼼하게 라벨을 붙여놓은 수십 개의 상자를 열더니 내용물을 깔끔하게 정리했다. 커튼, 예술품, 가구, 러그, 접시, 은 식기, 책 등 모든 것이 새것이었다. 보기 좋게 정리하는 데만 꼬박 이틀이 걸렸다. 난생처음 보는 광경이었다. 드디어 냅킨 링에서 라벤더 향이 나는 주방세제에 이르기까지 세련된 라이프스타일을 누릴 수 있도록 모든 것이 제자리에 깔끔하게 정리되었다. 완벽하고 멋진 모습이었다.

집주인은 손님들에게 아파트 이곳저곳을 보여줄 때 주문 제작한 순은 식기와 서재로 이어지는 문이 아무도 눈치챌 수 없도록 정교하게 숨겨졌음을 자랑할 것이다. 설계자라면 세밀한 조각 작업과 화려한 조명, 청동과 가죽을 사용한 고전적인 스타일의 유리로 된 바를 먼저 짚을 것이다. 만약 내가 이 아파트를 손님들에게 소개한다면 수작업으로 완성한 계단 난간에서 구부러진 모양의, 전혀 눈에 띄지 않을 만큼 감쪽같은 작은 부품 하나를 설명하는 데 시간을 보낼 것 같다.

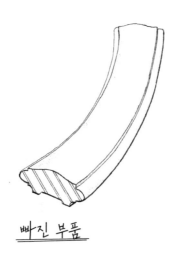

빠진 부품

3장

연습

나는 과할 만큼 노력한다.

무언가에 능숙해지려면 꾸준히 연습하는 것 말곤 방법이 없다. 냉정하게 들릴지 모르지만 사실이다. 몇 년은 걸릴 것이다. 연습 과정은 답답하고, 더디고, 크고 작은 고통이 뒤따르거나, 실망감에 젖곤 한다. 무엇보다 상당히 오랜 시간을 투자해야 한다. 그런데도 연습하는 이유는 뭘까?

배움을 통해 놀라운 일을 해낼 수 있기 때문이다. 놀라운 일을 해내고 싶다면 길은 하나뿐이다. 바로 연습이다. 아무도 당신이 배우는 일이 대단하다고 칭찬하지 않을지도 모른다. 아무리 노력한들 놀라운 수준에 도달하기는 불가능하다고 여길지도 모른다. 하지만 무슨 일이든 적절한 지도를 받아 꾸준히 연습하면 노력은 그 자체로 가치가 있다.

비결이 있다면, 모든 요소를 적절히 활용하면 연습만으로도 보람을 맛볼 수 있다는 것이다. 때로는 매일 보람을 느끼기도 한다. 이를 간단하게 요약하면 다음과 같다.

1. 마음에 드는 일을 정한다.
2. 그 일을 잘하는 요령을 아는 사람을 한 명(그 이상이어도 좋

다) 찾아라. 세계 챔피언 수준은 아니더라도 제대로 가르쳐줄 실력만 있으면 된다. 이왕이면 내가 좋아하고, 존경하고, 다소 어려워하며, 그들이 하는 말을 부분적으로라도 이해할 수 있는 사람이 좋다. 상대방도 나를 좋아한다면 금상첨화다. 예의를 갖춰라. 대가를 요구한다면 제때 수업료를 내야 한다.

3. 귀를 기울여라. 내 판단은 잠시 접어두고 상대방이 말하는 대로 해보길 바란다.

4. 자주 연습하고, 정해진 연습 기간을 지킨다.

5. 열심히 노력해도 잘 안 되면 도움을 청한다.

6. 단점을 인정한다. 이를 극복하기 위해 두 배로 노력한다. 그러면 실력이 빠르게 좋아질 것이다.

7. 나를 매료시킨 일에 관해 가능한 한 많이 알려고 노력한다. 그러면 끊임없이 매료될 것이다.

8. 성과가 있으면 간단하게 축하하는 시간을 갖는다.

9. 일 자체를 즐겨라. 몸과 마음, 정신을 쏟아서 즐겨라. 할 수 있는 한 최선을 다하라. 놀이처럼 하라. 열정적으로 하는 데 부담을 갖지 마라.

10. 제대로 자격을 갖추면, 다시 말해 몇 년에 걸쳐 성실하게 연습했다면, 그 일을 좋아하는 사람에게 가르쳐라.

매일 연습하는 것이 내 취향은 아니다. 오히려 나는 억지로 연습했고 그렇게 하지 않으면 벌을 받았기에 항상 불평불만이 가득했다. 어른이 되고 나서야, 억지로든 자발적으로든 수많은 시간을 들인 덕분에 좋은 습관을 갖게 되었고 정신력도 강해졌다는 것을 깨달았다. 지금은 흥미로운 것을 배울 때 너무 열심히 연습하다 보니, 그 피로감을 떨치는 데 몇 주씩 걸리곤 한다. 연습에 투자한 땀과 시간은 아깝지 않다. 휴식보다 고된 연습을 통해 얻은 배움이 더 달콤하기 때문이다.

‡

다섯 살 때 초등학교에서 개인 지도를 하던 선생님에게 피아노를 배웠다. 내가 피아노를 좋아하거나 소질이 있어서가 아니라, 우리 집에서는 다섯 살이 되면 무조건 피아노를 배워야 했다. 오늘날에는 눈살을 찌푸릴 만한 일방적인 방식이다. 요즘 부모는 아이에게 의견을 묻거나 구슬려야 한다고 생각하는 것 같다. 말도 안 되는 소리다. 만약 다섯 살이었던 내게 뭘 좋아하는지 물었다면, 아이스크림으로 된 집에 살고 싶다거나 물놀이하고 싶을 때 언제든지 수영장에 가게 해달라고 말했을 것이다. 지나치게 뚱뚱한 사람이 수영 챔피언의 자리에 오른 적은 없기에, 나로서는 수영으로 성공할 가능성이 없었다. 그래서 피아노를 배웠다.

교사라면 자신의 책임을 결코 가볍게 여기지 말아야 한다. 한 사람의 미래가 달려 있기 때문이다. 꾸준히, 자신 있게 지도하면 좋은 결과를 거둘 수 있다. 또한 아이의 마음에 막연한 공포감을 불러일으키지 않고 긍정적인 기대를 심어줄 수도 있다. 피아노 선생님이 나를 지도한 방식이 그랬다.

그분은 카프 선생이었다. 60대 여자 선생님인데 외모는 군인 같았고 목소리도 낮은 데다 딱딱 끊어지는 독일식 억양을 구사했다. 선생님은 자신이 맡은 일에 조금의 결함도 용납하지 않았다. 우리 부모님은 대환영이었고, 지금도 카프 선생님에 대해서는 칭찬을 아끼지 않는다. 내가 보기에, 아이들의 본능적인 음악 사랑을 그 선생님만큼 억누르는 사람은 없었다. 5년간 피아노를 배우면서 이 힘든 과정이 언젠가는 끝나기만 학수고대했다. 그러려고 온갖 잔꾀를 부렸다. 아픈 척도 해보고 생떼를 부리기도 하고 절박한 심정으로 부모님께 애원한 적도 있었지만 부모님이 절대 봐주지 않는다는 것을 깨달았고, 결국 사랑하는 창조주께서 나의 고통을 보고 있다면 부디 이 상황에 개입해서 영구적인 해결책을 찾게 해주길 기도로 간청했다. 아이들은 지금도 기도에 힘이 있다고 배운다. 부모라면 기도를 이런 식으로 악용하지 않도록 자녀에게 미리 일러두는 편이 좋을 것이다.

카프 선생님에게 피아노를 배우는 동안 나는 무조건 매일 한 시간씩 연습해야 했다. 아이에게 적당한 연습량인지는 모르겠지만, 연습을 마치지 않으면 저녁밥도 먹을 수 없었다. 우리 가족 중 적어도 네 명은 똑같은 고통을 겪었기에 일종의 전우애를 느끼기도 했다.

열 살 무렵, 가을에 다른 도시로 이사할 예정임을 알았다. 나는 어린 시절 내내 피츠버그에서 자랐기에 온 동네를 마음대로 돌아다녔고, 공원과 박물관도 잘 알고, 처음 사귄 친구들도 사랑했다. 이곳을 떠난다고 생각하니 몹시 우울했다. 왜 그랬는지 모르지만, 아무튼 피아노 선생님을 위해 모차르트 소나타 다장조를 멋지게 연주할 때까지 연습하기로 마음먹었다. 매일 열심히 연습했고, 내가 듣기에도 멋지고 아름답게 들릴 때까지 몇 번이고 반복했다. 난생처음 느낌을 살려서 연주하려고 노력했다. 어떤 부분은 부드럽게 연주하고, 어떤 부분은 슬픈 느낌을 살리고, 또 다른 부분은 강렬하고 거친 느낌이 필요했다. 내 실력은 크게 향상했다.

피아노 선생님이 누구보다 놀라워했다. 선생님은 지역 피아노 콩쿠르에 나를 참가시켰고, 나는 우승했다. 그래서 신시내티에서 열리는 지역 단위 피아노 경연대회에 진출했다. 상당히 중요한 대회였다. 앙드레 와츠(André Watts)라는 유명인이 초대 심사위원을 맡았는데, 콘서트 스케줄을 미루고 어린아이들의 연주를 들으러 온 것이었다. 나는 경연대회가 열리기 몇 주 전에 어느 대낮의 토크쇼에서 우연히 그를 본 적이 있었다. 1970년대 초반의 영화배우처럼 짙은 색 터틀넥 셔츠와 가벼운 블레이저 재킷을 입고 있었다. 젊고 잘생긴 데다 연출력까지 갖추고 있어서 그의 연주는 가히 폭발적이었다. 당시 나처럼 어린아이에게 클래식 피아노 연주가 정말 멋지다는 것을 이해시킬 만한 몇 안 되는 사람이었다.

부모님은 아주 기뻐하신 것 같다. 경연대회에 참가하기 위해 어머니가 함께 비행기를 타기로 한 걸 보면 말이다. 신시내티는 피츠버그에서 비행기로 45분 거리였다. 체크인과 택시 이동 시간까지 하면 실제 이동 시간은 그보다 짧았던 것 같지만, 어쨌든 난생처음 비행기를 탔기에 특별 이벤트처럼 느껴졌다.

정말 특별한 경험이었다. 구름이 큰 산처럼 뭉쳤다가 평야처럼 끝없이 펼쳐지고 다시 갈라진 틈 사이로 넓은 땅이 보였다.

처음 보는 광경이었다. 땅을 밟고 서 있을 때 본 모습과는 전혀 딴판이었다. 아무리 나이 들어도 비행기에서 바라본 세상은 정말 새롭다.

경연대회에 관해서는 두 가지만 기억에 남았다. 하나는 무대 뒤에 내 또래의 아이들 여덟 명이 쪼르르 앉아 있던 모습이다. 내 옆에 앉은 아이는 눈에 확 띄게 예쁜 데다 내가 본 것 중에 가장 세련된 드레스를 차려입고 있었다. 나는 눈을 떼지 못했다. 그 아이도 내 쪽으로 몸을 돌리더니 눈길을 던졌다. 그러더니 입을 열었다. "클립식 넥타이니?" 목소리도 아주 부드러웠다. 마치 악마 같았다.

다음 기억은 어머니와 나란히 강당에서 나와 걷던 순간이다. 2등 상으로 받은 트로피를 옆구리에 느슨하게 끼고 있었다. 최종 우승은 다른 아이의 차지였다. 우승이 아니라고 해서 속상한 건 아니었다. 그날 아침까지만 해도 아무도 내가 명연주를 하리라 기대하지 않았다. 그런데 우리가 나온 문이 다시 열리더니 심사위원 한 사람이 달려 나왔다. "엘리슨 부인, 변동 사항이 생겼습니다. 심사위원인 와츠 씨가 아드님과 여자아이가 공동 1등이라고 주장하십니다."

어머니와 나는 다시 안으로 들어갔다. 그들은 내 트로피를 가져가더니 조금 더 멋진 것으로 바꿔주었다. 그날 이후로, 그 아이와 나는 서로 얽매였다. 그 아이는 한 시간 정도 우승의 기쁨을 맛보았고, 나는 막판에 이 악마와 대등해졌다.

지금까지도 피아노 앞에 앉으면 공포와 갈망으로 메스꺼워져서 이를 이겨내야만 연주를 즐길 수 있다.

‡

연습은 나에게 변화의 원동력이었다. 그 후로 바느질, 뜨개질, 자수, 도자기, 자전거 수리, 밴조, 기타, 미술, 야생 체험, 조각, 작곡 등 여러 가지를 연달아 배웠다. 그러나 의욕은 없었다. 어린아이가 으레 그렇듯 억지로 연습할 뿐이었다. 그러다 세상에 첫발을 내디뎠고 자기 앞가림을 해야 했다. 드디어 목공 일을 하면서 천직이 될 수도 있겠다고 생각했다. 열심히 배우고 연습도 게을리하지 않았다. 목공에 관한 것은 무엇이든 흥미로웠다. 기하학, 공학, 장인 정신, 공구, 방법론 등에는 나름의 비법이 숨어 있었고, 나는 그걸 알아내는 과정이 즐거웠다. 연습하면서 성취감을 느꼈다. 나날이 발전하는 것이 몸으로 느껴졌다.

일하는 동안 몸을 돌보는 데 신경을 쓰지 못했다. 늦잠을 자서 일터에 지각해도 개의치 않았다. 일이 오래 지연되는 것은 내 상사가 걱정할 문제였다. 사실 이런 성격 때문에 연습을 규칙적으로 하는 데 여러 해가 걸렸다. 변화가 느린 편이었다.

‡

목공 일을 시작하고 3년쯤 지나자 조금씩 숙련된 면모를 갖추기 시작했다. 새로운 것을 배우는 데에도 남다른 의욕을 보였다. 그러나 나는 내 능력을 착각하고 있었다. 문을 달고, 몰딩 작업을 하고, 여러 부품이나 자재의 자리를 알고 있으니 내가 꽤 숙달했다고 생각했다. 지금 돌이켜 보면 제대로 아는 것도 없는 데다 일 처리도 엉망이었는데, 그런 모습이 우습기도 하고 씁쓸하기도 하다. 그나마 관심이 많고 의욕이 넘치며 일도 제법 잘하고 조심성이 있었지만, 어디까지나 이제 막 시작한 초짜였다.

스물한 살 청년이라면 누구나 나처럼 의욕이 넘칠 테지만, 그때 나는 마감을 지키는 문제에 대해서는 여전히 배울 점이 많았다. 닥치는 대로 일을 처리하면 그것으로 만족하는 편이었다. 내 능력으로 목표를 달성하기 위해 모든 일을 처리해보겠다는 생각은 해본 적도 없었다. 어떤 일에는 철저했지만, 오래가지는 않았다. 개인적인 기준이라고 할 만한 것도 없었다.

나는 도심 주변에서 간단한 리모델링 작업을 주로 하는 업체와 일했다. 사장님은 내가 해서는 안 되는 전선, 배관, 타일, 목공 등 현장에서 필요한 작업이라면 무턱대고 시켰다. 다행히 그런 일이 재미있었고 결과도 그럴듯했다. 불평하는 의뢰인은 없었다. 나는 예의 발랐고, 공사비도 꽤 저렴했다.

어느 해 초여름에 사장님의 친구가 와서 잠시 나를 데려가서 일을 시켜도 되겠냐고 물었다. 교외 해변의 주택에 주방 찬장을 맞춤 제작하여 설치하는데, 마감일이 너무 촉박했다. 그는 가족을 데리고 3주 후에 서부로 떠날 예정이라서 그 전에 공사를 마무리해야 했다. 사장님은 기꺼이 나를 보내주었고, 나는 다음 주 월요일에 맨해튼 패션 지구에 있는 어느 건물 8층에 잘 꾸며진 구식 목공 작업장으로 출근했다. 기계는 크고도 낡았고, 대부분 난생처음 보는 것이었다. 하지만 가까이에서 관찰하고 작동할 때 나는 기계음을 듣고 손바닥으로 묵직한 진동을 느껴보는 것이 마냥 즐거웠다.

임시 사장님은 팔다리가 길고 열정이 넘치며 가끔 사람을 웃길 줄도 알았지만, 어딘지 모르게 어수선하고 엉뚱한 구석도 있었다. 그는 나에게 할 일을 설명해주고 기본적인 기술만 보여주고는 온종일 나타나지 않았다. 그래도 작업은 2주 만에 끝났다. 포마이카 판을 두 장 정도 망가뜨린 것이 그리 큰 문제는 아니었지만, 너무 겁이 나서 거짓말을 해놓고는 전전긍긍했던 기억이 난다. 솔직하게 말했더라면 더 나았을 것이다. 들키지 않으려고 애쓰는 것보다 잠깐 쓴소리를 듣는 편이 훨씬 낫다.

완성된 찬장을 포장하고 상자에 넣어 빌린 트럭에 싣고는 롱아일랜드 롱비치로 향했다. 임시 사장님이 그 트럭을 몰고, 나는 원래 다니던 업체 사장님의 혼다 시빅을 빌려서 뒤를 따랐다. 작업 현장은 해변에 있는 잘 관리된 방갈로 하우스로, 주변에 비슷한 빈티지풍의 주택이 많았지만 모양이나 색상은 제각각이었다. 뉴욕 구시가지의 느낌이 나는 동네로, '목시(moxie, 용기 혹은 힘을 뜻하는 속어—옮긴이)'나 '활기차게 춤추다(cut a rug, 발로 카펫을 자르는 듯 춤추는 모습에서 유래된 속어—옮긴이)' 같은 말을 쓰는 아이를 둔 사람들이 살 법했다. 찬찬히 구경하고 싶었지만 그럴 짬이 없었다. 그날 바로 설치 작업을 시작하여 7일간 잠시도 쉬지 못했다. 현장에 가기 전에 임시 사장은 일주일 내로 끝내야 한다는 것 말고는 작업 일정에 관해 아무것도 알려주지 않았다. 주방 찬장을 설치해본 적이 없어서 작업에 시간이 얼마나 걸릴지 예상할 수도 없었다.

1층의 대부분을 차지한 것은 대형 부엌이었다. 상부 수납장과 하부 수납장, 저장고, 곡선형 테이블과 긴 의자, 작업대, 가전제품, 배관 설비 등을 설치해야 했다. 디자인은 1980년대 초반에 유행했던 광택이 나는 포마이카였다. 한 치의 여유도 없이 모든 것이 정확하게 계산된 디자인이어서 잘라서 맞춰 넣거나 붙일 때 조금의 실수도 허용되지 않았다. 완전히 내 역량 밖의 일이었지만 임시 사장은 상황을 파악하고 있는 것 같았다. 그는 그날그날 필요한 기술을 가르쳐준 후에는 내가 편하게 일하도록 내버려두었다. 임시 사장이 자리를 비우지 않은 것은 이때뿐이었다. 우리는 골목에 있는 식당에서 밥을 먹는 것 말고는 일주일 내내 밖에 나가지 않았다. 처음 닷새는 하루에 18시간씩 일하고 바닥에 담요를 대충 깔고 잠을 청했다. 6일째에는 둘 다 20시간 연속으로 일하느라 여덟 시간마다 쪽잠을 청했고 밥을 먹거나 커피를 마실 때 외에는 휴식 시간도 없었다. 마지막 날에는 한숨도 자지 못했다. 그 주에만 무려 134시간을 근무했다. 초과근무는 수당의 1.5배를 받으므로 실제로는 181시간에 해당하는 수당을 받았다. 현실적으로는 일주일에 181시간은 불가능하다.

지금 생각해도 신기한 것은 그 모든 상황이 전혀 짜증스럽지 않았다는 점이다. 나는 임시 사장과도 금방 친구처럼 지냈다. 그가 필요한 기술을 다 가르쳐준 덕분에 그 후로는 주방을 나 혼자 설치할 정도로 실력이 늘었다. 우리는 나무로 된 딱딱한 바닥에서 잠을 청하고, 맛없는 음식으로 끼니를 때우고, 탄산음료, 커피, 탄산수로 갈증을 해결했다. 머리가 핑 돌 정도로 피곤했지만, 서로에 대한 끈끈한 동지애와 명확한 목표가 있어서 견딜 만했다. 일을 제시간에 끝내는 게 대단하게 느껴졌다.

마지막 날, 내 몰골은 엉망진창이었다. 도착하던 날 입고 온 작업복을 그대로 입고 있었는데, 소매와 바짓단이 짧아졌다. 싱크대에서 한두 번 대충 빨고는 마르지도 않은 상태로 그냥 입은 탓이었다. 제대로 씻지도 못했고 면도도 하지 않았다. 몸무게는 4~5㎏이나 빠졌다. 주머니에는 30센트가 전부였다. 밥을 먹느라 가지고 있던 현금을 다 써버렸고 임시 사장이 준 돈은 모두 수표였다. 처음 만져보는 큰 액수였다. 드디어 도시로 돌아갈 때가 왔다. 어지럽고 지쳤다.

임시 사장은 트럭의 운전석에 올라탔다. 원래 사장이 빌려준 혼다 시빅을 몰던 나는 한참 뒤처져 있었다. 우리는 가까운 주유소에서 기름을 채웠다. 임시 사장이 두 대의 주유비를 모두 계산했고 도시로 가서 잠을 자기 위해 출발했다. 몇 킬로미터를 달려오니 롱비치 아일랜드와 퀸스를 연결하는 다리가 나왔다. 그는 톨게이트에서 잠시 차를 세우고 요금을 낸 다음 곧장 출발해버렸다. 나도 차를 세웠는데, 1.25달러라는 안내 표지를 보니 한숨이 나왔다. 주머니에는 30센트밖에 없었다. 요금소 직원은 나를 잡아먹을 듯이 노려보더니 차를 세우고는 면허증을 확인하고 주소를 받아적은 다음 몇 마디 훈계한 후 가도 좋다고 했다. 임시 사장의 트럭은 보이지도 않았다.

나는 도시로 돌아가는 길을 몰라서 해를 보고 방향을 대충 짐작했고, 몇 차례 운전대를 꺾어가며 길을 찾았다. 도심으로 가다가 고속도로 진입로로 접어들었는데, 왠지 이렇게 가면 된다는 느낌이 드는 낯선 고속도로를 달렸다. 얼마간 더 달리다 보니 머리 위로 나타난 표지판에 뉴욕시, 뉴잉글랜드라고 각각 적혀 있

었다. 갑자기 엉뚱한 생각이 들었다. 나는 '뉴잉글랜드'를 노래
하듯 소리 내어 말하면서 그쪽으로 운전대를 틀었다.

한 시간 남짓 꿈꾸듯 운전했다. 어디로 갈지 생각도, 계획도,
걱정도 하지 않았다. 연료가 가득한 차로 걱정도 없이 코네티컷
에 접어들었다. 고속도로 출구 표지판을 몇 개 지나치고 나니 켄
트로 가는 출구가 반 마일이면 나온다는 또 다른 표지판이 보였
다. 나는 큰 소리를 외쳤다. "켄트라면 주디가 사는 곳이잖아!"
갑자기 열일곱 살 때 주디의 모습이 멍한 머릿속에 떠올랐다. 보
통 환영이 보이면 두려움에 뼛속까지 떨리기 마련이지만, 이 모
습은 따뜻하고 사랑스럽게 빛났다. 2년 전 마지막으로 학교에 다
닐 때 나의 유일한 희망이자 빛과 같은 존재였다. 학급 친구들이
하듯이 작별 인사를 나누었지만, 연인 관계를 제대로 끝낸 것은
아니었다. 다시 보면 그녀가 분명 기뻐할 것 같았다.

몇 차례 방향을 틀어서 그녀의 집 앞에 도착했다. 벨을 누르고
노크한 다음 다시 벨을 눌렀다. 문이 살짝 열리더니 금세 활짝
열렸다. 그녀가 씩 웃으며 말했다. "세상에, 이게 누구야?" 그녀
는 수프를 먹이더니 곧 씻게 했고, 나는 곧장 침대에 쓰러졌다.
그리고 20시간이나 잤다.

눈을 떠보니 대낮이었다. 주디는 달걀 요리를 만들고 있었다.
우리는 그동안 밀린 이야기를 나누었다. 누구하고도 어떤 주제
로든 편하게 이야기를 나누는 것이 주디의 큰 매력이었다. 주디
는 나에게 왜 왔는지조차 묻지 않았다. "넌 이제 뭘 하고 싶어?"
그녀다운 질문이었다. 그래서 "드라이브나 하러 가자"라고 대답
했다. 우리는 차를 몰고 나가서 도심을 구경했다. 내가 거래하는

은행의 지점이 보여서 임시 사장이 준 수표를 입금했다. 일부는 바로 처리된다고 해서 현금을 받아 들고 하루 종일 주디와 이곳저곳 돌아다녔다.

이튿날 아침, 주디는 근처에 있는 폭포를 보러 가자고 했다. 아름다운 곳이었다. 폭포가 떨어지는 곳에 강을 가로지르는 철제 다리가 있었고, 다리 아래로 세차게 흐르는 물이 철제 다리에 닿는 소리가 노래만큼 듣기 좋았다. 우리는 다리 한쪽에 차를 세워놓고 중간까지 걸어가서 최고의 경치를 감상했다. 폭포를 감상하며 편하게 이야기를 나누었다. 나는 원래 흐르는 물을 보면 정신을 못 차리고 매료되곤 했다. 주디와 이야기하면서 아무 생각 없이 차 열쇠고리를 손가락에 걸어서 빙빙 돌렸다. 한순간 열쇠고리가 휙 날아가더니, 철제 다리의 격자 모양 사이로 떨어져서 빠르게 흐르는 강물에 풍당 빠졌다. "젠장." 둘 다 오도 가도 못 하는 신세가 되었다.

주디가 예뻤기에 집까지 차를 얻어 타는 것은 그리 어렵지 않았다. 하지만 빌어먹을 차는 몰고 올 방법이 없었다. 원래대로라면 사장에게 이틀 전에 차를 반납했어야 하므로, 엄밀히 말하면 차를 훔친 꼴이었다.

이미 사고를 쳤지만, 그 나이의 나로서는 괜찮아 보이는 묘안을 짜냈다. 나는 사장이 아파트 열쇠를 숨겨놓는 곳도, 그의 책상 서랍에 자동차 키가 하나 더 있다는 사실도 알고 있었다. 택시를 타고 기차역에 가서 기차표를 샀다. 사장의 아파트 입구까지 어슬렁거리며 걸어가서, 늘 그랬듯이 페디먼트(pediment, 건물 입구 상단의 삼각형 모양─옮긴이) 구석에 숨겨진 아파트 열쇠를 찾아냈다. 그리고 나는 곧장 아파트로 올라가서 자동차 열쇠를 찾았다. 자동차 열쇠도 내가 예상한 곳에 있었다. 성공이라며 쾌재를 불렀다. 엄청난 비밀 임무라도 끝낸 듯했다. 잘 들어가서 물건을 찾고 아무 흔적도 남기지 않고 빠져나왔기 때문이다. 가까운 은행에 들러서 수표를 전부 현금으로 바꾸고는 서둘러 기차를 타고 주디의 집으로 돌아갔다. 다시 택시를 불러서 혼다 시빅을 가지러 갔다. 돈도 있고 차도 있으니, 어리석게도 우리는 그걸로 충분했다.

다섯 시간 후에 우리는 약 500km 떨어진 곳까지 갔다. 무려 열흘 동안 애디론댁의 호수 근처에 있는 통나무집에서 수영하고 요리하고 카누를 즐겼다. 전화도 없고 전기도 들어오지 않았으며 샤워를 할 수도 없었지만, 아무 걱정 없이 먹고 놀고 장난쳤다. 그래도 영원히 머물 수는 없었다. 가진 돈은 다 써버렸고, 주디는 일을 해야 했다. 우리는 다시 차를 타고 코네티컷에 있는 주디의 집으로 돌아왔다. 한두 차례 죄책감이 들기는 했다. 여전히 이런 쪽으로는 현명하지 않았지만, 아무튼 2주 전에 갔어야 했던 곳, 즉 뉴욕시로 차를 몰고 가야 할 것 같았다. 나는 즐거운 추억을 만들어줘서 고맙다고 말하고 주디와 작별 키스를 나누고는 어퍼웨스트사이드로 돌아왔다. 그녀의 윙크는 마지막 추억이 되었다.

원래 사장님은 집에 있었다. 그는 인터컴에서 내 목소리가 들자마자 고함을 지르며 질문을 쏟아냈다. 그는 문을 열어주었다. 나는 계단으로 4층에 있는 그의 집까지 올라갔다. 뭐라고 설명해야 할지 아무 생각이 나지 않았다. "이 자식, 대체 뭐 하는 놈이야?" 나는 아무 생각도 나지 않았다.

"친구에게 전화했더니, 네가 졸다가 어딘가에서 자동차 사고를 낸 것 같다고 하더라."

"아니에요. 애디론댁에 갔었어요."

"2주나 거기 있었다고?"

"네."

"내 차를 훔쳐서 거기에 갔다고?"

"네."

"뭐야, 이 자식? 괜찮은 거야?"

"네."

"우린 네가 죽은 줄 알았어."

"아니에요. 너무 지쳐서 그랬어요."

"넌 내 차를 훔친 거야."

"네, 정말 죄송해요."

"다시는 그러지 마."

"절대 안 그럴게요."

"진짜 괜찮은 거 맞아?"

"네, 괜찮아요."

"이런 멍청한 자식. 집에 가. 월요일에 다시 와. 새로 시작할 일이 있으니까."

설득 기술을 연습하려면

다른 사람이 마음속에 품은 동기는 알 수 없다. 어떤 것은 추론할 수 있다. 좋은 부모라면 자녀의 안전과 복지, 성공에 관심이 많을 것이다. 직장 상사는 사업을 통해 이윤을 창출하고 비용을 관리하는 데 관심이 많다. 연애 중인 사람은 상대방에게 원하는 것이 있어도 거절당하거나 놀림받을까 두려워 솔직하게 마음을 털어놓지 못한다. 마찬가지로 다른 사람도 나의 동기를 잘 알지 못한다. 나의 동기가 무엇인지 누군가가 추측하는 것은 무리이며, 추론은 가장 부정확한 방법이다. 이제는 너무 당연하고 분명하다고 생각하여 아들 셋에게도 가르치려고 노력하지만, 나조차 오랫동안 좀처럼 이해하지 못한 것이 있다.

원하는 것이 있다면 직접 요청하라.
아무도 알아서 해주지 않는다.

세상에서 가장 단순한 진리라 해도 과언이 아니지만, 몇몇 일상적인 상황에 적용해보면 두려움이 엄습할 것이다.

1. "고등학교를 그만 다니고 싶어요."
2. "당신의 손에서 정말 좋은 냄새가 나네요. 좀 맡아봐도 되나요?"
3. "크리스마스 보너스를 보니 제가 기대한 금액의 절반밖에 안 되네요. 두 배로 주세요."

모두 내가 겪은 것이다. 그리고 놀랍게도, 모두 긍정적인 답변을 얻었다. 어쩌면 요청하는 법을 가장 많이 연습해야 하는지도 모른다.

‡

　나는 12년간 평범한 목수로 살다가 처음으로 고도의 기술이 필요한 문제를 맡았다. 처음으로 억만장자의 펜트하우스를 수주했는데, 둥근 모양의 입구에 전통적인 방식으로 회반죽을 세 겹 칠하여 타원형 돔 천장을 만들어야 했다. 대략적인 작업 순서를 머릿속에 정리하는 데에만 꼬박 하루이틀이 걸렸다.

　천장 구조는 4등분한 타원을 방사형으로 배열할 생각이었다. 그리고 돔 천장에 음각 조명으로 별이 쏟아지는 듯한 밤하늘의 모습을 연출하기 위해 PVC 튜브를 사용하여 돔의 각도에 맞춰 테두리를 직접 밀링 작업했다. 끝으로, 천장의 아치를 만들거나 몰딩과 벽이 닿는 부분에 퍼티 나이프를 둥글게 돌리기 위해 강철 파이프로 만든 중앙 지지대를 설치했다. 이렇게 설치하고 나니 도자기 물레를 뒤집어놓은 것처럼 보였다. 나머지 작업은 미장공에게 맡겼다. 이번 공사는 보람도 있고 배울 점도 많았다. 그런데 나중에 알고 보니, 나는 도급업자가 예상한 작업 기간의 절반 만에 끝내버렸고, 일손이 더 필요할 거라는 예상과 달리 추가 인력을 요청하지도 않았다. 물론 그는 이런 점들을 나에게 말해주지 않았다. 이쪽 업계에 종사하는 사람답게 그는 제 잇속부터 챙겼을 것이다. 그에게 견적을 내주는 사람은 항상 말은 많고 정작 제 몫은 챙길 줄 모르는 사람이었는데, 이번에는 그냥 넘어갔다.

　그 뒤로 곡선 처리 작업을 몇 건 더 해본 후에, 문을 대량으로 설치하는 작업을 맡았다. 2.4m 높이의 플러시문(flush door, 기

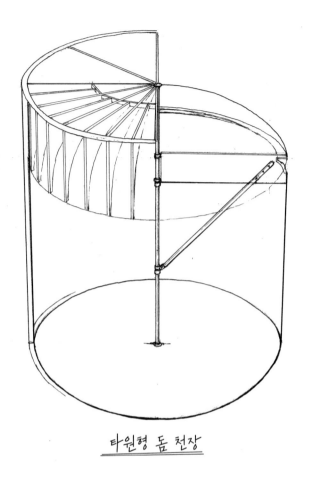

타원형 돔 천장

본 틀의 양쪽 면에 합판을 붙여서 만든 평평한 문—옮긴이)으로 오프셋
피봇 경첩으로 고정해야 했는데, 문설주는 바닥에 조립되지 않
은 상태로 어지럽게 쌓여 있었다. 한 번에 두 개 이상의 문을 동
시에 설치하는 일은 처음이어서, 나는 포드 사에서 개발한 조립
라인을 적용하기로 했다. 조립 첫날에는 문을 설치할 장소를 일
일이 점검하고 점검 결과에 따라 정확한 치수를 목록으로 작성

했다. 둘째 날에는 바닥 각도에 맞추어 삼방틀을 재단한 다음 장 붓구멍을 뚫었다. 셋째 날 아침, 현장 감독인 토니가 와서 무엇이 문제인지 물었다. 그때까지 문이 하나도 설치되어 있지 않았기 때문이었다. 나는 "한꺼번에 완성할 겁니다"라고 대답했다. 그는 나의 건방진 태도에 익숙했고, 이번에도 나를 믿어주었다. "알겠어. 잘해봐!" 그는 고개만 까닥하고는 떠나버렸다.

그날 나는 문에 있는 장붓구멍을 모두 뚫고 경첩을 제자리에 고정했다. 나흘째 되던 날에 삼방틀을 모두 설치하고 첫 번째 문을 설치하는 작업까지 끝냈다. 닷새째에는 오전 중에 나머지 문을 달고는, 오후에는 벌어진 부분을 다듬고 미세한 틈이 발견되면 손보는 작업을 했다.

월요일 아침이 되자, 두 명의 계약 상대 중에서 덜 깐깐한 사람이 작업장으로 찾아왔다. 그는 수다스럽지는 않았지만, 허풍이 심한 편이었다. "듣자 하니 이런 문을 하루에 다섯 개씩 해치운다면서요? 어리바리한 다른 작업자들은 하나도 겨우 마무리하잖아요." 얼른 머릿속으로 몇 개나 설치했는지 세어보니 1주 만에 20개를 끝낸 것 같았다.

"아니요. 네 개예요."

"네 개? 뭐가요?"

"문을 네 개 설치한다고요. 5일간 20개를 달았습니다. 그러니까 하루에 네 개를 설치한 셈이죠."

"세상에나, 정말 엄청나군요!"

그는 우당탕거리며 뒤돌아서더니 그대로 떠났다. 며칠 후, 나는 그가 진행하는 프로젝트에 합류했다.

그가 맡긴 작업을 하던 중에 크리스마스가 다가왔다. 일주일 급여를 보너스로 받았다. 2년이나 일하는 동안 급여는 인상되지 않았고, 나는 다른 목수들과 똑같은 결과물을 만들어내고 있었다. 불만이 가득했다. 하루는 퇴근할 무렵 허풍 떠는 상사의 사무실로 찾아가 노크했다. "네!" 나는 그의 책상으로 다가갔다. "이 회사에서 2년간 일했습니다. 다른 목수들보다 제가 훨씬 실력이 좋죠. 급여를 20% 올려주세요." 그러자 그가 흥분해서 말했다. "여기에서는 고정된 급여로 계약하잖아요. 모든 목수에게 같은 요금을 지급해야 해요. 일단 이 프로젝트가 끝나면 그때 가서 이야기합시다." 나는 대체로 낙관적이지만, 그 프로젝트가 끝나려면 최소한 1년을 기다려야 할 것 같다는 생각이 들었다. 그 자리에서는 긴말 없이 물러났지만, 상대방의 태도가 끝내 이해되지 않았다. 그를 만나기 전에 철저히 계산해보지 않았고 지금처럼 강하게 의견을 피력할 준비가 되지 않아서 그의 논리를 쉽게 꺾을 수 없었다.

허풍 떠는 고용주의 프로젝트는 정교한 목공 작업이 많았다. 그 후 두 달간 일하면서 목공 작업을 가장 잘하는 회사 사장과 친해졌고, 그가 일자리를 제안하길래 즉시 받아들였다. 나는 이전 연봉의 40% 인상을 요구했고, 그렇게 받았다.

새로 취직한 목공업체의 사장은 나보다 열두 살이나 많았다. 그는 북쪽 해안 근처의 바위가 많은 지역에 아직 완공하지 않은 집에 살고 있었고, 뒷마당에는 일본식 무술 도장도 있었다. 아무나 "어이"라고 부르는 버릇이 있었으며, 고집 센 히피족이었다. 그가 어린 시절에는 학교를 그만두고 공예 기술을 배우는 것이 쉽게 용납되지 않았다. 사장은 오토바이를 몰았고, 목공 실력이 뛰어닌 김독을 데리고 있었나. 그는 나뭇조각에 숨결을 불어넣는, 한마디로 천부적인 재능이 있었다. 히피족 사장은 '영적인 조언자'의 역할에 만족했다.

나는 감독과도 급속히 친해졌다. 그는 내가 일하는 방식을 마음에 들어 했고, 현장 작업을 전적으로 내게 맡겼다. 그가 택배로 시공 상세도(shop drawing)를 보내주면, 나는 현장에 나가 직접 치수를 재고 도면에 수정 사항을 표시했다. 그러면 두 사람이 말 한마디 하지 않아도 한 트럭분의 목공품이 배달되었다. 나는 그 일을 모두 해냈다.

히피족 사장은 동기부여를 중시해서, 첫 번째 대형 프로젝트를 제시간에 끝내면 엄청난 보너스를 주겠다고 제안했다. 안타깝게도 사장은 사업가다운 면모가 부족해서, 얼마 지나지 않아 내가 자기보다 돈을 더 번다고 불평을 늘어놓았다. 몇 달에 한 번씩 이웃의 조카나 직원의 사촌을 데려와서는 나에게 "일하는 요령"을 보여주라고 했다. 나를 대신할 더 저렴한 인력을 키우려는 것 같았다.

새 작업자에게는 친근하게 대해주었다. 대개 그런 사람은 집이 멀리 떨어져 있어서 나는 그 동네에서 가장 유명한 '남성 전용 클럽'을 알려주었다. 히피족 사장은 아침마다 전화를 걸어 새 작업자가 일을 잘하는지 물었다. 그러면 나는 잘 모르겠다고, 아직 출근도 안 했다고 대답할 뿐이었다.

이렇게 2년 동안 몇몇 프로젝트를 성공적으로 마무리했지만, 나를 대체할 목적으로 투입한 작업자 네 명은 실패로 돌아갔고,

더 이상 보너스도 없었다. 심각한 오토바이 사고를 당한 후에는 더 참을 이유가 없었다.

그다음 직장도 별반 차이가 없었다. 보너스를 주겠다고 하고는 잊혀졌다. 1년 후, 직장의 장애 보험이 체납되었다는 독촉 전화를 받았다. 아내와 세 자녀를 돌보는 가장이다 보니 보험료가 상당히 부담스럽게 느껴졌다. 나는 즉시 목공 제품 설치 일을 그만두었고, 여기저기 전화를 돌려서 현장 감독 자리를 찾아냈다. 보수는 20%나 인상되었고 훨씬 마음 편했다. 업무 영역이 폭넓다는 점도 좋았다. 목공 일은 즐겁지만, 하루도 쉬지 않고 그 일만 하니 질리기도 했다.

몇 년간 현장 감독으로 일했는데, 경기가 악화하면서 업계가 큰 타격을 입었다. 뉴욕시의 건설시장은 주식시장이라는 장난감 기차에서 승무원실에 해당한다고 볼 수 있다. 1990년대 초반의 경기 침체로 전 세계 기업들의 수익이 크게 줄어들었다. 경제 성장에 의존하던 사람들은 허리띠를 졸라맸다. 몇 년이 지나고 보니 동료의 절반은 일거리가 하나도 없는 상태였다.

내가 다니던 회사도 일거리가 없기는 마찬가지였다. 그래서 나는 지역 가구 제조업체의 설치 작업을 다시 시작했다. 마침 그 업체는 도시에서 가장 명망 있는 원도급자에게 대형 프로젝트를 따낸 상태였다. 우리 같은 사람들은 일감이 꾸준하지 않아서 늘 힘들지만, 그런 문제를 겪지 않는 사람들과 일하면 어느 정도 안정적이다. 상황이 힘들 때면 대규모로 건설하는 회사들을 찾아가서 일할 기회를 달라고 했다. 가장 부유한 사람들은 항상 어딘가에서 뭔가를 만들거나 지으니까.

‡

　나의 새로운 사장은 메트로폴리탄 미술관에서 얼마 떨어지지 않은 매디슨 애비뉴에 있는 460㎡ 크기의 아파트로 나를 보냈다. 나이가 좀 있는 식품업체 재벌의 상속녀가 지낼 곳을 꾸미는 공사였다. 바닥을 제외하고 목재로 된 모든 것을 설치하는 작업이었다. 문, 문설주, 도배, 굽도리널, 문선, 패널을 이어 붙인 거실, 화장대, 벽장 인테리어 등 손댈 데가 한둘이 아니었다. 작업할 사람은 도니라는 조수와 나뿐이었는데, 그것 말고도 또 다른 문제가 기다리고 있었다.

　전반적인 프로젝트를 책임지는 원도급업자는 내가 맡은 일에 남다른 관심을 보였다. 목수가 체계적인 시스템으로 일하는 모습을 처음 보았던 것이다. 그는 나와 좀 친해진 후에 내 작업 방식을 전체 조직에 적용하고 싶다며 이것저것 질문을 퍼부었다. 나는 오랜 세월에 걸쳐 1인 조립라인 방식을 내가 하는 모든 작업에 적용했는데, 생각보다 효과적이라서 스스로도 놀랄 정도였다. 나는 남들에게 한두 가지 가르쳐줄 만한 실력은 된다고 자부했다.

　하지만 이번 도급업자와 나는 시작부터 삐걱댔다. 내가 그를 만났을 때, 현장 감독이 그에게 전화를 걸어 내가 불친절하다고 잔뜩 흠을 봤다. 떠올려보니 그랬던 것 같다. 첫날 도니를 데리고 약속한 시간에 현장에 갔을 때, 거실 바닥과 벽에 설치할 패널은 밑작업을 마무리해서 트럭에 가득 실어둔 상태였다. 그런데 프로젝트가 진행되는 동안 사용한 자재나 쓰레기가 허리까지 쌓여서 집 안은 발 디딜 곳이 없었다. 트럭에 싣고 온 자재를 내릴 공간이 없었다. 나는 현장 감독이 내부를 치워줄 때까지 하루 종일 기다렸다. 나는 짜증이 날 때, 특히 짜증을 낼 만한 이유가 있을 때, 감정을 잘 숨기지 못한다. 공사장에서는 현장 감독이 절대 강자다. 다른 사람이 머리끝까지 화가 나서 불평해도 들은 척도 하지 않는다.

원도급업자도 현장 감독의 전화로 기분이 상했다. 그는 내 사장, 즉 가구업자에게 전화해서 내 태도가 프로답지 못하다며 신랄하게 비판했다. 하지만 사장은 내 태도에 전혀 문제가 없으며 예의 바르고 재미있는 사람이라고 응수했다. 항의가 먹히지 않자 원도급업자는 나에게 직접 분풀이하려고 작업 현장으로 찾아왔다.

그가 왔을 때, 나는 3m 높이 사다리에 올라가서 옻칠한 크라운 몰딩에 미리 연결해놓은 내부 모서리를 못질하고 있었다. "크라운 몰딩은 코프 방식(cope, 양각 처리된 부위에 맞춰서 음각으로 파내는 방식—옮긴이)인가요, 아니면 연귀 이음 방식(mitered)인가요?" 그가 물었다. 상당히 날이 선 목소리였다. 나는 그가 누군지 전혀 몰랐다. 고급 이발소에서 다듬은 머리에 매우 비싼 옷을 입고 남성용 가방을 든 것으로 보아 관리직 책임자 같았다. "거기서 보고도 구분이 안 된다면 둘 중 어느 것이든 상관없지 않아요?" 내 대답에 그는 당황한 기색조차 보이지 않았다. 그는 가까이 다가오더니 손가락을 내 셔츠에 난 작은 구멍에 쑤셔 넣으며 "이것도 좀 꿰매야겠네요"라고 했다.

"그렇게 말해주면 내가 고마워할 것 같아요?" 나는 씩씩거렸다. 멋진 첫 만남이었던 셈이다.

그는 더 말을 걸지 않고 돌아갔고, 나는 하던 일을 계속했다. 나도 불만을 버리고 상대방을 존중하기로 마음먹었다. 이런 프로젝트는 목공일 중에서는 꿀 빠는 일이었다. 도니와 나는 별문제 없이 순조롭게 설치 작업을 해냈고, 처음에 나를 불쾌하게 여기던 감독과도 오해를 풀고 편한 사이가 되었다. 우리 집 거실 벽난로 앞에 서 있는 도니의 재미난 사진을 아직도 가지고 있는데, 사진 속 벽난로 위에 걸린 고흐의 그림은 도니가 평생 번 돈을 다 합친 것보다 비싸다.

공구를 모두 챙겨서 돌아가던 날, 원도급업자와 나는 매디슨 애비뉴 근처에 있는 어느 교회의 계단에 나란히 앉았다. 선선한 바람이 부는 여름날이었다. 그는 나를 삐딱하게 쳐다보며 "어떻게 그런 큰돈을 달라는 겁니까? 다른 목수들이 받는 급여의 세 배나 되잖소"라고 물었다. "글쎄요. 제가 보기에는 그 목수들 세 명 이상의 일을 해내는 것 같은데요. 게다가 저에게 감독 업무까지 맡기려고 하시잖아요. 저는 그냥 목수 일에 대한 급여만 요청하고 감독 업무는 그냥 해드릴 생각이었는데요."

협상 전에는 미리 계산해보는 것이 좋다. 그래야 급여 인상을 요구할 때 상대방의 동의를 얻을 확률이 높다. 인센티브를 약간 덧붙이는 것도 좋은 방법이다. 그리고 보너스를 줄 수도 있다는 조건은 무시하는 편이 낫다. 상대방이 정말 보너스를 주고 싶다면 줄 것이다. 그날 나는 그 자리에서 고용되었다.

그날을 기점으로 지금까지 내 수입에 대체로 만족한다. 하지만 지금까지 상대편이 먼저 급여 인상을 제안한 적은 없으며, 내가 먼저 인상을 요청했다. 나는 직원 급여를 매년 검토하는 회사를 가장 선호한다. 먼저 상사에게 전화를 걸어 "제 입사 기념일이 되었네요!"라고 말을 건넸을 때 상대방이 묵묵히 들어준다면 그 협상은 성공할 가능성이 크다.

4장

수학과 언어

수학은 칼이고, 언어는 몽둥이다.

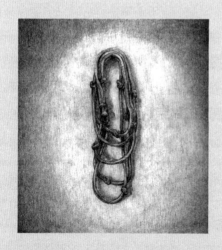

수학

이 세상은 매우 추상적이다. 우리는 반사된 빛을 통해 세상을 보고, 꼬여 있는 조그만 달팽이관을 통해 소리를 듣는다. 모든 정보는 부스러기처럼 흩어져 있는 데다 사람이 그 정보를 어떤 방법으로 인지하느냐에 따라 왜곡되거나 변형된다. 부엉이와 하이에나는 사람보다 모든 감각이 훨씬 뛰어나다. 하지만 인류는 질서정연한 우주를 다소 왜곡된 창을 통해 내다보면서도 세계 안에 입자, 에너지, 힘, 운동, 과정이라는 또 다른 세계가 존재한다는 것을 추론해냈다. 한 명 한 명의 사람은 엄청난 소용돌이가 휘몰아치는 에너지 물질로 이루어진 걸어다니는 은하계와 같다. 손도 머그잔도 대부분 아무것도 아닌 것으로 만들어졌지만, 어마어마한 속도로 휘몰아치며 회전하기 때문에 우리는 머그잔을 관통하지 않고 잡을 수 있다. 과학을 믿지 않는 사람에게 이런 사실을 어떻게 설명할 수 있을까? 설명은커녕 이런 발상 자체를 이해 못 할 것이다. 이럴 때 쓰라고 수학이 있다.

수학은 모든 형태의 목적에 잘 맞는 도구다. 목공 작업에 수학이 얼마나 요긴한지 전혀 모르는 사람을 만나면 가슴이 철렁 내려앉는다. 누구나 자기가 사는 세상을 파악할 수 있을 정도로는 수학을 알아야 한다.

수학의 시작은 매우 미미했다. 유목민들은 끈에 달린 가죽 주머니에 자갈을 넣어 다녔다고 한다. 일과가 끝났을 때 양들이 자갈의 개수만큼 있으면 안심했다. 이는 수학의 장점이다. 즉, 쓸모가 있다. 기하학자들은 지구의 곡률을 계산했고, 갈릴레오는 피사의 사탑에서 가벼운 물체와 무거운 물체로 낙하 실험을 해서 동시에 땅에 닿는 것을 보고 흡족해했으며, 뉴턴은 이 모든 것을 몇 가지 간단한 법칙으로 정리했다. 이에 낙관적인 지식층은 인간이 무엇이든 알아낼 수 있다는 빛나는 전망에 사로잡혔다. 완전히 틀린 생각은 아니었다. 계속 찾고 연구하고 측정하고 계산한 덕분에 이 세상의 많은 부분을 이해하게 되었다.

그러다 1931년에 괴델(Kurt Gödel)이 모든 것을 산산조각 내버렸다. 그 시절 학자들은 이와 비슷한 추세를 따르고 있었다. 수학자들은 그의 불완전 정리를 증명하느라 "젠장, 이게 뭐야, 어떻게 하지? 망했군. 큰일 났네"하며 구시렁거렸을 것이다. 그들의 세상이 눈앞에서 무너져내렸으니 그럴 법도 하다. 괴델은 아무것도 증명할 수 없다는 것을 증명한 사람이다. 수학이 돌아서서 자기 목에 칼을 그어버린 셈이었다. 침울한 분위기가 수십 년간 이어졌고, 어두운 분위기의 새로운 철학이 등장했다.

사람들은 극적인 것을 좋아한다.

일부 목공업자는 날카롭게 다듬는 것에 유독 집착한다. 일본식 숫돌 대 다이아몬드 연마기, 헝겊 대 가죽숫돌을 비교하며 열띤 논쟁을 벌이는 것도 여러 번 보았다. 나는 관심이 없다. 내가 가진 공구로 목재를 깔끔하게 자를 수 있고 큰 힘이 들지 않으면 그것으로 만족한다. 내게 중요한 것은 무언가를 만들고 완성하는 것이지, 일에 쓰이는 공구를 완벽히 만드느라 시간을 뺏기고 싶지 않다. 공구의 날을 아무리 열심히 갈아본들 현미경으로 보면 여전히 뭉툭하고 들쑥날쑥할 것이다. 어떤 방법이든 완벽하지 않다. 내가 바라는 만큼 완벽하게 날카로운 공구는 이 세상에 없다. 적당히 괜찮은 끝이 있으면 계속 날을 갈아가며 쓰면 된다. 계단이 완공되기를 기다리는 사람이 있어도 그 역시 완전무결한 계단을 기대하는 것은 아니다. 작은 결함이나 눈에 띄지 않는 오류, 미묘하게 비틀린 부분 같은 걸 찾으려면 얼마든지 찾아낼 것이다. 하지만 충분히 잘 만들어져서 수년간 원래 목적대로 잘 쓰일 것이고, 누군가는 소중하게 여길 수도 있다.

‡

사람들은 내가 고등학교 때 배운 수학을 기억하는 것을 보고 천재라고 말한다. 대수학, 이항식, 기하학, 삼각법 등은 건축에서 일상 언어처럼 쓰인다. 많은 사람이 SOHCAHTOA(소카토아. 사인, 코사인, 탄젠트의 정의를 암기하기 위해 만든 말—옮긴이)를 로어노크 나무에 새겨진 크로아토안(CROATOAN)이라는 글자처럼 암호라고 생각한다. 대부분의 머릿속에 수학이란 '고등학교에서 배운 것/잊어버려도 됨'이라는 항목으로 분류될 것이다. 하지만 잘만 활용하면 온갖 복잡한 문제를 쉽게 해결하는 마법의 열쇠가 될 수도 있다.

모든 언어가 그렇듯이, 수학이라는 학문도 수학을 이해하는 사람 수만큼이나 다양하게 활용된다. 음표가 음정과 화음을 만들어내듯, 수학은 위치와 관계를 표현한다. 바흐와 베토벤이 음악이라는 언어를 쉽고도 아름답게 사용했듯이, 뉴턴도 수학이라는 언어를 십분 활용했다. 그런 거장들 앞에 서면 나는 입을 떡 벌리고 감탄할 뿐이다. 내게 수학은 컨트리음악, 세 번째 뇌, 진실과 같다. 낮을 버티게 해주고, 가끔은 길고 외로운 밤도 견디게 해준다. 괴델은 이 우주를 산산조각 냈을지 모르나, 내 세상에서는 유클리드의 아름다운 증명만 있어도 모든 게 해결된다. 건축업자는 수완이 뛰어난 편이다. 정식 교육을 받지 않은 사람도 사물을 정확히 조립하는 수많은 방법을 찾아내고, 때로는 아주 간단한 요령으로 노련한 기하학자를 놀라게 만든다. 귀를 쫑긋 세우는 한, 유클리드만으로도 도움이 될 것이다. 양자역학이라면 밤을 새워야 하겠지만 창문의 위치 같은 문제는 두 번 고민할 필요가 없다.

고딕 양식의 대성당을 설계한 건축가들은 12등분하여 매듭지은 긴 끈을 가지고 작업했다고 한다. 아주 단순한 측정 도구이지만, 숙련된 석공과 프레이머(framer, 목조 프레임 건물의 주요 구조 요소를 조립하는 목수—옮긴이)는 이것으로 직각이나 아치형 모양을 만들고 공간을 2등분, 3등분, 4등분, 6등분하는 등 매우 다양하게 활용했다. 열두 살짜리 똘똘한 아이들에게 던져주면 하루만에 그것으로 노는 방법을 50가지 이상 만들어낼 것이다. 하지만 그 아이들도 작업자들도, 자기들이 하는 행동에 숨은 수학 개념은 잘 모를 것이다. 학자 조직이나 비밀 길드에서 그런 지식에 접근하지 못하도록 철저히 막았을지도 모른다. 고딕 양식의 성당을 둘러보거나 바닥을 측정해보면서, 열세 번 매듭지어 열두 구간으로 나눈 밧줄을 사용해서 둥근 천장의 호를 그리고 성당 기둥을 삼각측량하고 창문의 트레서리(tracery, 창문 윗부분의 돌에 새긴 장식―옮긴이)를 나누는 모습을 상상할 수 있다.

어찌 보면 천재

건축가들은 지나치게 긍정적인 비전을 품고 이 분야에 발을 들인다. 건축의 역사를 훑고, 성명서 한두 개를 읽어보고, 과도한 찬사를 당연시하는 교수들이 주도하는 샤레트(charrette, 집중 검토 회의―옮긴이)에 참석하고 나면, 돈 많은 고객이 좋아할 만한 최신 디자인 트렌드를 발 빠르게 공략한다. 자격 증명을 취득하고 고객을 만나 계약을 따내는 과정을 거치며 살아남은 처음의 열정을 간직한 소수에게만 따뜻한 봄바람이 불어온다.

한가로운 저녁에 현대 디자인 잡지를 뒤적여보면 요즘은 검정, 흰색, 은색 금속, 나무/베이지, 회색이 주로 쓰이며 직사각형을 질서정연하게 나열한 디자인이 압도적이라는 것을 알 수 있다. 물론 이런 트렌드를 거부하기 위해 방 전체에 곡선을 살리거나 서재에 보석처럼 화려한 색을 칠하는 경우도 있다. 하지만 여기서는 그런 독특한 사례가 아니라 주요 트렌드에 주목하자. 인테리어 디자인 고객으로 구성된 포커스그룹에 그들이 선호하는 것을 모두 나열하라면 이런 결과가 나올 것이다. 모든 사람이 직사각형과 앞서 언급한 다섯 가지 색상을 좋아하기 때문에, '더 프리펙처(Prefecture)'와 같은 웅장한 이름을 가진 건축관리기구는 앞으로 장소를 막론하고 모든 공간에 이들 기본 요소를 넣어야 한다고 선언한다.

이전 시대의 혁명가라면 지옥 같은 이런 틀을 산산조각 내고 싶지 않을까? 때로는 탈옥을 시도하기도 하지만 이내 후회하는 죄수처럼, 심혈을 기울여서 계획을 세우는 편이 낫다는 점을 깨닫게 된다. 특히 요즘처럼 관련 당국의 눈을 피할 수 없을 때는 달리 방도가 없다.

‡

20년 전, 어떤 건축가와 세 개의 프로젝트를 연달아 작업했다. 그는 자기 의견을 제대로 펼치지 못하고 세 명의 고객에게 이리저리 끌려다니면서 고생했다. 그가 생각한 대로 일이 풀린 적은 한 번도 없었다. 5년 정도 고생한 후에 우리는 각자의 길을 갔고, 6년간 연락 한 통 주고받지 않았다.

6년 만에 아주 우연한 일이 일어났다. 어떤 업체와 회의를 하던 중이었는데, 사실 나는 그 회사와 같이 일하고픈 마음도 없었고 그들이 제안한 직책에도 관심이 없었다. 어느 젊은 관리자가 갑자기 우리의 협상에 끼어들었다. "핫슨 씨가 설계한 계단은 어떻게 하실 생각인가요?" 순간 내 귀를 의심했다. "건축가 데이비드 핫슨(David Hotson)이요?"

"네, 그분을 아십니까?

"그럼요, 그분과 얼마나 일을 많이 했는데요. 도면이 있나요?"

물론 있었다. 그들은 도면을 가져와서 회의실의 책상에 펼쳐 놓았다. "세상에, 이럴 수가!" 나는 탄성을 질렀다. 그가 정말 자랑스럽게 느껴졌다. 내 눈앞에는 그때까지 한 번도 본 적이 없는 복잡한 건축 도면이 펼쳐져 있었다. 아무렇게나 흩어져 있는 꼭짓점을 이리저리 연결하느라 많은 선이 복잡하게 얽혀 있었다. 마치 뱀이 사과를 먹어치우듯 나선형의 구조가 벌레처럼 전체 도면을 휘젓고 다녔다. "이 도면을 집에 가져가게 해주세요. 일주일 내로 가격을 알려드리겠습니다."

그렇게 6개월이 지난 후, 조금 낡긴 해도 아늑한 출판사 4층 꼭대기에 있는 펜트하우스로 향했다. 지붕을 둘러싼 좁은 통로에서 내려다보면 맨해튼의 명소, 즉 브루클린 다리, 울워스 건물, 세계무역센터가 서 있던 자리의 폐허 등이 한눈에 보였다. 맨해튼 지자체 건물 꼭대기에 있는 도금된 시민 명예 동상(Civic Fame)도 세부까지 확인할 수 있을 정도로 가깝게 보였다. 동상은 고전적인 미덕을 보여주는 것 같았다.

나는 측량 추, 레이저, 제트라인이라 불리는 길고 가는 끈을 들고 건물의 꼭짓점을 확인하느라 바쁘게 움직였다. 복잡한 중앙 계단통을 8분의 1 축척으로, 계단통 내부의 가장 까다로운 교차로는 실물 크기의 모형을 만든 상태였다. 이처럼 기이한 기하학적 구조물을 구현할 재료와 건축 방법의 조합을 기존 제품에서는 도무지 찾을 수 없었다. 그런데 어느 날 오후, 홈디포에서 바닥재 코너를 둘러보다가 머릿속에 괜찮은 아이디어가 떠올랐다. 그리고 결과물은 나도 놀랄 정도였다. 비닐로 된 값싼 바닥재는 나뭇결 무늬가 인쇄된 것으로, 구조 전체에 걸쳐 접힌 모서리를 형성하는 맞춤형 절단 테두리와 잘 어울렸다. 벽과 벽이 만나는 지점의 각도는 눈으로 보고도 믿기지 않을 정도였지만, 주변 공간을 굴절시켜서 보기 좋은 그림을 만들어냈다. 건물의 철제 구조와 그 뒤로 펼쳐진 멋진 도심 풍경이 큰 역할을 해냈다.

현장 팀은 되는 대로 뽑았다. 예전에 보조 프로젝트 관리자였던 베스는 현장에서 지저분한 곳을 기꺼이 맡아주었다. 큰아들 매트도 팀에 합류했다. 대런, 핀, 마이클은 최고급 뉴욕 빌딩에서 작업한 프리랜서 목수였다. 그들은 조심스럽게 설치된 제트 라인을 따라 비닐로 3km가 넘는 가장자리 작업을 마무리하는 등 남다른 인내심과 헌신적인 태도를 보여주었다.

펜트하우스의 집주인들은 지금까지 이 일을 하면서 만난 사람 중에 가장 친절했고 열심히 동참하는 한 쌍이었다. 둘 다 기술 분야에서 내로라하는 전문가였다. 대기업에서 그만한 자리에 오르려면 학력이나 경력이 어느 정도 요구되는지, 얼마나 피땀 흘려 노력해야 하는지 누가 알겠는가? 다행히 남편은 우리 팀을 좋아했다. 그는 종종 우리에게 이 작업은 어떻게 한 것인지 물어보고는 정말 놀랍다며 칭찬을 아끼지 않았다. 심지어 내가 공사와 별로 관련이 없는 이야기, 이를테면 미터법 때문에 아이들이 일일이 손가락을 꼽으며 지루하게 셈을 해야 한다고 비판하거나 광고가 각자의 삶에서 무엇을 원하는지 제대로 깨닫지 못하게 만든다는 이야기를 해도 그는 관심을 가지고 들어주었을 뿐 아니라, 질문을 던져서 대화가 이어지게 했다.

어느 날 아침, 하얀색 불투명 유리로 된 계단을 지탱하는 철제 구조의 중간쯤 높이에 올라가 있는데 집주인 남자가 나타났다.

나는 두꺼운 검은색 마커로 유리로 된 발판 하나하나의 정확한 높이를 계산하는 공식을 줄줄이 써놓았다. 줄자로는 0.15cm보다 더 작은 증가치를 추적하는 것이 불가능하지만, 여러 해 전에 가구 작업장에서 일하는 전문가가 아주 간단한 방법을 알려준 적이 있다. 그는 표시된 숫자에서 조금 위나 아래에 작은 화살표를 그린 다음, 32라고 쓰고 동그라미를 쳤다. 예를 들면 이것은 더 정확한 측정치가 $7\frac{11}{16}\uparrow 32$라는 의미다.

이는 $7\frac{23}{32}$인치를 뜻하지만, 실제로 줄자에서 이 지점을 정확히 짚을 수 있는 목수는 없을 것이다. 그래도 경험이 조금 쌓인 사람이라면 이것이 $7\frac{11}{16}$인치와 $7\frac{3}{4}$인치 사이의 어느 지점이라고 이해할 것이다. 이 방법은 상당히 효과적이라서 나중에는 64와 128도 동그라미를 쳤다. 이렇게 줄자에 표시된 숫자 사이에 해당하는 측정치는 위 또는 아래 방향 화살표로 표시해두면 훨씬 더 정확하게 잴 수 있으며 줄자에서 해당 수치를 금방 찾아낼 수 있다. 해를 거듭함에 따라 이 간단한 표기를 화살표와 동그라미로 오른쪽에 표시하는 방법을 터득했다. 지금은 공사에 필요한 어떤 수치든 정확하게 사칙연산해낼 수 있다.

의뢰인은 벽 전체에 내가 숫자 열과 화살표와 원을 그려놓고 수식을 써놓은 것을 보고 어리둥절한 표정을 지었다. 아마도 평생 이런 수학 계산은 본 적이 없었을 것이다. 그는 카메라를 들고 내가 일하는 모습과 벽에 쓰인 '공식'을 연신 찍더니, 영화 〈뷰티플 마인드〉의 주인공 같다며 찬사를 아끼지 않았다. 나에게는 최고의 칭찬이었지만, 한편으로는 내 부족함을 드러내기도 했다. 존 내시와 같은 대단한 수학자의 업적은 내가 감히 이해할 수 있는 것이 아니라서, 마치 수영을 못하는 아이가 물에 뛰어드는 것만큼 무모한 짓이었다. 사과가 떨어지는 것을 보고 중력의 원리를 발견한 뉴턴처럼, 내시는 비둘기 떼가 이리저리 움직이는 것을 자세히 관찰하여 게임이론과 미분기하학의 토대를 다졌다. 이번 공사를 맡긴 의뢰인은 기계학습이나 컴퓨터 생명공학과 같은 복잡한 이론을 잘 알았다. 그는 내시의 공식을 따라가면서 기본 논리를 이해한다. 나는 그렇지 않았다. 내가 할 줄 아는 것은 5학년 과정을 배우면 누구나 할 수 있는 간단한 산술 계산이 전부였다. 그걸로 내시나 의뢰인이 도저히 해낼 수 없는 일, 즉 웅장하고 멋진 계단을 완공했다.

　그 장소를 완성한 지 몇 달 후, 아들과 나는 그곳에 구현된 건축적 성과를 높이 평가하는 기사를 접했다. 눈으로 보고도 믿기지 않을 만큼 멋진 전망을 보여주는 사진으로 꾸며져 있었다. 강철로 된 부분을 통해 20m 떨어진 창문이나 그림이 보이는 사진도 있었다. 다른 사진에서는 구불구불한 계단이 여러 층을 통과하여 위로 솟아 있고, 도서관 밖으로 나가는 출구가 종 모양으로 되어 있는 모습도 보였다. 기사를 실은 잡지사에서도 은색 워터마크가 찍힌 사진들이 멋진 계단을 제대로 담지 못했다며 어느 대학 교과서에서 가져온 수학 공식을 눈에 잘 띄게 실어놓았다. 그걸 본 아들은 "이게 뭔데요?"라고 물었다. "잘 모르겠어. 미적분 공식이 아닐까?" 아들은 내 마음을 들여다본 것처럼 이렇게 말했다. "세상에. 이 사람들은 우리가 제트라인과 비닐 바닥재로 이곳을 완성했다고 하면 까무러치겠네요!"

　〈인테리어 디자인〉이라는 잡지는 2010년에 그 펜트하우스를

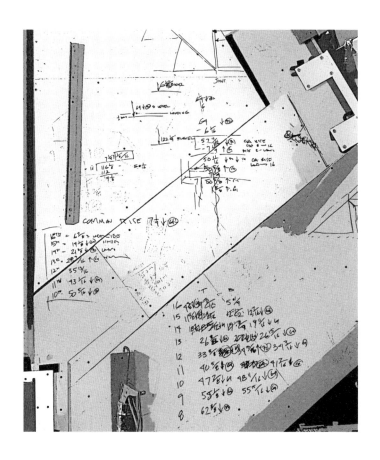

'최근 10년을 대표하는 아파트'로 선정했다.

컴퓨터 천재였던 의뢰인 부부는 꿈에 그리던 집을 얻었다.

핫슨 씨는 마침내 거대한 비전을 실현했다.

그리고 나도 내가 개발한 비닐 바닥재 시스템이 가능하다는 점을 증명했다. 이 시스템을 또 사용할 기회는 없겠지만.

언어

사람들이 수학을 좋아하는 이유 중 하나는 모든 것을 증명할 수 있기 때문이다. 수학적 한계 내에서 어떤 진술이나 공식을 테스트해서 참인지 거짓인지 증명한다. 아인슈타인이 일반 상대성 이론으로 이어지는 장 방정식(field equation)을 처음 공개했을 때, 같은 내용을 발표한 동시대인들이 몇 있었다. 사실 아인슈타인이 몇 차례 계산을 실수하긴 했지만, 일단 그 실수를 해결한 후에는 기이하고 아름다운 이론이 수학이 말하는 진실에 부합한다는 것이 입증되었다. 100년이 지나고도 실험물리학자들은 아인슈타인의 예측이 맞다는 사실을 보여줄 방법을 여전히 찾고 있지만, 번번이 그의 예측이 틀렸음을 증명하는 방법만 발견하고 있다. 아인슈타인이 이상한 말을 내뱉거나 미친 사람처럼 행동하거나 깜빡 잊고 신발 끈을 묶지 않은 것은 별로 중요하지 않다. 수학자들은 그가 물리학에서 가장 혼란스러운 질문에 대한 답을 이론으로 정립했다는 점을 인정한다.

과학이나 수학 분야에 종사하는 사람이라면 인간이라는 종이 모든 것을 알지는 못한다는 사실을 순순히 받아들일 것이다. 아직 알아내야 할 것이 많다는 사실은 그들에게 일자리를 보장하며, 연구 의욕을 고취해준다. 수학의 가장 좋은 점은 증명을 필요로 한다는 것이다. 수학을 '믿지 않는' 사람들이 하는 말 중에서 유일하게 옳은 것이 있다면 아인슈타인이 틀렸다기보다는 그가 알려준 것을 도무지 이해할 수 없다는 것이다.

많은 사람이 사실 여부를 확인하려고 노력하고, 역사가와 법의심리학자도 그와 비슷한 일을 하지만, 언어는 깔끔하게 증명할 수 없다. 그 이유는 간단하다. 사람들은 끊임없이 거짓말을 한다. 그것이 아마도 가장 믿을 만한 인류의 특성일 것이다. 역사가들은 1인칭 시점의 기록물을 발견하면 틀린 부분을 찾아내는 것이 자신의 임무라고 생각할 정도다. 위대한 인물의 일기에서 부끄러운 개인적 약점은 최대한 숨기거나 자신이 적과 대면한 순간에서 좀 더 멋있게 보이려고 과장한 부분을 과연 어떻게 찾아내야 할까?

‡

30년 전, 나는 딱히 하고 싶은 것이 없었기에 몇 년간 연기자 일을 했다. 그 무렵 연기 선생이 LA에서 뉴욕으로 이사 왔는데, 허름한 아파트를 수리하고 싶다며 나에게 공사를 맡겼다.

그때도 건축 일은 가끔 했기에 내게는 일종의 아르바이트였다. 뉴욕에 사는 사람들이 그렇듯이, 그때 나는 사회생활을 거의 하지 않았다. 20대에는 여자들이나 마음껏 사귀고 반사회적 인물처럼 술이나 진탕 마시며 보낼 생각이었다. 하지만 에이즈가 창궐하면서 그 계획은 무산되었고, 뉴욕에서 방탕한 생활을 할 수 있으리라는 생각은 뒤집혔다. 차라리 일하는 것이 안전하고 생산적인 대안이었다. 나는 몇 가지 간단한 지침을 받았고 그것만 지키면 자유롭게 설계하고 구축할 수 있었다. 나는 자유롭게 일하는 게 좋았고 그 점을 무엇보다 특별히 여겼다. 프로젝트가 끝날 무렵에는 바퀴가 달린 눈썰매 모양의 침대도 직접 만들었다. 그냥 멋질 것 같아서였다.

연기 선생과도 꽤 친해졌고, 선생은 자기가 새로 고안한 연기 기법을 실험해볼 당사자로 내가 아주 적합하다고 여겼다.

그의 생각은 적중했다. 그에게 연기를 배우러 온 학생들은 대부분 어릴 때부터 연기했기 때문에 너무 오래되어 고치기 힘든 습관이 있었다. 하지만 나는 아무것도 몰라서 선생님이 알려주는 대로 따라 했다. 나 같은 제자는 선생님이 원하는 것은 무엇이든 그릴 수 있는 백지 같았다. 선생은 교실 앞으로 나를 불러 내 연극의 한 장면을 연기해보라고 시켰다. 그리고 "병상에 누운 할머니가 돌아가시기 전에 그 커피잔을 주셨다고 생각하면서 해보세요"라는 식으로 구체적인 지시를 덧붙였다. 달리 할 줄 아는 게 없어서 나는 커피잔이 매우 중요한 것처럼 그것에만 집중했는데, 그로 인해 작가의 의도와는 완전히 별개로 그 장면에 새로운 풍부함과 의미를 부여했다. 매우 특별한 기술이었다. 의미를 전달하기 위해 쓰여진 대사와는 별개로 의미가 만들어진 것이다. 선생에게는 그런 기술이 많았다.

이렇게 연기를 배우는 동안 언어라는 것이 참 유연하다는 사실을 깨달았다. 우리가 하는 말은 진짜 의도를 숨긴 깨진 화면 같은 것이다. 하고 싶은 말을 집필하는 작가로서 자신의 입맛에 맞게 적당한 단어를 선택하고 가장 멋지게 꾸며주는 세부 사항이 아니면 과감히 편집해버린다. 그래서 말의 내용이 아니라 말하는 방식에 진짜 의미가 숨어 있다. 자기 자신이나 상대방에게 듣기 좋은 말을 하려고 설탕이나 향신료를 약간 첨가하는 것이다. "강아지가 참 귀엽네요"라는 말은 엘리베이터처럼 좁고 폐쇄된 장소에서 긴장을 완화하는 효과가 있다. 하지만 이 말을 시작으로 무시무시한 납치극이 시작될지도 모른다. 단어는 중요하지 않다. 상대방에게 전달하려는 의미와 의도가 상당히 멀어지면, 그 순간 당신이 뱉은 말은 거짓말로 둔갑한다. 그런데 많은 경우 이런 변화를 아무도 눈치채지 못한다. 설령 눈치채더라도 방금 전에 자신도 같은 식으로 거짓말을 했다면, 누가 대놓고 지적할 수 있겠는가?

그렇다면 말을 하는 목적은 무엇일까? 인간의 수많은 발명이 그렇듯이 언어는 약점과 단점을 드러낸다. 우리도 스스로 결점투성이라는 점을 잘 알기에, 매 순간 자신을 포장하려고 갖은 애를 쓴다.

누구나 남들보다 조금이라도 더 높은 계급으로 올라가려는 유혹을 느낀다. "나는 의자에 앉아 있어"라고 말하면, 내 동료는 정확히 말하면 의자가 아니라 스툴이라고 반박할 것이다. 가구를 만드는 사람이라면 알토에서 나온 곡목(bentwood) 스툴이라고 할 것이다. 어떤 수집가는 그 의자가 모조품임을 알아챌지 모른다. 엔지니어라면 스툴의 디자인에 드러난 텐션이나 컴프레션이 눈에 먼저 들어올 것이다. 건축가는 가구가 아니라 전체 건축환경의 연장선이라고 주장할 것이다. 이쯤 되면 언어의 차원을 벗어난다.

그래도 언어에는 한 줄기 희망이 있다. 인간의 내면세계에 대한 셰익스피어의 예리한 표현에도, 침팬지가 남몰래 웅얼거리는 소리에도 의미와 전달, 상호 이해가 있다. 우리는 자신의 의도에 스스로 발목을 잡힌다.

어리석게 들릴지 모르지만, 언어는 화자가 청자에게 이해시키고 싶은 내용이 있을 때 가장 잘 통한다. 말하기 전에 잠깐 생각을 정리한다면 언어는 훨씬 더 효과를 발휘한다. 청자가 이해할 만한 단어나 표현을 화자가 적절히 선택한다면 금상첨화일 것이다. 물론 청자도 이런 합의에 어느 정도 책임이 있다. 뭐, 이런 일이 거의 일어나지 않는다는 점만 빼면 말이다.

‡

나는 열네 살 때 집에서 완전히 독립했다. 부모님은 두 분 다 이름 뒤에 붙은 직함이 여러 개였다. 사회적으로 성공한 삶을 살았다는 증거이기도 하지만, 지식인들이 감옥에서 새기는 문신처럼 저항의 상징이기도 하다. 외가 쪽 식구들은 몬태나에서 농장과 목장을 운영했다. 외조부모님은 교육받은 후 몬태나를 떠났다. 친가 쪽 식구들은 북부 뉴욕의 외딴 지역 출신으로 꼬장꼬장한 칼뱅주의자들이었다. 이렇다 할 사회적 지위도, 집과 차 외에는 가진 것도 없었다. 내 부모님은 자유를 누리며 살려면 교육을 받아야 한다고 생각했다. 어쨌든 두 분의 의견이 일치했으니 좋은 일이다. 두 분은 자녀가 똑똑하기를 바랐다. 우리가 뭔가 포기하면 아버지는 실수를 지적하면서 길게 훈계했고, 다음에는 더 잘하겠다는 약속을 받아내고야 말았다. 이게 나는 영 마음에 들지 않았다. 몇 년 전에 아버지가 내 어린 시절의 추억이 담긴 상자를 보내주셨는데, 상자 안에 누렇게 바랜 성적표는 난롯불에 던져버렸다.

세월은 참 빨리도 흘렀다. 우리 형제는 모두 열네 살이 되면 예비학교에 갔다. 당시만 해도 예비학교는 최고의 교육을 받을 수 있는 곳이라 믿었다. 나는 엄청난 부자들을 겨냥한 교육기관에 중산층 아이를 보내려면 얼마나 돈이 많이 들지 궁금했다. 하지만 놀랍게도 교육비는 아주 저렴했다. 후손이 아무리 많아도 모두 입학하게 해주려고 여러 세대에 걸쳐 동문들이 어마어마한 기부금을 내놓은 덕분이었다. 수업료의 절반은 급식비였을 것이다. 부모님은 꽤 흡족해하셨다. 자식들이 돈으로 살 수 있는 최상의 교육을 받는 데다, 장 보는 횟수도 줄었기 때문이었다.

이 학교에 입학한다는 것이 무엇을 의미하는지 제대로 이해하지 못할 것이다. 아기의 탄생을 기다리는 예비 아빠에게 출산에는 소름 끼치는 면도 있다는 것을 아무도 알려주지 않듯이, 예비학교의 학부모에게 그들이 모든 권한을 영구적으로 포기해야 한다고 알려주는 사람은 없다. 이 학교에 입학하는 아이들에게는 그리 낯선 변화가 아니었을 것이다. 이미 오래전에 유모, 가정부, 도어맨이 부모의 역할을 상당 부분을 대신했기 때문이다. 하지만 나에게는 고무줄이 끊어지도록 세게 잡아당기는 것과 같은 변화였다. 새 학년에 올라갈 때마다 나는 이번에는 잘하겠다고 결심했다. 처음 3개월 동안은 우등생 명단에 내 이름이 있었지만, 연말이면 낙제생이었다. 매년 6월이면 부모님 면담이 있었는데, 그럴싸한 변명도 더는 떠오르지 않았다.

사실 학교도 나와 비슷한 상태였다. 학생이 1000명이나 되는 학교 중에 캠퍼스 한쪽 끝에 오래된 옛 건물이 있고 반대편 끝에는 시청각실이 있는 학교가 또 어디 있겠는가? 잔디밭에는 보행자 출입 금지가 아니라 '빗변을 포기하라(지나치게 현학적이거나 학구적인 사람을 묘사하는 말로 유머러스한 방식으로 사용된다—옮긴이)'며 거들먹거리는 표지판이 곳곳에 설치되어 있었다. 하지만 돈이 가장 많다는 집안의 아이들은 바로 그곳에서 불법 약물을 사용했다.

2년제 남녀공학으로 운영하자 지원자는 더 늘어났지만, 이성끼리 섞이면서 생기는 새로운 문제점을 인정하거나 관리하는 면에서는 아무런 발전이 없었다. 낙태를 시도하거나 그에 따른 정신적 후유증에 시달리는 학생을 흔히 볼 수 있었다. 평판이 좋은 학교일수록 학생의 임신과 같은 문제에 잘 대처했다는 사실을 공개적으로 밝히기 어려운 법이다. 그러다 보니 교사와 학생의 성추행 통계도 매년 줄고 있다는 점을 지적하기란 더 어렵다. 권위주의적 분위기에 오랫동안 익숙한 터라 새로운 문제를 다룰 때면 몹시 주저하거나 허둥대곤 했다. 10대 청소년을 그저 돈벌이 대상으로 볼 것이 아니라 그들도 사람이라는 점을 깨닫자, 200년의 전통을 자랑하던 귀족 학교의 관습은 산산조각이 나고 말았다.

내가 입학하기 몇 달 전에 〈뉴스위크〉에 '조니가 글을 쓸 줄 모르는 이유'라는 기사가 실렸다. 교육계 전문가들은 최근에 대학을 졸업한 청년들이 설득력 있는 문장으로 글을 완성하지 못하는 이유를 연구했지만, 답을 찾지 못했다. 충격적인 결과이긴 하지만, 60년 전에 헨리 히긴스가 크게 한탄했던 것을 되풀이했을 뿐이라는 사실엔 신경 쓰지 않도록 하자.

그 기사에서는 내가 입학할 학교의 훌륭한 교장 선생님이 이 문제를 개선하기 위해 열심히 노력한다고 보도했다. 그는 역량

(Competence)이라는 필수과목을 개설했는데, 결과적으로 학교 커리큘럼 전반에 영향을 미쳤다. 학생들은 모든 수업에서 합리적인 사고력을 발휘하여 체계 잡힌 글을 써야 했다. 수학 쪽지 시험에서 철자가 틀리면 점수를 깎았고, 과학 보고서에서도 필요한 접속사나 구두점을 사용하지 않은 문장은 모두 지적당했다. 덕분에 나는 요즘도 문자메시지를 보내기 전에 틀린 부분이 없는지 확인하는 버릇이 있다.

역량 수업은 효과가 있었다. 많은 학생이 낙태, 중독, 자살 시도 등 어려움을 겪긴 했어도, 졸업할 무렵이면 대부분 유창한 글쓰기 실력과 기본적인 수학 실력을 갖추었다. 여름방학에 재활센터에서 보냈을지도 모르는 학생들이 대학 입시에 수준 높은 에세이를 제출했다. 이 학교는 교육 방식이 특이해서, 우리 학교 학생들은 L 발음을 독특하게 말아 올렸다. 이런 발음은 어느 곳에서도 들어본 적이 없었다. 아무에게든 이 독특한 발음을 가르치면 며칠 만에 공작 부인으로 둔갑시킬 수 있을 것이다.

예비학교의 모순점을 논리적으로 설명하기는 어렵다. 피츠버그 중산층 출신의 나에게 설득력 있는 글쓰기 방법을 알려준 것은 감사할 일이지만, 이 학교의 존재 이유가 상류층 부모 덕에 이미 모든 것을 누리는 아이들에게 더 많은 기회를 주기 위해서라는 점은 여전히 마음에 들지 않았다.

고등학교를 졸업하고 나서, 나는 여자 친구와 졸업 파티 겸 작별 여행을 떠났다. 메인에서 출발하여 롱아일랜드의 오이스터 베이까지 가는 여행이었다. 졸업식에는 가지 못했다. 필수과목인 역사 시험에 낙제했고, 또 다른 졸업 요건인 기말 보고서를 망친 탓이었다. 정신을 차리고 보고서를 작성하기에는 시간이 없었다. 선생님에게 한바탕 혼이 나기도 했는데, 그저 "인생을 스스로 망쳤다"라며 내게 각인시키려는 것 같았다. 하지만 18세밖에 되지 않은 고등학생에게 너무 잔인한 말이었다. 부모님께 낙제한 사실을 들키고 나니 견딜 수 없이 수치스러웠다. 나는 세상에서 가장 사랑하는 사람과 낡아빠진 볼보를 타고 길을 떠났다.

이런 통과의례를 부자처럼 거창하게 즐기지는 않을 참이었다. 며칠간 정신을 못 차릴 정도로 과음하고 차에서 쪽잠을 잤다. 롱아일랜드의 노스쇼어에 도착할 무렵, 몸은 지칠 대로 지쳤으나 자유를 얻었다는 생각에 기분 좋았다. 우리는 개츠비를 떠올릴 만큼 으리으리한 게스트하우스에서 지냈다. 배를 채우고 샤워한 다음, 축하의 밤을 위해 휴식을 취했다. 축하의 밤은 내 인생에서 처음이자 마지막이라고 할 정도로 화려했다. 나는 아버지의 턱시도를 다려서 입었고, 응원용 수술을 무색하게 할 만큼 화려한 드레스가 속속 등장했다. 오케스트라도 불렀고, 과일, 꽃, 음식 등이 잔뜩 올려진 식탁은 당장이라도 무너질 것 같았다. 모든 것이 웅장하고 아름다웠으며 퇴폐적이었다. 나는 춤추는 법을 몰라 휘청거렸지만 인생에서 만난 여자들 중에 가장 예쁜 여자를 품에 안았다. 많은 사람이 그런 삶을 꿈꾸겠지만, 이게 진짜 내 인생이 아니라는 것을 잘 알고 있었다.

다음 날 아침, 하나씩 잠에서 깼다. 아침 식사가 코앞에 차려졌고, 우리는 집으로 돌아가는 여정을 위해 배를 든든히 채웠다. 4년간의 모든 역경이 마침내 끝났다.

나는 게스트하우스 주인과 함께 오믈렛을 먹었다. 느긋하고 친절한 사람이었는데, 나와 대화를 나누고 싶어 했다. 우리는 금세 친구가 되었다. 한 시간 정도 이야기를 나누고, 여자 친구와 나를 차가 있는 곳까지 배웅해주었다. 출발하기 직전에 그는 나를 멈춰 세우고는 이렇게 말했다.

"그거 알아? 국내에서 네가 가장 희귀한 사투리 억양을 구사하는 것 같아."

"그런가, 어디?"

"업스테이트 뉴욕에 사는 가방끈 긴 사람들 말이야."

"그럴 리가. 난 한 번도 그렇게 생각해본 적 없어."

난 그렇게 생각한 적이 없었다. 차에 올라타면서 내가 그 남자를 좋아한다는 생각이 들었다. 그가 나를 모욕했다는 걸 깨달은 건 몇 년이 지난 후였다.

‡

한번은 아파트 공사를 맡았는데, 디자인상 유일한 자부심이라고는 실내에 있는 모든 요소를 한 가지 색상으로 통일한 것뿐이었다. 벽, 천장, 문, 문설주, 목공 제품, 바닥 등 모든 요소가 같은 색을 입히거나 칠해진 상태였다. 하드웨어나 배관 설비도 그에 어울리게 분말 코팅 처리했다. 콘크리트 작업대와 석고벽은 같은 색으로 도색돼 있었다. 미닫이식 유리문은 같은 색 필름이 입혀져 있었다. 나를 포함한 목수들은 그 색깔의 작업복을 입고 지퍼를 끝까지 잠그면 우리를 찾지 못할 거라며 농담을 주고받았다. 파란색이 감도는 차분한 회색이나 선명한 오렌지색을 떠올렸다면 오산이다. 어디를 둘러봐도 그 집은 오리지널 매킨토시를 연상시키는 퍼티 색, 즉 짙은 회색이었다. 그 집에 있기만 해도 우울해질 것 같았다.

다들 점프슈트가 있으면 참 좋겠다고 생각하던 어느 날 아침이었다. 건축가와 디자이너, 의뢰인, 유명한 컬러 전문가가 침실에 모여 커다란 직물 견본 세 개를 펼쳤다. 나는 그들 근처에서 사다리에 올라가 작업하던 중이었는데, 굳이 눈에 띄지 않으려고 애쓸 필요는 없었다. 그들은 각 견본의 장점에 대해 열띤 토론을 이어갔다. 그중에서 골라 주문 제작한 침대 헤드의 커버를 만들려는 것 같았다. 둘은 실수에 가까웠고, 나머지 하나는 기존의 퍼티 색처럼 생기라곤 찾아볼 수 없는 조합이었다. 다들 전문가로서 의견을 제시했고 토의는 한참 이어졌다. 나는 그들의 말을 듣는 내내 속으로 간절히 외쳤다. '제발, 중간 견본을 선택하라고!'

결국 이 토론에서 가장 입김이 강한 사람은 컬러 전문가였고, 그가 중간 견본을 잡아서 벽에 반사된 빛에 샘플을 잘 보이게 들더니 이렇게 말했다. "이걸 쓰는 게 좋겠습니다. 그래야 이 방의 고상한 반짝임이 훼손되지 않을 겁니다."

이번에도 언어는 의도의 희생양이 되고 말았다.

5장

부조리

사람은 누구나 자신이 하는 일이
더 큰 목표에 기여하길 바란다.
대부분의 사람은 인생에서 아직
정점에 이르지 못했지만, 다행스럽게도
약 중독에서 회복된 환자처럼
나는 최악의 순간을 겪었다.

때로 아무리 노력해도 별들이 잘못 정렬되어 있다면, 그 배치에서 특별한 의미를 찾곤 한다. 분명 숨은 뜻이 있을 거라며 열심히 파고든다. 그러다 결국 눈멀고 피폐한 몰골로 자신이 초래한 운명에 분노하며 오열하는 오이디푸스나 리어 왕처럼 되고 만다. 그 모든 상황의 의미는 손에 잡힐 듯하면서도 잡히지 않는다. 그 일을 겪은 지 벌써 30년 가까이 지났지만, 여전히 부끄러운 기억일 뿐 보석 같은 교훈은 찾지 못했다.

달팽이 이야기

나는 결혼을 앞두고 있었고, 약혼녀는 임신 중이었다. 이제는 건강보험이 보장되는 일자리를 찾아야 했다. 한 친구가 2년 넘게 질질 끄는 프로젝트가 있다며 내게 그 자리를 추천했다. 창의성을 발휘할 목수가 필요한데 내가 적임자라는 것이었다. 면접이나 전화 한 통 없이 친구의 추천만으로 취직했다. 친구는 월요일 아침에 파크 애비뉴와 59번가의 남서쪽 모퉁이에 있는 화물용 입구로 오면, 그곳에서 펜트하우스로 안내해줄 것이라고 했다.

출근 첫날부터 현장이 이상하다는 징후가 눈에 띄었다. 사람들은 피곤에 절어 있었고 하나같이 냉소적이었다. 처음 만난 목수는 휴대용 테이프 플레이어에 슈토크하우젠의 음악을 귀청이 떨어지도록 크게 틀어놓았다. 그 음악가에 대해 잘 모르지만, 며칠 후 어떤 작업자가 "누가 자기 귀에 토하는 느낌"이라며 제발 음악을 꺼달라고 했다. 나도 그와 같은 심정이었다.

2년간 일했다고 하기에는 진행된 게 너무 없었다. 모든 방은 손을 댄 것 같지 않았고, 시스템도 일부만 설치되어 있었다. 아파트 전체가 이미 오래전에 작업을 중단한 느낌이었다.

슈토크하우젠의 열렬한 팬은 현장 감독을 만나려면 위층에 가보라고 했다. 주변을 둘러보니 대피용 계단이 좁은 통로로 이어졌는데, 목수가 말없이 금속 스터드로 새 벽의 골조를 맞추고 있었다. 스터드는 콘크리트 벽에서 몇 센티미터 앞으로 나와 있는데, 콘크리트 벽은 건물 구조상 엘리베이터 코어의 일부였다. 따라서 그 목수가 맡은 일은 고정적인 콘크리트 복도에 드라이월을 마감하고 손질하는 매우 간단한 작업이었다. 그 뒤에 있는 콘크리트 벽과 천장은 스터드로 빼곡히 뒤덮여 있었고, 스터드 사이에는 파란색 네임펜으로 빽빽하게 낙서가 되어 있었다. "복도… 아, 정말 미치겠네. 아직도 복도를 못 벗어나고 있잖아." 그야말로 〈지옥의 묵시록〉 목수 버전의 오프닝 모놀로그였다. 이 프로젝트를 맡은 건축가는 복도를 설계하고 완공된 모습을 확인하고는 안 되겠다며 다시 설계하기를 세 번이나 반복했다. 그 바람에 이 불쌍한 목수는 무려 아홉 달 동안 이 좁은 공간에서 똑같은 벽 네 개를 만들었다가 부수기를 반복하고 있었다.

자녀를 돌보는 아버지 같은 마음이 들어서 손 놓고 걱정만 할 수는 없었다. 그래서 내가 무엇을 하면 좋을지, 어떤 것을 도와야 할지 알려달라고 했다. 그들은 방을 하나 내주고는 할 일도 알려주었다. 현장 감독은 내가 적임자인지 알아보겠다며 며칠 따라다니더니 그 주가 끝날 때쯤에는 나를 일원으로 인정해주었다. 나도 빠르게 적응했고, 야심 차게 구성 요소 몇 가지를 직접 만들어보겠다고 나섰다. 정말로 까다로웠다. 방마다 설계를 맡은 아티스트가 달랐다. 얼핏 듣기에는 멋져 보일지 모르겠지만, 실제로는 들고양이 몇 마리를 잡아 와서 소파를 지키게 하는 것만큼이나 말도 안 되는 짓이었다.

사람들은 공간이 서로 상충되면 안 된다는 걸 잘 모른다. 이런 요소를 '전환(transition)'이라고 하는데, 전환 공간을 자연스럽게 보이게 하려고 얼마나 많은 아이디어를 내야 하는지 모른다. 전환은 정말 중요하다. 변호사, 목회자, 항공교통관제사와 마찬가지로 건축가도 관리 능력을 기준으로 판단할 수 있는데, 이 작업 현장에는 안내등 같은 것조차 없었다. 마치 각자 좋아하는 아리아를 자기가 낼 수 있는 가장 높은 음으로 부르는 콜로라투라 소프라노들로만 합창단을 꾸린 것 같았다. 서로 어울리는 구석이 하나도 없었다. 거실은 체리색 상감세공으로 꾸며져 있고, 붙어 있는 서재에는 회반죽으로 만든 도넛 모양 조각이 벽에 가득했다. 거실과 서재를 연결하는 아치형 복도는 상감세공과 도넛 조각이 반반씩 분리되어 있었다. 제대로 닫히는 문은 하나도 없었고, 마감한 곳도 어울리지 않게 부딪쳤으며, 작업자들 사이에도 언쟁이 이어졌다.

프로젝트 관리자들이 이 혼란의 도가니를 정리할 방안을 마련하려고 이리저리 뛰어다녔다. 그들은 이제부터라도 제대로 공사하려면 디자인 전문가 다섯 명이 합의해야 한다고 판단했다. A방의 아티스트와 B방을 맡은 아티스트가 협의하고, 그 자리에 건축가와 장식가도 참석했다. 특정한 전환 방식에 대해 모두가 동의하면, '기록 설계자(일반적인 '건축가'와는 전혀 다름)'에게 합의된 내용을 전달하고 이를 반영한 도면을 작성하여 모든 계약 당사자에게 서명을 받았다. 서명이 끝나면 도급업자와 목수에게 전달하여 공사를 진행했다. 그러는 동안 당연히 현장 작업은 모두 중단되었다.

현장 감독은 여자 친구가 최근에 인기 드라마에 출연했다며 휴대용 TV를 현장에 갖다 놓았다. 우리는 거실에 작업대를 놓고 모여 앉아서 감독의 여자 친구가 화면에 등장하면 환호성을 질렀다. TV 앞에 앉으면 한나절이 지나도록 그녀의 연기에 대해 이러쿵저러쿵 떠들었고, 다른 낮 드라마에 나오는 경험 많은 배우들과 비교하기도 했다. 우리의 고용주이자 원도급업자는 우리를 내버려두었다. 하지만 그는 계약서에 명시된 '작업 시간 및 자재' 항목에 우리의 일당을 꼬박꼬박 청구했다. 그렇게 한동안 몸도 마음도 편하게 지냈지만, 결국 집주인은 더는 두고 볼 수 없다고 판단했다. 본격적으로 집을 치울 때가 왔다.

집주인은 자기 이름을 내건 회사를 운영하고 있었는데, 일이 제대로 되려면 단독 책임자가 있어야 한다는 점을 누구보다 잘 알았다. 그는 세계적으로 유명한 건축업체를 수소문한 다음, 그들에게 아주 소소한 것까지 결정할 수 있는 권리를 위임했다. 무채색의 세련된 옷차림을 한 팀원들이 종일 현장 이곳저곳을 바쁘게 다니면서 제도용 저울을 총검처럼 휘둘렀다. 누가 봐도 상황이 완전히 바뀔 터였다.

그렇게 상황이 바뀌었다. 새로 온 건축팀장은 회사 명칭에 이름이 들어가 있을 정도로 높은 사람이었다. 그는 아파트 곳곳에 팀원을 한 명씩 배정한 다음, 아티스트는 고문 역할만 하게 했다. 결정권이 필요한 부분은 사소한 것이라도 건축팀장이 직접 관여했다. 변화를 가장 크게 느낀 부분은 TV를 치운 것이었다. 연말이 코앞이었으나, 모두 본격적으로 일을 시작했다.

펜트하우스 위층에는 유리문으로 된 벽을 지나면 널찍한 야외 데크가 있었는데, 프로젝트가 시작된 지 3년이 흘렀지만 손대지 않은 상태로 남아 있었다. 그곳에는 다른 팀원들과 비교도 되지 않을 만큼 야심과 열정이 넘치는 젊은 건축가가 있었는데, 그녀는 이 작업이 전문 분야라고 했다. 곧 세부 도면을 완성하고 가격 정보를 확보하더니 부품이 하나둘 배송되기 시작했다.

그녀의 계획은 다음과 같았다.

위에서 내려다보면, 데크는 가로세로 7.6×9m로 서쪽은 펜트하우스 외벽이고 나머지 세 면은 난간이었다. 13층이라 경치가 아주 좋은 데다 이른 아침부터 오후 늦게까지 해가 잘 들었다. 폭은 5cm, 높이는 10cm인 스테인리스 강철 수로로 된 불규칙형 그리드를 타탄(tartan, 색창살 무늬―옮긴이) 패턴으로 데크 위에 설치할 예정이었다. 수로 사이에는 불규칙한 직사각형 모양으로 두꺼운 검정 슬레이트를 설치하고 더 얇은 강철 수로로 분리할 생각이었다. 또한 십자형 잔넬에는 줄무늬 모양으로 흙을 깔고 잔디를 심어야 했다. 그리고 타탄 패턴 사이사이로 졸졸 흐르

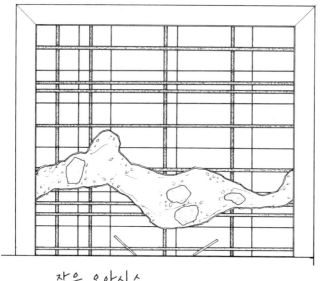

작은 오아시스

는 시냇물을 만들고 돌다리도 놓기로 했다. 아마도 고지대에 사는 사람이나 금융업계 종사자에겐 무척이나 아늑하게 느껴질 공간이 될 것이다.

봄에 접어들었고, 작업은 빠르게 진행되었다. 4개월 만에 그리드 작업이 끝나고 슬레이트는 보기 좋게 마무리되었다. 콜로라도강에서 가져온 바위 조각들이 개울 바닥에 줄지어 놓였고, 잔디는 수로 안에 나란히 깔렸다. 펌프를 가동하자 작은 오아시스가 완성되었다.

도시의 7월은 가혹할 수도 있다. 잘사는 사람들은 서둘러 햄프턴으로 떠나지만, 가난한 사람들은 붐비는 지하철에서 땀에 젖고 옷을 벗다시피 한 채로 제발 불볕더위가 오지 않기를 기도 한다. 그해에도 이들의 기도는 응답받지 못해서, 무더위에 시달렸다.

잔디를 깔고 난 다음 날 아침, 바람을 쐬면 좋겠다는 생각에 데크로 이어지는 문을 모두 열어놓았다. 어젯밤에는 푸르렀던 잔디가 갈색으로 말라 꼬불거려서 먼지처럼 보였다. 지금 생각해보니, 당시 엔지니어 팀에 태양열로 잔디를 조리할 기계를 설계하게 했대도 이보다 잘 만들 수는 없었을 것이다. 두껍고 짙은 색의 영국식 슬레이트는 소나기가 잦은 런던에는 잘 맞을지 몰라도 이곳에서는 어마어마하게 열을 흡수했다. 강철로 만들어진 수로를 통해 흡수된 열은 수로를 덮고 있는 얇은 흙에 고스란히 전달되었다. 켄터키주의 잔디에는 가망이 없었다.

우리는 피해 상황을 조사하면서 어떻게 해야 좋을지 몰라 고심했고, 마침내 잔디는 문제의 일부에 불과하다는 사실을 깨달았다. 끈적거리는 녹조가 시냇물을 온통 뒤덮었다. 물 온도는 50°C가 넘었을 것이다. 온수를 틀어놓은 것만큼 뜨거웠다. 일단은 모두 치우고 설계 전문가에게 처음부터 다시 설계해달라고 할 수밖에 없었다.

이 현장 청소는 케빈이라는 남자가 혼자 떠맡고 있었다. 그는 자기 일을 철저히 했는데, 심지어 목수들이 작업하다 나온 쓰레기를 직접 치우는 것도 못마땅하게 여겼다. 목수들이 본인의 일거리를 뺏는다는 말도 서슴지 않았다. 이날 아침부터 상황은 케빈에게 몹시 불리하게 돌아갔다.

케빈은 다부진 체격에 주름이 많았으며 희고 덥수룩한 수염이 있었다. 산타를 남극 포로수용소에 3년 정도 가둬놓으면 그런 몰골일 것이다. 그와 친한 사람은 아무도 없었다. 평소에는 말이 없다가 갑자기 내뱉는 스타일이었다. 옆구리에는 15cm 정도 되는 사냥용 칼을 항상 달고 있었다. 무거워 보이는 작업용 부츠를 신고 이마에 빨간 반다나를 둘렀으며, 주변에 아무도 없다고 생각되면 헬리콥터에 대해 중얼거렸다. 개울을 치우는 일을 맡은 것도 강하고 고집 센 성격 때문이었다. 그는 종일 밖에서 플라스틱 솔을 내려놓지 않았다. 개울 바닥에서 작은 갈색 돌을 집어내어 세제에 담갔다가 '깨끗한' 통에 던져 넣었다. 그 일은 저녁에나 끝났다. 평소에도 만사 귀찮은 표정이라서, 잔뜩 찌푸린 표정이 이 작업 때문인지 구분하기 어려웠다.

한 주가 또 지났다. 수영장과 야외 연못 전문 업체에서 직원이 왔다. 그는 몇 가지 테스트를 하고 이것저것 계산해보더니, pH 균형을 맞추고 염소 약품으로 처리하면 이 문제를 말끔히 해결할 수 있다고 했다. 다음 날 그는 도시락만 한 장치를 가져와서 순환 펌프 근처에 설치한 다음, 물을 넣고 파란색 가루 몇 숟갈을 녹여 이튿날 아침까지 놔두었다. 다시 테스트한 결과 모든 작업이 끝났다고 말했다. 케빈에게 최대한 보기 좋게 돌을 다시 깔아달라고 했고 작은 개울은 자연스러운 모습을 회복했다.

다음 날 데크로 향하는 문을 열어보니, 또다시 녹조가 잔뜩 생겨서 두껍게 깔렸다. 케빈조차 화를 내기보다는 체념한 표정이었다. 그는 현실을 받아들여 솔과 양동이, 세제를 가지러 갔다.

엔지니어, 식물학자, 생태학자 등 여러 분야의 전문가가 모였다. 합판 유리문 안쪽에 회의용 테이블을 배치하고 다과를 준비했다. 전체 설계 및 시공 관리팀이 모여서 전문가의 의견에 귀를 기울였다. 해가 저물어서인지, 이 문제가 쓸데없이 심각하게 느껴졌다. 몇 시간 후에 그들은 최종 결정을 내렸다.

2주 후 금요일 아침에 밴 한 대가 도착하더니 특이한 상자 두세 개가 등장했다. 상자 겉면에는 세관 스티커가 붙어 있었고, 안에는 매끈매끈해 보이는 갈색 달팽이 수백 마리가 맑은 물에 담겨 있었다. 매우 특수한 품종이라, 따로 신경 쓸 필요가 없고 녹조만 먹고산다는 것이었다. 멕시코의 소협곡이 오랜 세월이 흘러도 깨끗한 것이 바로 이 달팽이 덕분이라고 했다.

물을 다시 채우고 콜로라도강에서 가져온 돌을 보기 좋게 깔아놓은 다음, 달팽이를 풀어주었다. 이제 달팽이들이 열심히 일해주기를 바랄 뿐이었다.

주말이 지났다. 푹푹 찌는 날씨는 여전했다. 우리는 월요일 아침에 출근해서 돌을 살짝 옮겨볼 생각이었다. 아침 커피를 마시고 가볍게 몸을 움직이는데 누군가 데크로 가는 문을 열었다. 숲에서 사슴 사체가 썩는 냄새 같기도 하고, 휴런 호수 기슭으로 쓸려 온 수천 마리의 물고기 사체 사이로 헤엄칠 때 나는 냄새가 뒤섞인 듯한 악취가 밀려들었다. 하지만 아파트를 가득 채운 악취에 비하면 그 냄새는 아무것도 아니었다. 노련한 강력계 형사라면 이 냄새를 맡자마자 표정이 굳었을 것이다. 너무 끔찍해서 금방이라도 숨이 멎을 것 같았다. 코와 입을 막아도 소용이 없어서, 피부를 뚫고 들어오는 것 같은 악취에 기도가 막히는 느낌이 들었다.

현장 사람들은 모두 밖으로 대피했다.

불쌍한 달팽이들은 악마의 조리기에 64시간이나 있었다. 두 시간 만에 모두 달팽이 요리가 되고 말았다. 우리가 도착했을 무렵에는 심하게 부패하여 형태를 알아볼 수 없게 된 지 오래였다.

현장 감독은 길가에 작업자들을 모아놓고 계획을 세웠다. 철물점에 사람을 보내어 방진 마스크를 모조리 사들였다. 그리고 직원들의 상태를 점검하여 혈색이 좋지 않은 절반은 집으로 돌려보냈다. 나머지 직원들은 방진 마스크를 쓰고 아파트로 올라가서 청소를 시작했다. 창문을 활짝 열고 개울에 표백제를 콸콸 들이부었다. 탈취제, 공기청정기 등 도움이 될 만한 건 모두 동원했다. 직급이 높은 사람들도 기꺼이 손을 보탰지만, 가장 힘든 일은 이번에도 케빈의 몫이었다.

그날 케빈이 맡은 일은 다른 사람은 감히 엄두도 못 낼 일이었다. 그는 가장 좋은 방진 마스크를 껴야 했다. 튼튼한 장갑, 부츠, 작업복도 필요했다. 어떤 장비를 갖춰 입어도 끔찍한 작업인 건 분명했다. 설상가상으로 어떤 관리자가 케빈에게 콜로라도강에서 가져온 돌을 하나도 빠짐없이 살려내라고 했다. 케빈은 온종일 작고 매끄럽고 둥근 갈색 돌과 악취를 풍기고 액체가 줄줄 흘러내리는 작고 매끄럽고 둥근 갈색 달팽이를 하나하나 분류했다. 그는 돌을 하나씩 들고 벅벅 문지른 다음 '깨끗한' 통에 던져넣었다. 썩어버린 달팽이는 대형 쓰레기봉투에 담아서 노끈으로 단단히 묶었다.

시간이 흐르자 냄새는 많이 빠졌다. 우리는 평소 하던 일을 하면서 가끔 케빈이 일하는 모습을 흘끔거렸다. 그는 쓰레기봉투가 가득 차면 안으로 옮겼다. 오가는 발걸음은 점점 비틀거리고 불안해 보였다. 돌처럼 잔뜩 굳었던 표정은 사라지고 얼굴이 찌푸려졌다.

갑자기 현장 감독이 다급하게 소리 지르는 바람에 깜짝 놀랐다. "모두 밖으로 나가요! 빨리!"

뭔가 잘못된 징후는 전혀 없었다. 연기가 난 것도 아니고 비명도 들리지 않았다. 다들 묵묵히 작업하던 중이었다. 케빈도 일을 마무리하고 작업복을 벗어서 쓰레기봉투에 넣으려던 참이었다. 우리는 화물용 엘리베이터를 타고 내려가 길거리로 나갔다. 경찰차 몇 대와 소방차 한 대가 아무렇게나 세워져 있었다. 알고 보니 건물 전체에 대피령이 내려서 주민들은 파크 애비뉴로 앞다투어 향하고 있었다. 도어맨은 길가에 주저앉아 토했다. 그리고 피할 수 없는 썩은 냄새가 사방에 가득했다.

현대식 건물은 거주자의 편의를 최우선으로 고려한다. 냉난방은 자동으로 작동된다. 수도에서 물을 구할 수 있다. 생활 하수는 보이지 않게 깔끔하게 치워진다. 요즘은 쓰레기도 간단하게 처리할 수 있다. 이 건물에는 매끄러운 강철로 만든 활송 장치(chute, 고층 건물에서 쓰레기 등을 아래로 내려보내는 장치—옮긴이)가 있는데, 로비 뒤에 있는 선적용 컨테이너 크기의 컴팩터와 연결되어 있었다. 컴팩터에 모인 쓰레기는 매립을 위해 압축되고, 시에서 운영하는 트럭으로 주 2회 수거했다.

13층에서 컴팩터의 철제 바닥까지는 90m가 넘었다. 물리학자가 아니어도 9kg짜리 포대를 그 높이에서 떨어뜨리면 얼마나 빠르게 낙하할지 상상할 수 있다. 포도알만 한 달팽이를 가득 채운 포대가 무려 열 개였다. 죽은 달팽이에서 나는 냄새는 어찌나 지독한지, 지옥에 던져도 도로 튕겨 나올 것 같았다. 그런 포대들이 시속 160km로 떨어져서 컴팩터 바닥에 부딪히자 포대가 터졌고 내용물이 사방으로 튀었다. 컴팩터 내부는 축축하고 악취를 풍기는 달팽이 사체로 엉망이 되었다.

‡

모든 일이 그렇듯이, 그 일도 결국 마무리되었다. 강렬한 태양열을 감당하기 위해 데크 아래에 맞춤형 실외 냉장 시스템을 설치했다. 벽은 더 나은 색으로 여러 번 덧칠했다. 적어도 다음 정기 점검까지는 모든 것이 정상적으로 작동했다. 그 후로 케빈은 자취를 감추었다.

집주인은 공사 결과에 만족했는지, 감사의 표시로 우리 모두를 위해 크리스마스 파티를 열었다. 집주인은 원형 홀에서 우리를 맞이했고, 데크를 설계했던 야심 찬 젊은 건축가는 이제는 집주인의 약혼자로 그 옆에 서 있었다. 나는 아들이 태어난 후 아내와 처음으로 외출한 자리였다. 참석자들에게 정식으로 인사하고 건배한 후에 사람들은 방을 구경하러 흩어졌다. 나는 주문 제작한 가구를 보러 위층으로 올라갔다. 집주인이 이사를 마친 후에는 집을 제대로 본 적이 없었다. 밤이라서 밖은 춥고 어두웠다. 몇몇 커플이 용감하게 데크로 향했다. 남자들은 파트너가 개울의 디딤돌을 건널 때 손을 잡아주었다. 흙바닥은 매우 푹신하고 풀이 거의 없어서 발을 내디딜 때마다 푹푹 빠졌기에 여자들은 어찌할 바를 모르고 비틀거렸다.

6장

집중과
의도

"길을 건너기 전에는 양쪽을 잘 살피렴."
—엄마

두뇌는 다루기 힘든 곳이다. 과학자들은 두뇌에 약 1000억 개의 뉴런이 있다고 추정한다. 은하수를 구성하는 별만큼 큰 숫자다. 뉴런은 시냅스, 가교 축삭 및 수상돌기에 의해 연결되는데, 신체의 각 부분이 의사소통하도록 도움을 준다. 이렇게 복잡한 미로 속에서 살아야 한다면 아무도 견디지 못할 것이다.

다행히도 두뇌 기능은 대부분 자동이라서 우리가 인지하거나 관여하지 않아도 된다. 복잡한 네트워크에서 폐가 숨을 쉬고 심장이 박동하고 신장이 필터 기능을 수행하도록 적절한 명령이 전달되지만, 정작 우리는 각 장기가 어떤 역할을 하는지 알아채지 못할 때가 많다. 또 다른 뉴런들은 음식을 먹거나 체온을 유지하고, 짝을 찾고, 피부를 보호하는 등 우리에게 특정 동작을 하도록 자극을 준다. 어떤 일을 할지 생각하고 결정해야 하지만, 두뇌는 자극에 따라 움직이도록 끈질기게 요구한다. 어떤 두뇌 회로는 일정 기간을 두고 습득하는 활동, 즉 습관이나 학습된 기술과 관련이 있다. 예를 들어 나는 신발 끈을 항상 토끼 귀 모양으로 묶는다. 맛있는 볶음 요리를 만드는 기술은 유용하며 즐겁게 해준다. 어떤 행동은 원래의 목적을 달성한 후에도 기억에 남아 향수를 자극하기도 한다. 한편 '우리 아빠는 스킨십과는 거리가 먼 사람이었어'라든가 '내가 원한 건 그녀가 내 마음을 받아주는 것뿐이었어'와 같은 기억은 심리적 상처라고 한다. 전기에 비유하자면 합선이 일어난 셈인데, 습관이나 반복적 행동이 선호하는 경로라도 '길이 막혔으니 돌아가시오'와 같은 표지판이 없는 길이라고 할 수 있다.

네 번째 뉴런은 우리가 마음껏 사용할 수 있는 상태로 남아 있다. 구체적인 목적이 정해져 있지 않다는 뜻이다. 신체적, 감정적, 정신적 회로의 조합에 의해, 혹은 한 번에 세 가지 회로가 모두 작동하여 아주 강한 전류가 흐르기만 기다린다. 이 회로가 활성화되면 그것을 의미라고 부른다.

하루하루 끼니를 해결할 걱정에 시달리고, 실패로 가득 찬 암울한 미래가 자신을 기다리고 있다는 확신에 사로잡힌 환경에서 산다고 생각해보라. 그러던 어느 날, 꼭 해보고 싶은 일이 생긴다. 우선 새로운 방향으로 방향을 돌리는 순간, 두뇌가 이미 익숙해진 경로나 습관에 큰 혼란이 벌어진다. 피로가 누적되면 신체 활동이 멎고 잠이 쏟아질 것이다. 그러다가 배가 고프면 뭔가 먹을 것을 찾아야 한다. 이렇듯 습관은 매일 자신을 강화할 방법을 찾아낸다. 그 순간에 불현듯 형제자매나 선생님이 그런 시도는 바보짓이라고 끊임없이 질책하던 오래된 기억이 떠오른다. 이런 것은 집중에 방해가 되지만 통제할 수 없는 요소다.

사람들은 변화를 시도하는 것이 얼마나 어려운지 무용담처럼 이야기한다. 맞는 말이다. 생물학적 필요와 습관 때문에 변화는 어렵다. 군대처럼 조잡한 시스템이라도 두뇌를 재조직하는 방법을 모를 리 없다. 군대에서 신병이 가장 먼저 듣는 말은 바로 "차렷!"이다.

더 온건한 방법은 정확히 같은 기능에 초점을 맞춘다. 적어도 그런 방법을 시도하기 전까지는 말이다. 태극권, 요가, 명상, 치유를 비롯하여 심리적 변화를 유도하는 모든 시스템은 집중에서 시작된다. 집중력이 우리가 안정적으로 통제할 수 있는 유일한 능력이기 때문이다. 태극권 등을 배울 때 가장 먼저 깨닫는 것은 자신의 집중력이 보잘것없다는 사실이다. 형편없는 집중력은 길들여지지 않은 강아지와 같아서, 나무 그루터기 냄새를 맡다가 다섯 걸음 떨어진 쓰레기 더미에서 뒹군다. 하지만 참을성을 가지고 훈련하면 이 작은 악당은 늠름한 사냥개가 되거나 낯선 길에서 든든한 도움이 되는 안내견 역할을 하거나 산사태가 발생했을 때 구조견이 되어 온기를 찾아 헤매는 사상자에게 따스한 음식을 가져다줄 것이다.

집중력을 높이는 것은 정말 중요하다. 집중력은 지불하는 행위다. 가치 있는 대상에 집중력을 투자하고, 심리적 에너지를 지불한다. 우리가 사용할 수 있는 에너지의 양은 정해져 있다. 코앞에 있는 멋진 물건, 눈앞에 닥친 큰 문제에 모든 집중력을 뺏긴다면, 거기에 인생을 다 쏟아붓는 셈이다. 그렇게 하면 다른 일에 사용할 에너지가 하나도 남지 않는다.

우리는 집중의 가치를 무시하고 이를 정면으로 공격하는 시대에 살고 있다. 멀티태스킹, 끊임없이 집중력을 분산시키는 요소들, 광고, 자극, 뒷담화, 소문, 무분별한 욕망, 걱정거리, 다양한 오락이 눈치채지 못하는 사이에 집중력을 흩트린다. 일주일 내

내 열심히 일한 후에 영화 한 편 보거나 콘서트에 가는 것이 잘못됐다는 말은 아니다. 그러나 진지하게 하는 말이지만, 미국의 갓난아이 절반은 부모가 자신들보다 휴대폰을 더 사랑한다고 여기며 성장할 것 같다.

감정은 아무런 경고도 없이 나를 휘두르며, 감정이 내리는 판단은 신뢰도가 매우 낮다. 생각은 초대받지 않았는데도 나를 관통해 지나가며, 어디에서 생겨난 것인지 의심스럽다. 감각은 이 기능 또는 저 기능에 관리가 필요하다는 신호를 계속 보낸다. 집중력이야말로 내 삶의 경로를 수정하고 새로운 방향으로 나아가게 도와주는 유일한 역량이다.

‡

1993년 겨울, 첫아들이 태어난 지 얼마 안 되었을 때 일이다. 목공업체에서 근무하던 나는 어느 벤처 투자자가 코네티컷에 가지고 있던 사유지 건물의 2층 전체에 목공 제품을 설치하는 일에 고용되었다. 그 투자자는 친절하고 예의 바르고 말솜씨가 좋았으며, 직접 일꾼들을 데리고 가서 공들여 가꾼 장미정원을 구경시켜 주었다. 물론 투자자로서 협상 테이블에서 만났다면 전혀 다른 면모를 드러냈겠지만, 그는 매우 우호적이었다.

높은 계단 꼭대기에는 천장이 높고 장식용 회반죽으로 러스티케이션(rustication) 기법을 흉내 낸 원형 홀이 자리 잡고 있었으며, 홀과 연결된 개인 거실에는 2층 별관으로 연결되는 문이 세 방향으로 나 있었다. 동쪽은 아치형 통로를 통해 침실 스위트룸으로 이어졌다. 남쪽으로는 안쪽에 자리한 채광실이 있었는데, 반짝거리는 프렌치 도어가 늘어서서 벽의 역할을 했고 1층 지면이 내려다보이는 넓은 발코니로 이어졌다. 서쪽에 있는 크고 높은 이중문을 열면 짧은 통로가 있었고, 반대편 벽에 있는 사무실 책장까지 통로가 이어졌다. 통로는 점점 좁아져서 사무실 쪽에서는 큰 개구부(opening)로 바뀌었다. 양각 패널과 두꺼운 몰딩이 더해져서 매우 정교했는데, 둘 다 하루 만에 설치되었다. 대부분 접착제로 고정했는데, 부자들의 집을 설계하는 건축가들은 고정장치가 눈에 보이는 것을 몹시 싫어하기 때문이다. 밤새 접착제가 마르는 동안 접착제를 바른 부분에 압력을 가하기 위해 가로 둘, 세로 네 개의 쐐기를 박아두었다. 전문가들은 이를 '넘어짐 조심(trip hazard)'이라고 부른다.

우리는 책임감 있는 사람이라 자부하기에 강렬한 오렌지색, 녹색의 형광 스프레이 페인트로 쐐기를 설치한 구역에 호랑이 줄무늬를 그려 넣었다. 그래도 충분치 않은 것 같아서 특별히 부유층을 위한 경고판을 제작하여 '아래를 조심하세요'라고 쓴 다음, 모든 입구에 가슴 높이로 부착한 후에야 마음을 놓았다.

현장을 정리하고 저녁 무렵에 퇴근하려는데, 60대 후반으로 보이는 의뢰인이 사무실 맞은편에 있는 드레스룸 문을 열고 들어왔다. 부유층 남자가 이혼하지 않고 첫 번째 결혼을 유지하기란 매우 드문 일인데, 그의 옆에는 첫 번째 부인이 있었다. 그녀는 특히 격천장에 감탄하며 곧게 뻗은 빔의 가장 높은 부분에 달린 샹들리에도 우리가 직접 만든 것인지 물었다. 그녀의 남편은 한두 걸음 물러서서 샹들리에를 감상했다. 그러더니 또 한 걸음 뒤로 물러섰다. 몇 차례 뒷걸음질 치더니 우리가 뭐라 하기도 전에 그는 넘어질 듯 비틀거렸다. 억만장자가 꽈당 넘어지는 모습을 가만히 지켜보는 것은 절벽이나 엘리베이터 통로에서 추락하는 것과 비슷하다. 나는 세 가지를 다 경험해본 사람으로서 억만장자가 넘어지는 모습을 지켜보는 것이 가장 괴로운 일이라고 단언할 수 있다. 짧은 순간이지만 많은 생각이 머리를 스쳤다. 죄수복을 입은 내 모습이 떠올랐고, 하나뿐인 자식이 깡통을 차고 구걸하는 모습도 떠올랐다.

아무튼 남편이 꽈당 넘어져서 상당히 민망한 상황이 되었다. 부인은 뒤돌아서 남편을 쳐다보고, 그 위에 우리가 만들어놓은 안내판을 보더니 이렇게 말했다. "여보, 이 사람들은 당신이 올 걸 미리 알았나 봐요." 남편은 겨우 몸을 일으키더니 먼지를 툭

툭 털었다. 이들이 나처럼 이혼하지 않고 오랫동안 결혼 생활을 지속해온 것에 새삼 고마운 생각이 들었다.

여기는 도대체 문제가 뭐야?

지금까지 내 손을 거친 건물 중에서 가장 멋진 작업은 그 작업에 참여한 모든 인부가 칭찬받아야 했지만 그러지 못했다. 공사를 끝내고 여러 해가 지난 후에도 종종 찾아갈 정도로 좋아하는 장소는 두 곳뿐이다. 그곳의 공통점은 각종 하드웨어에서 나사를 조이는 각도에 이르기까지 모든 작업이 매우 신중하게 진행되었다는 것이다. 수백만 달러짜리 대규모 프로젝트에서 모든 면에 세심하게 주의를 기울이려면 엄청난 스트레스를 받는다.

나를 인터뷰하는 작가와 프로젝트 설계를 맡은 건축가들에게 그 두 곳을 모두 보여주었다. 내 이름은 쏙 빼놓고 내가 만든 건축물을 선보인 기사는 산더미처럼 많지만, 이번 기사의 주제는 나였다. 〈뉴요커〉의 버크하드 빌거는 내 동료의 이웃에 살면서 술집에서 자주 맥주를 마시곤 했다. 그러다가 화려한 잡지의 사진 뒤에 숨은 세계를 취재해서 15쪽 분량의 기사를 쓰되, 나를 주인공으로 삼으면 독자의 관심을 끌 수 있겠다는 흥미롭지만 실행 가능성이 낮은 아이디어를 떠올렸다. 그의 부탁을 받고 내가 가장 자랑스럽게 생각하는 두 장소를 방문 취재할 수 있는지 알아보았다.

두 번째 집은 대중에게 성공적인 작품으로 알려지고 상도 받았다. 이 집을 본 누구나 '대성공'이라는 단어를 떠올렸다. 첫 번째 집의 주인은 사생활을 무척 중시하는 부부였다. 건축가의 포트폴리오를 위해 아파트 곳곳을 사진으로 찍었지만, 사진을 외부에 공개하지는 않았기에 디자인업계의 관심이나 찬사를 받을 기회가 없었다. 하지만 부부는 완공된 집을 매우 마음에 들어 했고, 외부 사람들의 찬사나 인정에 연연하지 않았다. 건축가는 홍보를 중시했겠지만, 내가 알기로 그녀도 자신의 작업 결과를 매우 흡족하게 여겼다. 많은 사람이 그 집을 성공작으로 여겼다. 그러나 당시 나를 고용했던 도급업자는 그렇지 않았다.

디지털 기술은 새로운 세기가 시작될 무렵에야 사람들의 인정을 받았다. 역사적으로 이런 일은 흔히 반복되었다. 나는 종종 선사시대 인간들이 어느 날 저녁에 흥분해서 이렇게 소리치는 모습을 상상해본다. "이것 좀 봐. 이 그릇은 정말 놀랍지 않아? 아주 큼직하게 완성될 거야. 창보다 더 크고, 손도끼보다 더 커질 거야. 내 말이 맞는지 잘 보라고!" 그리고 청동시대, 철기시대를 거쳐 증기기관이 출현했을 때도 사람들은 마찬가지로 열광했을 것이다. 물론 오늘날 컴퓨터는 과학과 수학 등 복잡한 계산을 맡은 분야에 실제로 큰 혁명을 가져왔다. 건축 분야에서 컴퓨터가 회의를 대체하면서 환경과 색은 배제했고, 파일 캐비닛과 도면 보관함이 사라지면서 건축 사무실만의 독특하면서도 퀴퀴한 냄새가 풍기는 분위기도 더는 경험할 수 없게 되었다.

이 일을 맡은 도급업자가 지은 건물이 바로 그런 건축 사무소였다. 책상마다 컴퓨터가 있고 현장 감독은 모두 최신 노트북에서 한시도 눈을 떼지 못한 채 매일 현장의 상황을 보고서로 작성하느라 바빴다. 도급업자는 크고 웅장한 의자에 가만히 앉아서 감독 중인 현장에서 일어나는 모든 일을 알 수 있었다.

나는 현장 감독을 도우라는 지시를 받았다. 그는 메트로폴리탄 미술관 근처의 프랑스풍 타운하우스에 자리한 3층짜리 아파트의 레이아웃과 시공을 맡아 수많은 세부 사항을 일일이 처리하느라 눈코 뜰 새 없이 바빴다. 매일같이 보고서를 작성하기란 보통 힘든 일이 아니었다. 다행히 나는 노트북을 다룰 줄 몰랐기에 그는 보고서 업무를 나에게 떠넘기지 않았다. 내가 할 일은 현장의 진행 상황을 매달 한 번씩 정리해서 보고하는 것이었다.

건축가는 젊고 열정적인 사람이었다. 하지만 학창 시절에 이 분야의 전통적인 업무 처리 방식을 배우지 않았을 만큼 나이가 어리지는 않았다. 그녀는 스케치 도면을 잘 그렸는데, 그녀의 후배들도 그렇게 세밀하면서도 자유자재로 스케치하지는 못할 것이다. 한마디로 이 프로젝트에 딱 맞는 건축가였다. 의뢰인은 아르누보 스타일의 미술품과 조각품을 상당히 많이 보유하고 있었기에 그런 작품을 보완해줄 분위기를 원했고, 이 건축가도 그런 프로젝트에 목말라 있었다.

벽 뒤에 숨겨진 건축 요소는 모두 최신식이었지만 장식 요소는 현대와 거리가 멀었다. 이 건축가는 전임 건축가에게 많은 도면을 물려받았으며, 그 안에는 고전적이고 화려하고 단조로운 디자인이 가득했다. 그런 디자인이 의뢰인의 이웃집에는 잘 어울릴지 몰라도 의뢰인의 구체적인 요구 사항과는 전혀 맞지 않았다. 건축가는 일반적인 레이아웃을 그대로 남겨둔 채, 아파트에서 눈에 보이는 모든 요소를 바꾸기 시작했다. 고리타분한 그리스 부흥 건축(Greek Revival) 양식의 출입구는 완만한 아치형 통로가 되었는데, 선이 굵은 조각과 아름다운 장식이 돋보이는 곡선은 이내 수평 방향으로 뻗는 직선으로 바뀌었다. 미앤더 패턴(meander pattern)이 있는 타일이 깔린 바닥은 각종 리본으로 화려하게 꾸며져 있었다. 스케치를 완성하면 점토로 모형을 만들고 우리에게 계속 의견을 구했다. 더 보기 좋고 예전보다 더 일관된 느낌을 주는 곳으로 만들고자 최선을 다하고 있었다.

하지만 이런 식의 아파트 리노베이션은 최악이었다. 리노베이션은 아주 먼 곳으로 떠나는 편도 여행에 비유할 수 있다. 목적지에 대해 잘 알수록 물품, 차량, 인력 등을 더 잘 준비할 수 있으며, 여행지에 머무는 시간도 더 즐겁고 편안해진다. 어떤 사람이 고대 아테네로 여행을 떠나는데, 출발한 후에야 벨 에포크 시대의 파리가 실제 목적지라는 말을 들으면 얼마나 황당하겠는가.

공사 예정 기간은 2년이었다. 하지만 초반부터 차질을 빚었고, 예산도 그만큼 낭비되었다. 프로젝트 관리자는 모든 변화를 빠짐없이 기록하고 비용을 계산한 다음, 변경 사항에 대해 일일이 의뢰인에게 확인받았다. 의뢰인은 자신들만 누릴 수 있는 특별한 공간이 생긴다는 점을 높이 평가했다. 그들에게 보여준 샘플은 화려하고 독특했다. 비용도 충분히 감당할 수 있는 수준이었기에 더 화려한 것을 시도해볼 만했다.

과감하고 파격적이었으나, 내가 보기에는 걱정스러웠다. 마감일이 다가올수록 나의 월별 보고서에는 암울한 내용이 가득했다. 목공 작업은 6개월 전에 진행되어야 했는데 아직 도면조차 완성되지 않았고, 전체 공사의 절반은 아직 건축가가 의도한 대로 개선하거나 재작업이 시작되지 않은 상태였다. 나는 상사의 컴퓨터 앞에 앉아서 키보드를 두들겼다. 현장 감독인 그에게 문제점을 명확히 전달해야 한다는 생각뿐이었다. "일정대로 진행할 수 있다는 희망은 포기한 상태입니다." 사태의 심각성을 자세히 설명하다 보니 보고서는 금세 여러 장으로 늘어났다.

이렇게 간곡히 도움을 청했는데도 답이 없었다. 그래서 작업을 계속할 수밖에 없었다. 수작업으로 만든 난간을 넓은 계단에 설치했고, 튤립 모양으로 주조한 꽃봉오리 지지대를 설치한 유리 통로를 만들었으며, 신사를 위한 서재는 가죽과 월넛 소재의 패널로 마감했다. 인부, 디자이너, 예비 고객 등 현장을 들른 사람은 다들 마법이라도 부렸냐며 놀라워했다.

마감 일자가 코앞에 닥쳤다. 집주인은 임시 거주지의 임대 기간이 만료되었다며 입주 날짜를 정해달라고 했지만, 나의 상사는 집주인에게 아무 말도 하지 않았다.

집주인 남자는 매우 다혈질이었다. 그래서 내 상사는 공사가 크게 지연되고 있다는 말은 차마 입 밖에 꺼내지 못하고, 자신의 주특기인 모호한 말만 되풀이하고 있었다. 집주인의 본업은 파산 기업을 매입해서 회생시키는 것이었다. 프로젝트 관리자는 300개 이상의 주문 변경 사항을 제출했는데, 이로 인한 추가 작업은 수백만 달러가 드는 것이었다. 하지만 상사는 프로젝트 관리자에게 공사 일정을 단 하루도 늘려서는 안 된다고 못 박았다. 집주인도 웃으며 받아들이지는 않았을지 모르나, 작업이 80%나 늘어나서 일정이 30% 늦춰진 건 이해할 수 있었을 것이다. 매달 비용이 계속 늘어나고 일정도 계속 밀리고 있다는 보고를 받고 두 팔 벌려 환영하지는 않았겠지만, 적어도 우리가 하는 일의 현실을 이해하고 합리적으로 계획을 조정할 기회가 있었을 것이다. 그렇게 하는 게 의뢰인 본인에게도 이득이었다. 하지만 내 상사는 두려움 때문에 한마디도 하지 못했다. 그래서 매달 사소한 문제가 전면적인 비난과 질책으로 바뀌었고, 상사는 당연히 그 화살을 모두 맞아야 했다.

그 후로 몇 달간 힘든 시간이 계속되었다. 회의가 자주 열렸고 그 여파가 고스란히 느껴졌다. 목공 작업을 맡은 프랑스업체가 일을 끝내지 못하자, 프로젝트 관리자는 업체를 설득해서 공사에서 손을 떼게 하려고 했다. 그는 여러 주 동안 노력했지만 둘의 관계만 악화될 뿐이었다. 업체는 화려한 조각을 새겨넣은 현관문을 바스티유 성에 갇힌 백작인 양 볼모로 잡고는 25만 달러를 주지 않으면 넘겨주지 않겠다고 했다. 아름다운 작업 결과와 대비되는 추악한 결말이었다.

집주인 부부가 이사 들어오기 전날, 상사가 현장에 나타났다. 그는 곧장 나를 찾았다. 사실 9개월 전에 집주인 부부를 대동하고 나를 만났다면 더 좋았을 것이다. 그는 다짜고짜 이렇게 말했다. "여기는 도대체 문제가 뭐야?" 하지만 문제라고 콕 집어서 이야기할 것은 없었다. 작업은 일사천리로 진행되었지만, 사람 간의 소통이 지독하게 부족한 것이 문제였다. 나는 컴퓨터로 가서 월별 보고서를 열었다. "'일정대로 진행할 수 있다는 희망은 다 포기한 상태입니다'라고 보고했죠? 이 말에 조금이라도 애매한 부분이 있습니까?" 그가 뭐라고 변명하든 나는 들을 생각이 없었기에 20분가량 열변을 토했다. 그때까지 살면서 누군가에게 그렇게 화를 내본 적이 없었다. 그는 아무 말 없이 나가버렸다. '이제 이 사람 밑에서 일하는 것은 끝이구나' 하고 생각했지만 나는 개의치 않았다. 프로젝트 부감독자 폴린은 책상 밑에 숨어 있다가 고개를 슬쩍 내밀더니 이렇게 말했다. "무서워 죽는 줄 알았네."

폴린은 항상 옳은 말만 했다.

의도

> "너는 인생을 어떻게 살 거니?"
>
> ―아빠

고전 영화를 보면, 남자가 간절한 마음으로 구혼할 때 상대방 여자의 아버지는 걱정 가득한 얼굴로 이렇게 말한다. "이보게, 젊은이. 내 딸을 데려가서 어쩔 셈인가?" 어떤 영화에서도 이 질문에 솔직하게 대답한 사람은 한 명도 없었다.

인류가 문명화되면서 도덕, 예의범절, 행동 규칙, 법, 처벌과 같은 것이 생겨났다. 이런 요소들은 인간의 거친 충동을 제어하고 사람들이 상호작용할 때 유혈사태가 벌어지지 않도록 막아주는 효과가 있다. 우리는 이미 문명사회의 예의범절에 익숙해져서 속마음을 잘 드러내지 않는다. 이를테면 커피숍에서 바리스타가 "귀리 우유가 다 떨어졌는데 두유로 대체해도 될까요?"라고 물으면 고객은 "네, 괜찮습니다"라고 대답하지만, 마음속으로는 '커피숍에서 기본적인 재료도 제대로 안 갖춰놓은 거야? 이 멍청한 자식아, 재고가 얼마나 남았는지 확인하는 건 기본이잖아' 하고 신랄한 비난을 퍼부을 것이다. 나도 내가 좋은 사람이라고 생각하고 싶지만, 솔직히 그렇게 말하기는 어렵다. 상대방에게 상처를 주지 않았고 속으로라도 나쁜 말을 했을 거라고는 상상조차 안 하겠지만, 내 어깨는 살짝 구부러지고 표정은 굳고 목소리도 조금 달라졌을 것이다. 어쩌면 그 바리스타도 내가 말과 마음이 다르다는 것을 눈치챘을지 모른다. 하지만 나만 이렇게 사는 것은 아닐 것이다.

나이를 먹으면 한 가지 좋은 점도 있다. 내면세계는 물론이고 외부의 주변 환경에서 벌어지는 일 중에서 내 의도대로 되는 게 없음을 깨닫는 것이다. 도덕이나 분노 등은 내 의지에 의해 만든 것이 아니다. 사실 이 세상에 존재하는 것 중 내 의지로 만든 것은 거의 없다. 그런데도 매일 시끄럽고 힘든 내면의 갈등을 겪는다. 이는 좋지도 나쁘지도 않다. 내가 일부러 그렇게 만든 것이 아니기 때문이다. 갈등은 내가 뭔가 하고 싶다고 생각하는 순간부터 시작되는 것 같다.

"오늘 밤에는 데이트 상대에 대해 모든 것을 알아낼 거야. 우리가 서로 잘 맞는지 제대로 알고 싶어"라는 것은 의도나 의지에 속한다. 데이트 장소로 막 출발하려는데 상사에게 전화가 와서 불편한 대화가 15분 가까이 이어지면 어떨까? 드레스룸의 탁자 상판에 긁힌 자국이 있어서 고객이 노발대발한다는 내용이다. 아마 데이트 내내 이 직업이 얼마나 힘들며 고객이 얼마나 말도 안 되는 요구를 하는지 불평불만을 늘어놓을 것이다. 게다가 '작업 완료, 도구 사용 금지'라는 표지판을 분명히 설치해두었는데 인부들은 왜 표지판을 확인하지 못했는지 원망할 것이다.

그럴 확률은 높지만, 절대적인 것은 아니다. 의도를 놓치지 않으려고 계속 생각하거나 소리 내어 혼잣말을 할지도 모른다. "내 의도와 관련해서 지금 내가 할 일이 뭐지?" 항상 그런 것은 아니지만 때때로 연습을 통해 자신이 의도했던 바와 멀어졌음을 깨닫고 경로를 재정비할 수도 있다.

여름 규칙

건축업계 종사자로서, 다른 사람들의 생활 환경을 너무 힘들게 만드는 주범이 된다는 사실은 매우 안타깝다. 일단 우리가 남의 집에 들어가면, 몇 달씩 먼지와 소음이 발생하고 엘리베이터 사용이 불편해지며 집 안팎은 아수라장이 된다. 그러니 공사 인부를 직원용 출입구로 들이는 것은 큰 자비를 베푸는 셈이다. 공간이 그들의 가치를 정한다는 이미지를 앞세운 거대 건축 산업이 아니고서는 누구든 일꾼을 집에 들어오게 허락할 리 없다. 화려하고 비싼 잡지에서는 이러한 이미지를 아름답게 포장하여 사람들의 마음을 현혹한다. 잡지에는 주로 세 가지 이미지가 반복적으로 등장한다.

1. 탁 트인 전망을 자랑하며 도심에서 흔히 볼 수 있는 고가의 초고층 건물
2. 바닷가의 바람이 잘 통하고 소박한 느낌을 주는 집
3. 유럽인들이 선호하는 스타일로 집을 둘러싼 정원이 있고 한쪽에 돌담이 세워진 집

이 중 하나만 갖추어도 상위층에 진입한 것이다. 만약 세 가지

요건을 다 갖추었다면, 상위층에 안착했다고 볼 수 있다. 다만 이 조건은 상위층 중에서도 가장 낮은 단계를 가리킬 뿐이다. 그보다 윗단계에는 섬을 가진 사람, 해변에 호화로운 사유지를 보유한 사람, 헬리콥터와 침대를 갖춘 요트가 있는 사람도 있으며, 이 모든 것은 막대한 부를 제대로 관리할 줄 모르는 응석받이 자녀들에게 고스란히 상속된다.

그렇다면 고급 건물 소유주가 인부들을 건물에 들여보내는 이유는 무엇인가? 직원용 출입구에 대기하고 있는 어중이떠중이들이 위 목록의 1번을 실현해줄 수 있기 때문이다. 어떤 의뢰인은 실제 공사 과정에 가까이 가지 않으려고 디자인 팀과 소유주 대리인을 따로 고용한다. 이는 과장이 아니다. 리노베이션 공사 기간에는 인부들을 위해 임시 화장실을 열두 개가량 따로 마련해놓고, 공사가 끝나면 철거한다. 인부들이 사용한 화장실은 아무리 강한 약품으로도 소독할 수 없다고 생각하는 모양이다.

인간의 끔찍함을 가리키는 표현은 매우 다양하다. 공급업자가 재력이 있으면 우리는 '속물'이나 '압제자'라는 표현을 쓴다. 별로 돈이 많지 않으면 '제거 대상'이라든가 '골칫덩이'처럼 더 센 표현이 등장한다.

사람은 자기와 비슷한 사람과 함께 있을 때 가장 편안하다고 느끼며, 이 점은 건축일을 하는 사람들을 매우 씁쓸하게 만든다. 건축 현장의 인부는 공사를 의뢰한 고객과 외모나 행동이 전혀 다르고 말도 통하지 않을 정도로 다른 부류의 사람처럼 보인다. 포틀랜드에서는 의뢰인과 공사 인부가 비슷해 보이겠지만, 파크 애비뉴에서는 차이가 매우 크다. 파크 애비뉴 시민들에게 건축 인부는 부유하고 교육 수준이 높은 영화 주인공과 대비되는 범죄자나 갱단원처럼 보일 것이다. 쉽게 말해서 의뢰인은 우리 같은 사람을 조금 무서워하며, 자기 집에 인부들이 들어와 있는 것을 불편하게 여긴다. 그래서 의심하거나 경계하는 눈빛을 숨기지 못한다.

한번은 공사 인부들이 니먼 마커스의 스웨터가 들어 있는 택배를 훔쳤다고 의뢰인이 의심한 일이 있었다. 나는 그럴 리 없다고 해명하느라 진땀을 뺐다. 인부들은 그 브랜드가 뭔지도 모르는데, 의뢰인은 좀처럼 의심을 거두지 않았다. 또 한번은 위층 공사를 시작하기 전에 찍은 사진을 가지고 아래층 거주자의 아파트를 점검한 적이 있다. 공사 인부들이 발을 들이기 전에 그 집 크라운 몰딩에 이미 금이 간 상태였다는 것을 사진으로 입증했는데도 집주인은 집 전체를 수리하고 새로 페인트칠을 해야 하니 비용을 전액 부담하라고 요구했다. 경찰, 소방서, 변호인단, 퇴직한 연방법원 판사까지 공사 현장에 찾아왔다. 그들은 거주민들의 불만 접수가 계속되면 어쩔 수 없이 공사를 중단시킬 수밖에 없다며 으름장을 놓았다. 그런 취지의 통지서가 여러 번 날아들었다. 의뢰인이 공사 현장 인부의 이름을 알고 있는 경우는 매우 드물었다. 어떤 의뢰인은 현장을 맡은 내 이름조차 기억하지 못했다.

반대로 현장 인부들에게 파크 애비뉴 주민들은 교활하기 짝이 없는 사기꾼처럼 보였을 것이다. 노동자 계급이 주인공으로 나오는 영화에 나오는 것처럼 말이다. 우리는 그들의 체구가 마르고 힘없어 보이는 것, 향정신성 의약품에 의존하며 살아가는 것,

결혼 생활이 파탄으로 끝나는 것, 아이들이 버릇없고 제멋대로인 것을 마음껏 비웃었다. 지금까지 만난 의뢰인 중에 내 아이들을 믿고 맡길 보모를 고르라고 하면, 두세 명밖에 없을 것 같다.

대부분의 경우 양측 모두 계급의 분열을 그대로 유지하려고 한다. 서로 알아보려는 노력도 하지 않은 채 거리를 두는 것은 안타까운 일이다. 내가 이 일을 좋아하는 이유 중 하나는 사람들과 함께 작업할 때 놀라울 만큼 화합과 조화가 이루어지기 때문이다. 다른 곳에서는 서로 적대시할지도 모르겠지만, 일단 건축 현장에 자주 오면 사회적 계급에 차이가 있어도 친하게 지내는 방법을 배운다.

이 일을 통해 '나와 결이 비슷한 사람'에 대한 생각의 폭이 크게 넓어졌다. 내가 호감을 느꼈던 의뢰인은 손에 꼽을 정도인데, 그들은 모두 현장을 자주 와서 인부들과 그들의 일에 따뜻한 관심을 보였다. 서로를 잘 알려고 노력할수록 그 인간관계는 발전하며, 서로 더 친절하게 대한다. 하지만 사람들은 기존의 생각을 고집하기 때문에 불친절하고 야박한 태도를 버리지 못한다.

‡

약 20년 전, 도시 협동조합 위원회는 집주인과 리노베이션 작업자가 서로 마주치지 않도록 한 가지 좋은 아이디어를 내놓았다. 건축과 무관한 분야에서 인정받는 전문가들로 구성된 이 위원회는 능력 없는 사람들이 먹고살려면 공구를 잘 다룰 수밖에 없다는 가정을 기반으로 하며, 건물을 짓는 것이 누워서 떡 먹기라고 생각했다. 그래서 '도급업자 문제'에 대한 가장 확실한 해결책은 미국 현충일(5월 27일—옮긴이)부터 노동절(매년 9월 첫 번째 월요일—옮긴이)까지 사람들이 휴가를 떠난 사이에만 건물 리노베이션을 진행하는 것이라고 정해버렸다.

이 방안이 적용된 후로, 부유한 집주인들이 여름휴가를 위해 나들이옷을 차려입을 때 건축 현장 인부들은 잭 해머를 꺼내 들고 뉴욕에서 가장 호화로운 지역의 건물을 수리하느라 3개월간 땀을 뻘뻘 흘렸다. 그러고 나면 시어서커(seersucker, 세탁하기 편하고 다리지 않아도 되어 여름용 옷이나 파자마 등에 널리 쓰인다—옮긴이)가 소모사로 대체되는 것처럼, 도급업자들은 트럭에 짐을 싣고 떠나는 것으로 그해의 일을 마무리했다. 리노베이션 현장이 어떤 상태인지는 더는 그들의 관심사가 아니었다.

간단히 셈해봐도 2년 안에 끝날 1500만 달러짜리 리노베이션 공사가 새로운 방식 때문에 8년이나 걸릴 수 있었다. 위원회에서도 이 점에 난감해했다. 다시 한번 말하지만, 위원회의 해결책은 평범한 수준이었지만 특이한 요구 사항이 많았다. 대다수 건물의 경우 리노베이션 공사는 최대 4년을 넘길 수 없었다. 여기에 더해 일부 공사는 압축공기 공구와 회전식 해머의 사용을 전면 금지하거나, 모든 배관을 황동 나사산(threaded brass)으로 재배열하게 했다. 후자의 경우 배관공이 건물을 너무 자유롭게 헤집고 다니지 못하게 하려는 의도였을지도 모른다. 도급업자는 가끔 바퀴벌레가 되어 미로를 헤매는 카프카식 꿈을 꾼다. 길을 찾으려고 노력할수록 미로는 더 복잡해지고 출발점을 떠날 때마다 흰 가운을 입은 의사의 손에 다리가 하나씩 잘려 나간다. 이런 꿈을 꾸면 온몸이 땀에 젖어 괴로워하다가 깬다. 하지만 협동조합 위원회 입장에서 이는 합리적인 요구이며, 새 소유주가 불만을 터뜨려도 위원회의 생각을 바꿀 수 없다. 그도 그럴 것이, 위원회에 소속된 사람들은 대부분 리노베이션이 이미 끝난 아파트에 살고 있기 때문이다.

그러고 보니 13년 전에 만난 부부가 떠오른다. 잘 어울리는 한 쌍이었다. 남편은 정중하지만 날카로운 태도를 유지했고, 수천 달러짜리 구두를 신고도 지저분한 공사장을 아무렇지 않게 돌아다닐 정도로 소탈했으며, 과묵했지만 상대를 체계적으로 궁지로 모는 변호사로서의 빈틈없는 재능을 숨기지 않았다. 한마디로 보통내기가 아니었다. 그의 아내는 굽이 높지 않은 명품구두를 신고 머리를 한껏 부풀려서 둥글게 올리는 등 한 치도 흐트러짐이 없는 모습이었다. 안목이 세련되고 눈썰미가 좋은 데다 품위 있게 행동했다. 한마디로 전문가 수준의 안목이 있으면서도 상대방을 배려할 줄 아는 사람이었다. 이 일을 하면서 그들처럼 우리가 하는 일의 가치를 이해하고 칭찬해주는 사람을 만나기란 쉽지 않다. 고마운 마음에 공사에 기울이는 관심과 노력을 두 배로 늘렸다. 참고로 이 부부와 정반대로 행동하는 고객에게는 이와 반대로 대응할 것이라고 경고하고 싶다.

이렇게 이스트 72번가에서 280㎡ 주택의 리노베이션 공사를 진행했는데, 총 계약금은 약 530만 달러였다. 일반적으로 10개월은 족히 걸릴 일이었지만 우리는 3개월 만에 공사를 끝냈는데, 공사 규모를 생각하면 상당히 놀라운 일이었다. 프로젝트를 처음 맡았을 때는 '믿어지지 않아. 프로젝트 하나가 100만 달

러라니 말이야'라고 생각했는데, 요즘에는 주방이나 계단 공사
만 해도 그 정도 비용을 받는다. 내가 강조하려는 것은 뉴욕 지
역 의뢰인의 기대치나 요구 조건이 까다롭기로 유명한데, 우리
는 이번 아파트 공사를 무려 세 배나 빨리 끝내야 했다는 점이
다. 10년 후에는 이 금액이 우습게 보이겠지만 공사의 난도는 달
라지지 않을 것이다. 공사 규칙은 논란의 여지 없이 분명했다.

1. 미국 현충일 전에는 아파트에 관리자 외에 아무도 출입할
수 없다.
2. 소음이 큰 작업은 노동절까지만 허용한다.
3. 페인트 작업과 실내장식 작업은 가을까지 2개월 정도 진행
할 수 있다.

공사 기한을 맞추기 위해 전담팀을 꾸렸다. 가구는 목공소 다
섯 곳에 의뢰했다. 바닥 공사 업체 두 군데, 석고 작업에 두 팀,
대리석 제작업체 세 곳 등 여러 업체를 섭외했다. 측정, 제작, 설
치 등 모든 작업을 제시간에 하려면 일손이 넉넉해야 한다고 생
각했다. 나는 조수를 데리고 일찌감치 현장에 나가서 배치, 도
안, 선주문 등 할 수 있는 작업은 무엇이든 진행했다. 기본 벽조
차 아직 세워지지 않았는데 벽에 설치할 것들을 정해서 시공상
세도를 제출, 수정하여 작업 승인까지 받아놓았다.
미국 현충일이 지난 후에 철거 작업을 할 인부 20명이 현장에
도착했다. 철거 작업은 일주일밖에 걸리지 않았다. 예전 모습은
흔적조차 찾아볼 수 없었다. 인부들이 철거 작업 후에 잔해를 모

두 치워주었다. 바로 다음 주에 또 다른 인부 20여 명이 각종 공구와 바탕 바닥, 스터드를 가지고 나타났다. 우리는 일에 박차를 가했다. 조수와 내가 천장과 바닥에 분필로 선을 그으면 목수들이 곧바로 벽과 문 개구부, 옷장, 벽감을 만들었고, 그에 필요한 목재와 석조 작업도 거의 실시간으로 진행되었다. 그리고 나면 배관공, 전기공, HVAC 업자 등 겉으로 드러나지 않는 부분을 처리할 기술자들이 등장했다. 이들이 사용할 장비는 미리 다 주문해둔 터였다. 매일 새로 도착한 장비를 화물용 승강기로 나르는 모습을 볼 수 있었다.

이 세상은 사실 아주 작은 봉토(봉건 시대에 영주가 노동자에게 빌려주던 땅—옮긴이)들로 구성되어 있다고도 말할 수 있다. 차량 관리국 직원, 세무서 직원, 교통경찰, 국경 관리 요원은 관할구역을 벗어나면 입김이 약해지지만, 관할구역 내에서는 최고의 권력을 행사한다. 화물용 승강기를 운영하는 사람들은 항상 졸음이 가득한 종족들이다. 언젠가 신경과학자들은 여기저기 돌아다니도록 설계된 뇌가 엘리베이터의 수직이동에 악영향을 받는다는 사실을 발견할지도 모른다. 승강기 운영자는 사람들에게 보이지 않지만, 누가 올라가고 내려갈지 판단하는 유일한 중재자다. 불친절하고 변덕스럽고 불공평하다며 이들을 싫어하는 사람도 있지만, 운영자와 친해지는 편이 여러모로 낫다. 이것이 자신에게도 좋은 수련이 될 수 있다. 사람은 누구나 자신의 약점을 덮을 수 있는 장점이 있으며, 그 장점을 높이 사주는 사람을 만난다. 또한 사람마다 숨겨진 역량과 개인사가 있다. 이런 것 하나를 찾아내어 진지하게 물어보고, 깔끔한 봉투에 100달러 지폐 여러 장을 넣어서 내밀면 새로운 동지를 얻을 수 있다.

여름은 금방 지나가버렸다. 시곗바늘이 재깍거리며 돌아가는 소리가 귀에 들리는 것 같았다. 가끔 남편은 업무차 도심을 방문했는데, 그럴 때면 현장에 와서 작업 진행 상황을 보고 감탄을 내뱉었다. 그는 돌아가기 전에 매번 똑같은 질문을 남겼다. "이 공사가 잘 끝나겠죠?" 나는 물론 그렇다고 말하고 싶었지만, 함부로 장담할 수 없었기에 꾹 참고 대답하지 않았다. 잘될 거라고 장담하기에는 생각할 문제가 너무 많았다. 최종 결정은 건물 관리인의 손에 달려 있었고, 아직 불안한 요소는 많았다.

지금까지 내가 맡은 모든 공사 중에 가장 무탈했던 프로젝트였다. 우선 함께 일한 건축가가 매우 협조적이었고, 빡빡한 공사 일정도 잘 이해해주고 신속하게 진행해주었다. 때로는 현장에서 건축가 없이 내가 어떤 결정을 빨리 내려야 할 때도 있었다. 하지만 예전에 다른 프로젝트를 함께해본 경험이 있어서 그런지, 건축가는 내 결정을 믿고 따라주었다. 그리고 하청업체는 내가 요청하는 대로 차질 없이 인력을 공급해주었고, 인부들도 모두 성실하게 일해주어 목표량을 채울 수 있었다. 심지어 건물 관리인도 우리 편이었다. 협회장과 건물의 거주민 관리인도 종종 와서 현장을 둘러보고는 수고한다는 말로 격려해주었다. 공동 작업을 해본 사람이라면 이렇게 많은 사람이 의견 대립을 겪지 않고 조화롭게 일하는 것이 매우 이례적임을 잘 알 것이다. 그래도 아직 안심하기는 일렀다.

공사 기한이 겨우 2주밖에 남지 않았는데 상황이 암울해졌다. 모든 작업이 마무리 단계이긴 했지만, 분야마다 남은 작업이 산더미였다. 나는 남은 공정을 아주 세세하게 정리해보았다. 남은 열흘 동안 해야 할 일이 1000가지가 넘었다. 인부를 50명으로 늘려도 한 명이 하루에 두 가지 일을 반드시 끝내야만 했다. 나는 오후 내내 공정 목록을 보며 각각의 업무를 누구에게 맡길지 결정하고, 상사에게 전화를 걸어서 지원을 요청했다.

월요일에 상사는 나의 동료이자 감독 업무를 해줄 사람을 둘이나 데리고 등장했다. 두 사람은 각자 맡은 프로젝트에 소속된 인부를 열 명씩 데리고 와주었다. 더 많이 데려올 수 있다면 좋았겠지만, 그것이 최대였다. 아무튼, 덕분에 현장 인력이 54명으로 늘어났다. 우리는 일주일 내내 쉬지 않고 일했고, 남은 작업량의 40%를 완료했다.

또다시 월요일이 되었다. 상사는 티셔츠와 청바지 차림으로 현장에 출근했다. 자신도 일손을 보태겠다는 뜻이었다. 그리고 인부 다섯 명을 더 데리고 왔는데, 그들은 현장 질서 유지를 맡았다. 얼마 지나지 않아서 목수 다섯 명이 더 추가되었다. 하청업체마다 일주일간 인력을 최대한 늘려달라고 요청했다. 다행히 하청업체들은 빠르게 대응해주었다. 나흘 동안 280㎡의 공간에 72명의 인부가 각종 공구와 자재, 장비를 들고 돌아다녔다. 37°C에 육박하는 더운 날씨에도 공동의 목표를 위해 모두가 한마음으로 일했다. 총책임자가 직접 소매를 걷어붙이고 인부들과 함께 일하자 다들 사기가 높아졌고 동료 의식으로 똘똘 뭉쳤다. 합판 한 장 넓이의 좁은 작업 공간에서 일하면서도 큰 문제가 없었다. 내가 맡은 일은 남은 공정 업무 목록을 관리하는 것이었다. 새로운 일이 생기면 목록에 추가하고, 잘 끝났다고 확인된 일은 목록에서 지웠다. 맡은 일을 힘들어하는 사람은 쉬운 일로 바꿔주고, 기존 작업은 잘해낼 수 있다고 자원하는 사람에게 넘겼다.

목요일 저녁에 위원장과 입주민 관리인이 찾아왔다. 이런 분야를 잘 아는 사람이 아닌 이상, 살면서 그런 아수라장은 처음 보았을지 모른다. 먼지를 잔뜩 뒤덮어 쓰고 온몸이 땀범벅이 된 인부들이 사방에 가득한 모습은 가시덤불로 뒤덮인 광야를 떠올리게 했을 것이다. 사방에 먼지가 쌓여 있고 공기 중에도 떠다니는 먼지가 눈에 보였다. 쓰레기통을 들고 다니며 공사 잔해를 치우는 사람들도 많았다. 방마다 한중간에는 온갖 자재가 산더미처럼 쌓여 있었는데, 그렇게 해야 작업자들이 벽 근처 공간에서 일할 수 있었다. 총책임자와 내가 작업자들 사이에 뒤섞여 알아볼 수 없었기에, 두 사람은 책임자를 불러달라고 했다. 우리를 찾는다는 말을 전해 듣고 로비 반대편으로 그들을 찾아갔다. 총책임자는 "무엇을 도와드릴까요?"라고 물었다.

"최종 점검을 하러 왔습니다. 보아하니 이 현장은 폐쇄해야 할 것 같군요. 공사가 전혀 진행된 것 같지 않아요." 나는 얼른 목록을 확인했다. 남아 있는 작업은 총 43개였다. 나는 두 사람이 보지 못하게 목록을 뒤집어놓고 이렇게 말했다.

"두 분이 너무 일찍 오신 겁니다."

"그렇긴 하죠. 하지만 좀 심각해 보이는데…"

나는 중간에 끼어들어 말을 끊어버렸다.

"아직 공사 일정은 24시간이나 남아 있습니다. 노동절이 최종 마감일이니까요."

건물 측에서는 하루에 7.5시간만 작업할 수 있다고 규정했으므로 내 말에는 과장된 부분이 있었다. 하지만 두 사람은 내 말이 무슨 뜻인지 알았다고 했다.

"내일 오후 4시에 다시 오세요. 그때가 마감 시간이잖아요."

둘은 어쩔 수 없다는 듯이 어깨를 으쓱하더니 내일 다시 오겠다며 돌아섰다. 미심쩍어하는 표정이 역력했지만 달리 반박할 수도 없었을 것이다.

총책임자와 나는 작업 목록을 다시 꺼내보았다. 남은 작업을 배정할 인력은 충분했다. 우리는 인부들을 불러 모은 다음, 이튿날에 해야 할 일을 미리 알려주면서 하루 안에 끝낼 수 있겠냐고 물어보았다. 두세 명이 자신 없다고 해서 인력을 더 늘려주거나 다른 인부와 업무를 바꿔주었다. 총책임자를 포함해서 모든 인부에게 청소도 꼭 해달라고 부탁했다. 인부 두 사람이 가까운 철물점에 뛰어가서 청소도구를 사 왔다. 그런 다음 모두 퇴근했다.

마지막 날은 한마디로 꿈같았다. 하늘도 도왔는지 기온은 26°C 정도로 아주 적당했다. 오전 내내 작업자 두 명이 현장 곳곳을 돌아다니면서 생수, 커피, 샌드위치 등 사람들이 먹고 싶어 하는 것을 주문받아서 사다 주었고, 비용은 전액 상사가 부담했다. 43명의 기술자가 개별적으로 작업했으며, 일이 끝나면 즉시 나에게 알려주었다. 그들은 자기 일이 끝나면 제 공구를 화물용 엘리베이터에 싣고는 현장을 빠져나갔다. 벽에 못질해서 고정한 것 외의 모든 물건은 청소부 25명의 손에 깨끗이 치워졌다. 나는 작업 목록을 계속 확인했고, 총책임자는 직접 빗자루를 들고 청소에 뛰어들었다. 오후쯤 되자 현장은 몰라볼 정도로 깨끗해졌다. 믿기 힘든 장면이었다.

드디어 4시에 초인종이 울렸다. 상사와 내가 문을 열어주었다. 우리 둘은 먼지를 뒤집어쓴 상태였고, 아파트 안에는 작업자가 열 명만 남아 있었는데, 이미 일을 끝내고 공구 등을 챙기는 중이었다. 자재나 작업 잔해는 모두 치워서 바닥은 깨끗했다. 모든 방도 작업을 마친 상태였다. 싱크대와 조명은 바로 사용할 수 있었고, 문과 몰딩 설치 작업도 끝난 상태였다. 사실 총책임자도 나도 공사가 끝난 집을 제대로 둘러볼 시간이 없었다. 페인트칠과 도배 작업 외에는 모든 작업이 완료된 상태였다. 위원장과 건물 관리인은 우리와 함께 모든 방에 들어가서 조명 스위치나 수도꼭지 등이 제대로 작동하는지 일일이 확인했다. 둘 다 말수가 없었다. 이따금 "오케이"나 "좋네요. 잘 작동하는군요"라는 말만 되풀이했다. 이윽고 현관 쪽으로 발길을 돌리더니 위원장을 바라보며 물었다. "합격입니까?"

"네, 합격입니다."

위원장은 우리 두 사람을 번갈아 쳐다보더니 "좋습니다. 통과하셨어요. 수고가 많으셨네요"라고 말했다. 두 사람은 우리와 악수를 한 후에 돌아갔다. 총책임자는 지쳐서 제대로 고개도 가누지 못했다. 얼굴도 먼지와 검댕이 묻어서 엉망이었지만 옅은 미소를 짓고 있었다. 그는 내 어깨에 손을 올리며 이렇게 말했다.

"페인트 작업할 사람을 좀 불러주겠소? 나는 이제 가서 좀 쉬어야겠어."

"물론이죠. 화요일에 오라고 하겠습니다. 저도 이제 퇴근해야겠네요."

"노동절 잘 보내요. 푹 쉬면 좋겠네요."

"그래야죠. 편히 쉬세요."

우리는 악수를 하고 각자 집으로 돌아갔다.

매일 현장으로 출근해서 규칙이 수백 가지는 넘는 복잡한 게임을 한다. 어떤 규칙은 예전 규칙의 허점에서 발생한 위험을 해결하려고 만들어진 새로운 건축 규칙이고, 어떤 규칙은 도급업자가 의뢰인의 비현실적인 기대에 부응하기 위해 잔뜩 겁을 먹은 채 새로운 시도를 하려고 만든 규칙이다. 오랜 세월이 흐르며 사람들의 취향이 달라지면서 훼손된 도시의 역사를 보존하기 위해 만든 규칙도 있고, 건축위원회가 건축업자들의 참견으로부터 자기를 보호하려고 만든 규칙도 있다. 본래 이 게임에는 100% 승리하는 사람이 없다. 그러나 아주 드물게 별들이 한 줄로 나란히 정렬하는 것만큼 불가능한 일이 발생하기도 한다.

7장

역량

"애야, 넌 착하니?"
—사랑스러운 회의론자

내 직업과 관련하여 괜찮은 수준에 도달했다고 느끼기까지 약 20년이 걸린 것 같다. 계산해보면 약 4만 시간이 걸린 것인데, 이 정도면 학습 속도가 상당히 느린 편이다. 그리고 지금처럼 여러 분야의 일을 두루 섭렵하고 건축 재무나 고객 관리 업무를 익히는 데까지는 20년이 더 걸렸다.

20년 전에는 자재, 방법론, 원리, 목공업이라는 직업의 한계 등을 폭넓게 파악하고 있기에 내가 목공 일에 꽤 유능하다고 자부했다. 만약 누군가가 양쪽 방의 벽처럼 보이도록 두 가지 마감재를 사용해서 비밀 회전문을 갖고 싶다고 하면, 나는 자신만만하게 만들어주겠다고 했을 것이다. 반면 탄소 섬유 및 스테인리스 스틸로 회전식 발코니를 만들고 광섬유 조명을 달고 싶다는 고객이 오면 다른 데를 알아보라고 했겠지만, 20년이 지난 지금은 "물론 가능합니다. 원하시는 대로 해드릴게요"라고 말할 수 있다.

어떤 일이든 역량을 갖추는 것은 기쁘고 편안하지만 영구적으로 지속되는 것은 아니다. 나도 몇 가지 분야에서 일정 수준의 역량을 갖추었다. 음악을 배우려고 노력한 게 총 55년인데, 특히 기타는 47년간 계속 연습하고 있다. 이제 기타를 연주하면 "아주 마음에 들어!"라든가 "이 부분은 짧지만 창의적인 연주였어!"라고 스스로 감탄할 정도는 되었다. 진정한 성취감과 만족감을 동시에 맛볼 수 있다. 남들에게 쉬워 보일지 모르지만, 보이지 않는 엄청난 노력이 따라야 가능한 일이다.

그럼에도 불안은 내가 추구하는 모든 것에 스며 있다. 마흔이 되자 목표가 아주 뚜렷해졌다. 각종 공과금을 내고, 아이들을 키우고, 내가 감당할 수 있는 범위 내에서 즐겁고 생산적이고 만족스러운 삶을 누리면 된다고 생각했다. 이제 내 나이 예순이 다 되어간다. 아이들은 다 컸고, 결혼 생활은 끝났다. 경력만 보자면 예전의 어느 때보다도 탄탄한 기반을 갖추고 있다. 아이디어도 얼마든지 낼 수 있다. 지금까지 배운 모든 것을 잘 활용하면 생전 처음 해보는 일도 겁나지 않을 정도다. 역량만 믿고 편하게 지내려고 할 것이 아니라 계속 성장하기 위해 노력할 때다.

하지만 잠시 멈추어 역량을 통해 배운 몇 가지 교훈을 잠시 정리해보는 것도 괜찮을 것 같다.

선생님

"네가 지루하다고 느끼는 건 쉴 새 없이 떠드는 네 입 때문이야."
—중학교 프랑스어 과목의 칼린 선생님

이 세상은 거꾸로 돌아간다. 남의 글이나 말을 그대로 베끼는데도 외모만 호감형이면 분에 넘치는 관심을 받고 엄청난 돈을 벌어들인다. 그런가 하면 이런 유명인을 인터뷰하거나 카메라 앞에서 오열하게 만들거나 별것 아닌 비밀을 털어놓게 해서 돈을 버는 사람도 있다. 유명인들이 사소한 정보를 또 흘려주기를 바라면서 목을 빼고 기다리는 사람도 있고, 컴퓨터 괴짜들이 뒤늦게 끌어들인 거대한 적들과 벌이는 싸움판을 구경하기도 한다. 한편 학창 시절을 돌이켜 보면, 박봉에 시달리던 선생님들이 교실 칠판지우개까지 사비로 샀던 건 아이들이 집중한다면 실수는 너그럽게 봐주거나 고칠 수 있다는 희망을 갖고 있었기 때문이었다.

그런데 여기서 한 가지 질문이 생긴다. 실수를 어떻게 고친다는 걸까?

실수를 고치려면 문제의 구성 요소와 원인을 점검하고, 실행 가능한 여러 가지 해결 방안을 비교, 분석한 후 이를 적절히 시행하는 데 필요한 이해력을 가진 사람이 있어야 한다. 내가 종사하는 건축/목공 분야에서는 경험 많은 사람이 이 세 가지 단계를 혼자 처리할 수 있다. 그게 바로 내 업무다. 책상에 청사진이 올라오면 나는 그것을 들고 주소지를 찾아가서, 나라면 결코 저지르지 않을 수많은 오류를 찾아내는 데 몇 년씩 보내곤 한다. 실수처럼 보이지만 사실은 아무런 문제가 없는 것도 있으므로 구분할 줄 알아야 한다.

우리 시대에 가장 시급한 것은 과거의 오류를 바로잡는 것이다. 모든 게 정상이고, 전문가들이 문제를 주시하고 있으며, 가장 시급한 문제를 해결할 시간도 충분하다고 상상하는 사치를 더는 누릴 수 없다. 그러나 이런 문제는 한 사람이 처리하기에는 너무 까다롭고 복잡하다. 설계자와 엔지니어는 기술자 및 사용자와 소통해야 하는데, 이때 각 집단의 전문성과 경험을 존중해야 한다. 이를 소홀히 하는 바람에 우리 업계에서 많은 문제가 발생한다. 또 다른 골칫거리를 만들지 않으려면 상대방을 대하는 태도를 주의해야 한다.

기후 변화를 멈추고 싶다면 에너지 생산과 전달, 건축, 농업, 운송, 규제, 정치 담론 등 모든 분야에 대대적인 변화가 필요하다. 하지만 우선순위를 바꾸지 않는 한 대대적인 변화는 기대하기 어렵다. 한쪽에서 열심히 해결책을 마련해도 다른 쪽에서 이를 적극적으로 반대한다면 밑 빠진 독에 물 붓기일 뿐이다.

이래서 교육이 필요하다. 말만 학교지 사실상 아이들에게는 감옥과 같은 곳에서 오전 8시부터 오후 3시까지 진행되는 교육을 말하는 게 아니다. 육아, 전문적인 멘토링, 친밀감, 설계자를 위한 현장 실습, 기술자에 대한 이론 교육 등 모든 분야에서 이루어지는 갖가지 형태의 교육을 말하는 것이다. 교사는 어디서나 쉽게 구할 수 있지만 좋은 교사를 찾기란 쉽지 않으며, 가치를 제대로 인정받지 못하는 안타까운 현실이다.

우리는 엉뚱한 사람을 영웅시하며, 특히 도움이 절실히 필요한 시기에 그런 실수를 저지른다.

‡

최근에 F-35 통합타격전투기(Joint Strike Fighter) 프로그램에 관한 글을 읽었다. 100년 전이라면 이렇게 느려터지고 덩치만 큰 고철 덩어리에 미 국방부가 2021년 시세로 환산할 때 1조

5000억 달러를 쏟아부었다는 점이 믿기지 않을 것이다. 현재의 돈 가치로 따져도 어마어마한 금액이다. 지금은 비용이 얼마나 들어가는지 별로 중요하지 않다. 그보다는 적들보다 우리가 더 큰 살상력을 갖춰야 하며, 살상 행위를 자동화해서 양심의 가책을 줄일 수 있다면 더 좋다고 본다.

F-35는 이런 요건에 하나도 부합하지 않았다. 우선 F-35의 큰 문제는 무게였다. 빨리 날아도 '보이지 않는 망토'를 쓸 수 없었다. 게다가 너무 덥거나 추우면 오작동을 일으켰다. 도피 비행을 하고 나면 제어할 수 없는 상태가 되어버렸다. 그래서 문제가 발생할 때마다 엔지니어들이 한자리에 모여서 문제를 식별, 분석하고 해결책을 마련했다. 하지만 이들은 비행기를 타본 적이 한 번도 없었다. 지금은 국내용 비행기 몇 대가 제작되어 있으며, 나머지는 관심을 보이는 다른 나라의 고객들을 위해 쇼룸에 전시돼 있다. 이 나라가 이런 식으로 우리의 안녕을 돌볼 수 있을 만큼 창의적이고 명민한 사상가들을 배출한 것은 정말 대단한 일이다.

생명을 보존하는 데는 생명을 파괴하는 것과 같은 수준의 국가적 투자가 필요할 것이다. 1조 5000억 달러는 전국의 모든 고등학교 졸업반 학생을 4년간 MIT에서 교육할 수 있을 만큼 큰돈이다. 하지만 MIT는 학생들을 다 받아주지 않는다. 이 학교는 매우 까다롭게 신입생을 선발한다. 물론 고등학교 졸업반 학생들도 대부분 MIT 따위는 관심 없을 것이다. 제대로 된 칠판지우개도 없는 학교 선생님들 밑에서 교육받으면서 배움에 대한 흥미를 잃은 지 오래되었기 때문이다. 그래도 적국에 대해 느끼는 위협을 제거하는 것만큼이나 대중을 교육하는 일을 중시한다면 이 나라가 어떻게 달라질지 상상해보는 것은 꽤 흥미로운 일이다.

나는 고등학교 과정을 마친 이후로 교육에 거의 돈을 들이지 않았으며 그 점을 매우 감사하게 여긴다. 사실 돈을 벌면서 새로운 것을 배운 적이 더 많았다. 학교 생활은 지루했고, 과제를 왜 해야 하는지 알 수 없어서 답답했다. 하지만 인생을 살면서, 특히 일을 배울 때는 누구보다 열심히 노력했다. 지금은 배우는 것이 즐겁고 쉬우며, 나를 가르쳐줄 선생님을 어디서든 찾을 수 있다. 내가 하는 일에는 항상 익혀야 할 새로운 기술, 알아야 하는 혁신적인 자재, 더 정확하고 효율적인 작업 방식이 있으며, 기꺼이 가르쳐줄 사람도 있다. 거의 매일 생각지도 못했던 새로운 것을 배우곤 한다. 마찬가지로 오래전에 배운 기술을 하루가 멀다고 연습하는데, 누가 언제 가르쳐주었는지 기억이 생생하다. 나는 감사하는 마음이 저절로 우러나지는 않는 편인데, 일을 배우면서 감사하는 태도도 함께 배웠다.

열심히 배우려는 사람을 가르치는 것은 즐거운 일이다. 많은 아이가 학교를 싫어하는 이유는, 배우고 싶은 내용이나 배우는 방식이 사람마다 다르기 때문이다. 관심이 없거나 쓸모없는 내용을 배우면 학생은 당연히 의욕을 잃고 소극적으로 바뀐다. 교사도 마찬가지다. 표준화된 교육에서 뒤떨어진 아이들에게 따로 시간을 내거나 그 아이들에게 맞는 수업 방식과 자료를 연구할 여력이 없다. 학생들이 배우려는 의욕을 갖고 열정적인 교사를 찾아가서 자유롭게 상호작용하며 배우게 한다면, 이 세상은 훨씬 더 나아질 것이다.

정답이 하나뿐이라고 생각하면 안 된다. 어떤 학생은 교실 환경에서 효율적으로 배우며, 새로운 사실이나 생각을 배우는 걸 즐긴다. 책을 열심히 읽고 집중해서 공부하며 꾸준히 발전해 좋은 직장을 찾고 만족스러운 삶을 만들어갈 것이다. 그런가 하면 어떤 학생은 책으로 배우는 건 질색인 대신 직접 손으로 만져보고 실험하고 도구를 활용해서 눈에 보이는 성과를 만들어내는 방식이 더 효과적이다. 저마다 각자에게 잘 맞는 학습 방식, 즉 만족감과 생산성이라는 두 가지 토끼를 잡는 길은 다를지 모른다. 표준화된 현행 교육제도는 너무 많은 학생을 방치하며, 제대로 도와주지도 않고 각자 알아서 자기에게 맞는 길을 찾으라고 내던져버린다.

세월이 흐르면서 학생과 교사의 관계도 많이 달라졌다. 예전에는 견습생 제도가 일종의 고용 계약이라서 이를 폐지하는 것이 자유를 얻는 길이라고 여겨졌다. 견습생 제도에서 해방된 학생들이 몰려든 교실은 획일성이 가장 중시되는 곳이었다. 나는 학교에 다니는 내내 획일성에 억압받았다. 과거의 견습생처럼 작업장 바닥에서 잠을 청하고 이따금 매질도 견디며 살고 싶지는 않지만, 누군가의 옆에서 목공 기술을 차근차근 배울 기회가 있었다면 기쁜 마음으로 받아들였을 것이다. 어떤 이유로든 교실 의자에서 벗어날 수만 있으면 그것으로 충분했다.

견습생 제도가 반드시 못된 고리대금업자에게 시달리는 채무 관계처럼 나쁜 것은 아니다. 그 제도의 효율성을 그대로 유지하면서도 충분히 공식적인 방식으로 교육을 제도화할 수 있다. 요즘 세상은 자격증, 특히 명문대 졸업장을 높이 평가하고, 학위가 실무 역량을 거의 보장하지 않는다는 점은 무시해버린다. 일대일로 직접 기술을 전수하는 비공식적인 방식은 이러한 학위 제도를 전복시킬 수 있다. 공식적인 자격 증명이 필요한 분야에서는 졸업장이 중요하겠지만, 그것이 당사자의 역량, 기술, 도덕성을 보여주는 척도라고 말할 수는 없다. 많은 경우에 졸업장은 전혀 의미가 없다. 지금까지 나에게 학위 증명서를 요구한 사람은 아무도 없다. 나에게 공사를 의뢰한 사람들은 오로지 내 실력이 믿을 만한지, 계약을 성실하게 이행할 것인지 궁금해할 뿐이다.

배움

내가 아는 것은 아직 모르는 것에 비하면
빙산의 일각이다.

인간은 오래전부터 다양한 것을 만들었다. 지금은 온갖 종류의 교통수단이 고도로 발달한 덕분에, 뉴욕 스카스데일에서 아침을 맞이하고 쿠알라룸푸르에서 밤잠을 청할 수도 있다. 150년 전만 해도 자기가 태어난 곳에서 평생 80km 이상을 벗어나지 못했다. 탐험이나 여행을 좋아하는 사람에게는 이런 삶이 고역이었겠지만, 뉴펀들랜드에서 강풍에 익사할지 모른다는 두려움에 움츠러들었거나 할머니의 상아 빗을 쓸 만큼 머리숱이 있다는 사실에 만족하며 멀리 떠나고픈 욕구를 진정시켰을 것이다. 대다수는 떠나지 않았다. 마을 어른들에게 농사를 배우거나 기술이나 직업 교육을 받아서 생활을 꾸렸는데, 어른들도 젊은 시절에 같은 방식으로 일을 배웠을 것이다. 그들이 사용한 자재는 가까운 곳에서 구할 수 있는 것이었다. 산에서 돌을 캐고, 강바닥에서 자갈을 퍼 왔으며, 숲에 들어가서 목재를 구하고, 양을 키워서 양털을 얻었다. 그들은 수천 년에 걸쳐 개선된 도구를 사용해 간단한 방식으로 협동하거나 작업했다. 그 결과 각 지역마다 독창적인 전통문화를 구성하는 스타일, 형식, 방법이 수없이 만들어졌다. 기술자나 숙련공은 전통적인 업무 처리 방식을 한두 가지 간단히 변형하거나 약간 발전시켰을 것이고, 가끔 매우 특출난 사람이 나타나면 눈부신 도약이 이루어졌을 것이다. 반대로 한 사람의 실수나 어리석음이 몇 세대에 걸친 발전을 무용지물로 만들었을 가능성도 있다. 그래도 더 발전하고 개선하려 꾸준히 노력한 덕분에 박물관에는 감탄을 자아내는 공예품이 넘쳐난다. 박물관의 전시물 하나하나에는 기술자나 장인의 축적된 지식이 잘 드러나 있다.

그처럼 진기한 시절도 있었으나, 그 후로는 철도 재벌, 총기 제조업자, 자원 확보에 혈안이 된 제국주의자와 그들의 협력자들이 야생의 세계를 길들여왔다. 천재 대학생과 정치 혁명가는 항구적인 평화와 여유, 편의를 누릴 수 있는 미래를 꿈꾸며 이렇게 말했을 것이다. "은신처에 숨어 사는 저 야만인들은 구시대적 방식을 여전히 고집합니다. 그들을 저주와 낡은 전통에서 해방해야 합니다. 그들을 빨리 계몽시켜야 합니다. 이 거미줄을 싹치워야 하니 가장 큰 빗자루를 가져오세요!"

그 결과 전통이 모두 사라졌다. 자수, 초가지붕, 구슬 장식, 러그 가장자리를 일일이 매듭 지어 마감하는 것, 나뭇조각에 정교한 문양을 하나하나 조각하는 것, 나뭇조각을 회전축에 끼워 돌리면서 수작업으로 대칭 모양을 조각하는 것은 이제 고리타분한 장식 예술로 여겨지고, 엄청난 양의 콘크리트, 강철, 아스팔트가 그 자리를 차지했다.

요즘에는 도어 프레임을 다 뜯어낸다. 강한 충격에 견딜 수 있는 박스빔 역할은 물론이요, 다양한 스타일로 입구를 장식해 이 칙칙한 세상을 아름답게 꾸며주는데도 말이다. 벽과 천장 또는 바닥이 만나는 곳을 부드럽게 감싸주어 방이 사람을 가두는 것이 아니라 감싸 안을 수 있도록 해주는 석고 크라운도 사라졌다. 한때 아름다운 궁전과 성당을 장식하던 공예품들은 이제 길가 노점상에서나 볼 수 있다.

‡

현대화가 가져온 변화를 일일이 반박하고 거부하는 것은 아니다. 하지만 나는 작은 픽업트럭을 굉장히 아끼는데, 아직 성능이 좋고 여러모로 유용하기 때문이다. 물론 요즘 새로 나온 전기 픽업트럭을 사고 싶은 마음이 굴뚝같지만, 고작 거울 방향을 조절하는 데 터치스크린이 꼭 필요할까 싶다. 요지는, 절박한 문제나 앞으로 등장할지 모르는 문제를 해결하기 위해 혁신을 추구하는 것인지, 아니면 단지 혁신에 대한 대중의 관심, 세련된 겉모습, 혁신이 곧 진보라는 잘못된 환상 때문에 혁신을 추구하는 것인지 잘 생각해야 한다는 점이다.

지금 우리는 새로운 것에 온통 매료된 나머지 전통에 스며 있는 지혜를 놓치고 있다. 사람들은 수천 년간 사막에 살면서도 집을 시원하게 유지했다. 극지방에 가까운 지역에서는 커다란 돌로 난로를 만들었고, 어떤 지역에서는 겨울밤을 따스하게 보내기 위해 붙박이 침대를 사용했다. 우리는 이 환경에서 이미 오랫동안 살아왔다. 전기나 가스를 사용한 것은 불과 100년도 되지 않았고, 아직 전기나 가스 없이 살아가는 사람도 많다. 우리 시대의 문제를 해결하려면, 현재를 바라보는 열정을 과거와 미래에도 쏟아야 한다.

인간 치즈 분쇄기

2년 전 어떤 친구에게서 전화가 왔다. '건축계의 야심작'이라 불릴 만한 계단을 제작하는 데 도움이 필요하다는 것이었다. 평소에도 사람들이 원하는 독특한 것 만들기에 관심이 많았기에, 만나서 자세한 이야기를 들어보기로 했다. 약속된 시간에 나갔더니 그는 컴퓨터 화면에 일련의 이미지를 보여주었다. 아주 세심하게 제작한 어망처럼 보이는 것을 사용하여 매우 다양한 프리폼 요소를 구현한 여러 예술 작품이 등장했다. 컴퓨터로 도안을 그리려면 수년간 매달려야 하는 와이어프레임 모델과 비슷했다. 어릴 때 어머니의 색실을 갖고 했던 실뜨기 놀이도 생각났다. 슬라이드쇼는 유령처럼 공중에 매달린 계단만 보여주는 사진에서 멈추었다. 이 계단이 디자이너의 모든 영감을 쏟아부은 것이었다. "이 프로젝트의 핵심은 로비에서 시작해 채광창으로 덮인 18m 높이의 격벽까지 이어지는 투명 계단입니다."

이런 말을 처음 듣는 것은 아니었다. 이런 식으로 말하는 사람에게는, 에어컨을 어깨에 메고 어망처럼 보이는 5층 계단을 올라가면 미국 산업안전보건청(OSHA)의 제재를 받을지 모른다고 첫 미팅에서 말해봐야 아무 소용이 없다. 그래봐야 고리타분하다는 핀잔만 들을 게 분명했다. 하지만 내가 보기에 '투명한'과 '계단'이라는 말은, 마치 '미식가'와 '오트밀'처럼 전혀 어울리지 않는 조합이다.

독창성과 기발함을 표현할 수 있는 건축 요소는 그리 많지 않다. 계단이 그 드문 요소 중 하나다. 독창성을 표현하면 단점이 생긴다. 특히 혁신을 추구하다가 아주 빤한 문제점을 놓치기도 한다. 내가 사는 도시에 유리 발판으로 만든 계단이 하나 있다. 많은 사람이 기대하는 소박함을 추구하느라 빼버린 화려함을 현대적인 기개로 다시 살리려고 애쓴 것이다. 하지만 기발함을 불어넣는 것은 나의 주특기다. 이 분야에서 도전정신과 즐거움은 마지막 보루이기도 하다. 나는 이 일에 상당한 흥미를 느꼈다.

이런 일을 하며 인내심이 강해지는 것은 일종의 보상이다. 그만큼 일이 힘들다는 뜻이다. 특별한 의식이라도 거행하는 듯이 설계 도면이 쫙 펼쳐졌다. 계단의 디딤판과 챌판(riser, 계단의 수직 표면—옮긴이)은 구멍이 뚫린 강철을 지그재그 모양으로 구부린 리본으로 만들 계획이었다. 쉽게 상상할 수 있듯이, 몇 밀리미터밖에 안 되는 작은 구멍이 빽빽하게 뚫려 있어도 일반 강철과 비슷한 강도를 확보할 수 있었다. 옆에 있던 선반에 샘플이 있었는데, 가로세로 6인치 정사각형이었고 두께는 8분의 1인치였다. 사용하기 쉽다는 것을 보여주려는 듯 이미 누군가가 한 차례 구부려놓았다. 나는 회의가 끝날 때까지 엄지손가락으로 샘플을 만지작거렸다.

누군가의 꿈을 산산조각 내는 것과 그 꿈을 잘 다듬어서 결실을 보게 해주는 것은 극과 극이다. 나는 채광창을 향해 한없이 올라가는 계단을 상상했는데, 계단 사이사이로 파고드는 빛줄기가 원뿔꼴을 그리며 쏟아질 것이며, 엄청난 높이 때문에 생각도 못한 패턴이 만들어질 것 같았다. 한마디로 내가 감히 상상할 수 없는 디자인이라서, 과연 이 건축가들의 머리에서 나온 게 맞는지 의심이 들 정도였다. 최신 잡지에 이미 실린 디자인이거나 소호 가게에서 우연히 접했을 가능성도 있었다. 어쨌든 그 이미지는 아주 매력적이어서 실제로 보고 싶다는 생각이 들었다. 하지만 입으로는 이건 안 될 일이라고 말했다. 사고가 발생할 가능성과 그에 따른 후속 조치를 생각하면 어쩔 수 없었다. 이것이 그들이 찾아낸 가장 두꺼운 자재라는 주장이 문제였다. 하지만 설계팀은 이 자재를 고집했고, 결국 내가 계단 몇 칸 높이로 실물 크기 모형을 만들어서 테스트했다. 결과가 눈에 선했지만, 회의실에는 내 생각을 지지해주는 이가 한 명도 없었다.

이런 일은 보수를 상당히 많이 받는다. "이 분야에서 제가 오래 일했는데, 이건 불가능한 작업입니다"라고 말하면 한 푼도 벌 수 없다. 하지만 건축가들은 실패할 거라는 나의 확신을 입증하느라 의뢰인이 수만 달러를 쓰게 하는 편을 전적으로 선호한다. 나도 이런 거래를 할 때 죄책감을 억누르는 데 익숙해졌다. 하지만 의뢰인을 인간적으로 좋아하게 되면 죄책감을 이겨내기가 매우 힘들다.

모형을 제작했지만, 두 가지 문제점이 있었다.

1. 욕실 저울을 게이지로, 트럭 펌프 잭을 피스톤으로 사용하여 계단 중앙에 180㎏의 압력을 가했다. 압력이 가해지자 6분의 3인치가 무너져 내렸다. 이 정도면 상당히 심각한 상황인데, 대다수 사람이 투명 계단을 내려가면서 한 걸음 한 걸음 무게를 실을 때마다 계단이 흔들거리는 것을 느낄 정도였다.

2. 구멍 뚫린 계단의 구부러진 부분을 살펴보니, 구멍과 구멍 사이의 좁은 연결 부분이 많이 찢어져 있었다. 아예 떨어져 나가거나 분리된 상태는 아니었으나 구부러진 부분을 따라 톱니 모양으로 너덜너덜했다. 빵칼로 만든 계단이 미술관에 전시되면 사람들의 흥미는 끌 수 있겠지만, 개인 주택의 중앙을 차지하는 요소로는 적합하지 않다.

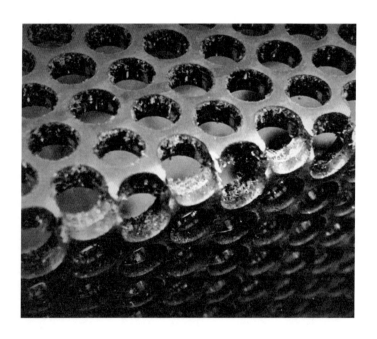

내가 예상한 대로 문제가 많다는 것을 여실히 보여주려고 사진을 여러 장 찍고, 계단 전문가인 친구에게 자문을 구했다. 그는 계단을 만들 자재의 두께가 최소 4분의 1인치는 되어야 한다고 개인적인 의견을 내놓았다. 나는 친구의 의견을 반영해 보고서를 작성한 다음 디자인팀에 보냈다. 그런데 답장에는 영국 어느 곳의 조그마한 다락방 계단 사진이 들어 있었다. 내가 실패했던 그 자재로 계단을 만든 것이었다. 나는 사진에 나온 계단은 우리가 제작하려는 계단 너비의 3분의 2에 불과하다고 지적했다. 또한 그 계단은 벽으로 완전히 둘러싸여 있고 두 바퀴나 회전시킨 상태라서, 사실상 무언가를 들고 비좁은 계단을 오르는 것이 불가능해 보였다. 그리고 높이가 3m밖에 되지 않아서 계단이 완전히 무너지더라도 피해가 크지 않을 것 같았다. 건축가들은 내 친구인 엔지니어의 의견을 완벽히 무시했다. 그들이 구현하려는 것은 투명 계단인데, 이보다 더 두꺼운 자재를 사용하면 투명도를 확보할 수 없다는 것이었다. 5년간 예일대학교에서 공부하면서 두 사람의 사고 과정에 자신만만함이 자리잡은 것 같았다. 하지만 책에서 배운 지식은 가슴 아픈 실패에서 체득해 뼈에 새겨진 교훈을 따라가지 못한다. 이 프로젝트에 현실 가능성을 불어넣기란 내 예상보다 훨씬 어려웠다.

종종 합리적인 주장보다 화려한 미사여구가 더 그럴듯한 그림을 그리는 것 같다. 이 집의 꼭대기 층에는 아트 스튜디오를 만들 생각이었다. 나는 건물의 수명을 늘리려면 설계 및 엔지니어링이 모두 합리적이어야 한다고 말했다. 그다음에 이런 상황을 가정해보았다. 먼 훗날 새 주인이 타운하우스에 이사 와서, 넓은 아트 스튜디오을 음악실로 사용하기로 하고 건장한 남자 여섯 명에게 스타인웨이 피아노를 옮겨달라고 하면 어떻게 될까? 일단 대문 앞까지 피아노를 가져오면 운반 작업이 반 이상 끝난 것이다. 3층까지는 어떻게든 낑낑거리며 피아노를 들고 올라갈지도 모른다. 하지만 꼭대기 층까지 가는 계단이 가장 기므로 엄두가 나지 않을 것이다. 심호흡한 다음에 다시 피아노를 둘러매고 계단을 오르면 어떻게 될까? 피아노 무게와 이를 운반하는 사람들의 몸무게를 더하면 900kg이 넘는다. 지난 10년간 휴일이면 옥상에서 파티가 열렸고 10대 청소년들이 정신없이 뛰어다녔을 것이므로 이 계단은 이미 상당히 휘어져 있다.

엔지니어는 '연성 파괴(ductile failure)'와 같은 용어에 집착하지만, 건축가는 학교에서 이런 용어를 한두 번 책으로 접할 뿐이므로 전혀 기억하지 못한다. 우리가 가정한 상황은 연성 파괴라는 용어를 알기 쉽게 정의한다. 피아노를 옮기는 사람들이 계단에서 가장 길고 높은 부분의 중간쯤에 도달한다. 이 계단은 매일 조금씩 휘어지면서 미세한 균열이 많이 생겼는데, 피아노를 옮기는 사람들의 무게가 실리자 더는 견디지 못하고 크게 휘어진다. 계단에서 난 소리가 머리 위의 채광창 유리에 반사되며 더 크게 울리고, 곧이어 삐걱거리는 소리, 뚝 부러지는 소리, 둔탁하게 무너지는 소리가 난다. 계단코 접합부가 여러 개 부서져 내리면, 날카로운 조각들이 이미 놀란 작업자들에게 날아가고, 이들이 넘어지면서 강철로 된 모서리에 상처를 입는다. 처음에는 한참 아래에 있는 하얀 타일 바닥에 피 몇 방울이 떨어진다. 저격수가 대량 학살을 시작하기 전에 레이저를 쏘는 것처럼 보일지 모른다. 그다음에 계단이 두 동강 나면서 이미 날카로운 파편에 다친 인부들은 18m 아래로 곤두박질친다. 스타인웨이 피아노는 난간에 걸리겠지만, 얇은 오크 밴드로 육중한 피아노를 오래 견디지는 못할 것이다. 피아노를 운반하던 인부들이 차례로 타일 바닥 위로 추락하고, 마지막으로 스타인웨이 피아노가 그들을 덮친다.

"여러분은 어떻게 생각하는지 모르겠지만, 제 양심 때문에 도저히 이렇게 큰 위험을 두고 볼 수 없습니다."

‡

계단이 완성되었다. 보기에는 상당히 아름다웠다. 처음에 몇 번 걸어 내려올 때는 흔들리는 느낌이 들었고, 계단이 한 사람도 감당할 수 없을 정도로 부실한 것 같았다. 한마디로 환상 속에서나 있을 법한 계단이었다. 물론 그것이 설계자가 원한 예술적 개념이라면 이 계단 어느 곳이든 픽업트럭 한 대 정도는 매달아놓을 수도 있을 것이다.

이 일을 처음 맡았을 때는 집주인이 나에게 계단뿐 아니라 프로젝트 전체를 꼼꼼하게 살피고 기술적으로 허술한 부분을 재정비하는 일을 맡길 거라고는 상상조차 못 했다. 프로젝트 전체를 진행하려니 답답한 점이 한둘이 아니었다. 집 전체를 통틀어서 시공 가능성을 제대로 고려한 부분이 하나도 없었다.

그때까지 여러 번 실패해본 경험이 그나마 큰 도움이 되었다. 우주선을 제작해달라는 요청을 받았다면 "그건 어떻게 만드는

지 정말 모릅니다"라고 단칼에 거절했을 것이다. 하지만 거액을 내고 명문대 졸업장을 따낸 사람들에게서는 자신의 한계를 인정하는 모습을 찾아보기 어렵다. 그들 중 어떤 이는 졸업과 동시에 성공가도를 달리는데, 리더나 감독자의 자리에 서서 다른 사람들에게 지시를 내리지만 정작 자기가 지시하는 일을 직접 해본 경험은 전혀 없는 경우가 태반이다. 이 계단을 설계한 사람도 아마 새장조차 직접 만들어보지 않았을 것 같았다. 하지만 공사 처음부터 끝까지 "이 일은 어떻게 하는지 잘 모릅니다"라든가 그와 비슷한 솔직한 말은 한 번도 들어보지 못했다. 그런 태도야말로 새로운 것을 배울 때 가장 큰 걸림돌이다.

아는 것과 이해하는 것의 차이

모두 다 내 탓이다.

일이 꼬이려면 별별 이유가 다 생긴다. 일단 일이 꼬여버리면 뒷감당은 정말 힘들다. 인생에서 어떤 일은 법칙에 따라 질서정연하게 전개되지만, 실수는 그로 인해 초래되는 결과와 전혀 무관해 보일 때가 있다. 20여 년 전 그래머시 파크(Gramercy Park) 근처에서 공사할 때, 100년도 전에 납으로 만든 창문이 줄줄이 이어진 지점 근처에서 강철로 만든 벽난로를 설치하고 있었다. 휴대용 그라인더로 철재를 잘랐는데, 거기서 발생한 불꽃이 뒤에 있던 유리에 튄 것을 보지 못했다. 다행히 다른 목수가 나에게 작업을 멈춰보라고 했다. 창문을 자세히 들여다보니 불꽃에 유리 표면이 녹아서 아주 작은 얼룩이 남았다. 그라인더에서 발생한 불꽃이 유리에 이런 문제를 일으킬 수 있는지 미처 몰랐다. 창문 닦는 세제와 부드러운 천으로 유리를 열심히 닦아보았지만, 유리 표면이 손상된 것이라 검은 얼룩은 그대로 있었다. 낡은 창문이라 그런지 검은 얼룩들은 글자를 써넣은 것처럼 보였다. 아무도 모를 거라 생각했기에 크게 걱정하지는 않았다. 하지만 그런 실수를 저지른 것에 대해 지금도 조금 후회하고 있다. 그 느낌을 지식이라고 한다.

5년 후, 센트럴파크 웨스트의 펜트하우스를 공사하던 중에 용접공이 똑같은 실수를 저질렀다. 거실 창문 근처에서 낡은 강철 조각을 절단했는데, 거기서 발생한 불꽃이 창문까지 날아간 것이었다. 바깥 경치가 가장 잘 보이는 2.4×3.6m 크기의 커다란 창문이었다. 반나절 내내 창문을 벅벅 문질렀지만, 작고 까만 얼룩은 지워지지 않았다. 나는 유리를 닦는 특수 장비를 갖춘 업체에 연락했다. 석션 컵으로 창문을 단단히 고정한 다음 갈아내는 방식이 아주 획기적이었다. 종일 창문에 매달려 연마 작업을 한 끝에 불꽃이 튄 자국은 해결했지만, 0.1㎡ 크기의 흐릿한 자국을 남겼다. 약을 먹고 시야가 흐릿해진 사람의 눈에도 금방 띌 정도였다. 문제가 생긴 창을 빼내고 새 창을 설치하는 데 2주의 시간, 크레인 한 대 그리고 2만 5000달러가 들었다. 불과 10초의 부주의가 부른 실수는 이렇게 마무리되었다. 몇 년 전의 실수와는 비교할 수 없을 만큼의 비용이 들었다.

'후회 조금'과 '2주의 시간, 크레인 한 대 그리고 2만 5000달러' 사이에는 심리적인 차이가 매우 크다. 두 번째 사고가 발생한 지 15년이 흘렀지만, 나를 포함해 우리 팀의 인부 중 누구도 그라인더를 함부로 사용하는 실수를 되풀이하지 않았다. 가장 최근에 진행한 프로젝트에서는 유리 근처에서 그라인더를 사용할 때 특히 조심하고, 필름이나 보호용 플라스틱으로 유리를 잘 덮으라고 25번 이상 당부했다. 첫 번째 실수에서 후회라는 '느낌'이 남았지만, 그라인더를 사용할 때 유리가 상하지 않게 조심해야 한다는 점을 깨닫기에는 역부족이었다. 두 번째 실수로 화를 내고 고함을 지르고 엄청난 비용을 치르고 나서야 그 교훈을 마음에 새겼다.

이런 교훈은 어느 대학에서도 배울 수 없다. 이것이 바로 '이해'라는 것이다.

홍수, 모피, 불, 물고기

18년 전에 '고급' 주택을 전문으로 하는 업체에서 목수로 일하면서 처음으로 파크 애비뉴 현장에 나갔다. 공구를 챙겨서 가보니 현장은 이미 파헤쳐져 있었다. 주변에 사람이 없어서 내가 뭘 해야 할지 물어볼 수 없었다. 나는 자리에 앉아서 작업대 위에 펼쳐진 설계 도면을 훑어보았다.

그날 '감독'이라는 사람이 점심시간에 현장에 20분가량 머물렀다. 프로젝트를 곧 시작한다는 말만 하고는 얼마 지나지 않아 현장을 떠났다. 첫 주 내내 그런 식이었다. 현장에는 나밖에 없었고 설계 도면만 덩그러니 놓여 있었다. 딱히 할 일이 없어서 설계 도면을 꼼꼼히 검토해보니 오류투성이였다. 문은 고장 날 수밖에 없도록 설계돼 있었고, 조명은 천장의 에어컨 덕트와 부딪힐 판이었다. 이런 식의 조명 문제는 현장에서 흔히 볼 수 있는 사안이었다. 첫날은 설계 도면을 점검하는 것으로 시간이 다 갔다.

둘째 날에는 빨간 펜을 들고 설계 도면을 다시 검토하면서 문제점이 발견되면 즉시 질문 사항을 적어놓았다. 세 번째 날에는 공책 한 권을 가져다가 전날 적어놓은 질문 사항을 모두 옮겨 적고 작업의 성격이나 종류에 따라 질문을 분류했다. 넷째 날에는 더 이상 질문거리를 찾지 못해서, 공책에 적은 질문을 재정리한 다음 내가 생각하는 해결책을 추가로 기입했다. 질문하는 것보다 해결책을 제시하는 게 더 어려워서 이 작업은 다섯째 날까지 이어졌다. 작업대에 팩스가 한 대 있었다. 설명서를 탐독해 팩스 사용법을 터득한 다음 그동안 정리한 내용을 사무실로 전송했다. "총감독자에게: 저는 일을 천천히 하는 편입니다. 하지만 이번처럼 일주일 내내 아무것도 안 한 적은 처음이네요."

월요일에 출근하니 회사 대표가 현장에 와 있었다. 작업 인부들을 '커뮤니티'라고 부르는 것으로 보아 꽤 '세련된' 사람이었다. 종종 '팀 짜기' 연습 후에 검토 시간을 가졌는데, 나에게는 일종의 테라피처럼 느껴졌다. 이 과정 덕분인지 몰라도, 이 현장에서 오랜 친구를 많이 얻었다. 물론 회사 대표가 돌아가면 곧바로 빈정거리는 사람도 있었지만 말이다.

주말 사이에 많은 변화가 생겼다. '감독'이 해고되고 내가 그 자리를 물려받았다. 프로젝트를 여러 번 감독해보았지만 이렇게 복잡한 프로젝트는 경험이 없었다. 회사 대표는 가방에서 내가 보낸 팩스를 꺼내더니 이런 내용은 처음 본다고 했다. 대표를 따라다니며 아첨을 늘어놓는 직원이 있었는데, 그 직원도 '코덱스

(The Codex, 손으로 쓴 고대 문서나 책—옮긴이)'가 따로 없다며 나를 치켜세웠다(처음에는 그의 칭찬에 기분이 좋았지만, 1년 정도 지나면서 그 아첨꾼과 점차 사이가 나빠졌다. 그래서 나중에는 '코덱스'라는 말을 들어도 별다른 감흥이 없었다). 그날 오후에 회의가 열렸다. 회사 대표와 아첨꾼, 건축가와 내가 참석했다. 그 자리에서 내가 현장의 모든 책임을 맡기로 결정되었다. 지난주만 해도 할 일이 전혀 없었는데, 모든 일을 다 떠안은 것이었다. 하지만 늘어난 책임에 상응하는 보수를 주겠다는 말은 없었다.

회사 대표는 몇 가지 전통적인 원칙을 갖고 있었다.

1. 그는 배관공, 전기기사, 에어컨 설치 기사 등 하청업체를 고용할 때 반드시 자격을 갖춘 사람만 상대한다.
2. 그는 각 분야 전문가가 자신보다 잘 안다고 생각되면 기꺼이 전문가의 말에 수긍했다.
3. 그는 기존의 작업자 중에서 실력 좋은 사람을 찾아 승진시키는 것이 좋다고 생각한다. 누구나 처음에는 단순 작업으로 시작하지만, 경력을 잘 쌓으면 감독이 될 수 있다.

하지만 아첨꾼의 최대 관심사는 부정한 이득을 취하는 것이었다. 그는 주로 다음과 같은 태도로 일관했다.

1. 최소 공구 이론: 쉽게 말하면 가장 싸고 실력이 없는 하청업체를 찾는 것이다. 이렇게 하면 감독이 직위나 실력 등의 우위를 내세워서 하청업체가 우수한 기준에 따라 작업하도록 일

을 조직하고 위협할 수 있다. 이를 시험하고 싶다면 목공이나 금속 세공 분야에 종사하는 친구에게 180kg짜리 주철 드릴 프레스로 0.5인치짜리 구멍을 뚫는 작업이 재미있는지 물어보라. 그러면 상대방은 구멍이 순식간에 만들어진다며 고개를 끄덕일 것이다. 하지만 휴대용 푸시드릴로 똑같은 크기의 구멍을 뚫는 것은 어떤지 물어보면 반응이 다를 것이다.

2. 자신보다 계급이 '낮은' 사람의 말은 결코 들으려 하지 않았다. 아첨꾼을 움직이려면 회사 대표에게 직접 요청하거나 알려야 했다.

3. 승진을 약속하여 작업자가 성실하게 일하게끔 유도한다. 가끔 "아무개는 여기서 얼마 버티지 못할 거야"라는 말을 흘려서 사람들의 귀를 솔깃하게 만든다.

그들은 회의를 거쳐 이러한 철학을 적절히 혼용하기로 결정했다. 화학적으로 말하자면 불균일 혼합물을 만드는 셈이다.

시멘트 트럭은 도심을 달리는 내내 잠시도 쉬지 않고 혼합물을 회전시킨다. 자갈, 모래, 포틀랜드산 시멘트와 물은 최종 공사 현장에서 양생할 때까지 안정된 물질로 섞이지 않아야 한다. 지속적으로 휘젓지 않으면 물은 위로 뜨고 자갈은 모래와 슬러지 덩어리가 깔린 바닥으로 가라앉는다. 이질적인 경영 방식을 이와 비슷하게 혼용하자니, 아첨꾼의 행동은 슬러지와 같았다.

나는 곧바로 일에 착수했다. 우선 전반적인 작업을 조직하고 운영하는 데 도움이 될 친구이자 동료를 불렀다. 클리퍼드는 하루하루 작업 현황을 관리하고, 나는 열 가지가 넘는 기술적으로 까다로운 조립 작업에 집중했다. 성실한 인부 한 사람에게 공사 현장을 정리 정돈하는 일을 맡겼다. 건축 일은 처음이라서 경험이 부족했지만 열성적이고 책임감이 강하다는 장점이 그 약점을 충분히 상쇄했다.

설계도를 보니 움직이는 부분이 많았다. 서재 벽은 회전문으로 되어 있었고 책상은 접이식이었으며 욕실은 잘린 타일을 전혀 사용하지 않았다. 샌드블라스트 가공 유리로 제작하고 백라이트를 설치한 거울이 여러 개였으며 스윙 도어와 슬라이딩 도어는 시중에 나와 있는 모든 형태가 다 사용된 것 같았다. 하지만 내부 시스템은 전혀 보이지 않았다. 우연히 잘 감춰진 것일 수는 없었다. 눈에 보이는 것들만큼 심혈을 기울여서 보이지 않게 배치했을 것이다. 클리퍼드와 내가 모든 장비, 하드웨어, 고정 장치를 준비한 다음, 이를 마감된 표면 위에 어떻게 사용할지 계획하는 데에만 여러 주가 흘렀다. 매일같이 책상 앞에 앉아서 클리퍼드는 목록을 작성했고, 나는 독특한 조립 세부 사항을 도면에 그려 넣었다. 그런 다음 겉면, 가구, 고정 장치, 가전제품, 콘센트, 문 등을 구분하고자 바닥에 분필로 선을 그렸다. 목수 두 명이 합류해 밑바닥, 임시 문과 같은 대략적인 목공 작업을 먼저 시작했다. 그들은 현장을 항상 깔끔하게 정리하고 하루 업무를 시작하고 마무리하는 요령을 익혔다. 특히 현장을 떠나기 전에 전기를 내리고 수도꼭지 등이 잘 잠겼는지 확인했다.

뉴욕에서 이루어지는 리노베이션 공사가 그렇듯이, 처음에는 편의 시설이 형편없었다. 임시 조명과 콘센트 선으로 천장은 매우 어지러웠다. 욕실은 변기 주변에 합판으로 가벽을 세운 것이었다. 우리는 매일 밤 200리터짜리 쓰레기통에 물을 받아 몸을 씻었다.

몇 주 후 어느 날 아침이었다. 작업장 입구에 도착했는데, 건물 관리인이 막아서더니 협동조합 위원장이 우리를 찾는다고 알려주었다. 우리는 이런 상황에 익숙했다. 공사장은 시끄럽고 먼지가 많아서 현장에 익숙하지 않은 사람에게는 상당히 불편한 장소였다. 이런 상황을 방지하려고 안 해본 일이 없다. 음풍기, 밀폐된 임시 출입문, 공사 잔해물을 치우기 전에 물 뿌리기, 소음 방지 매트, 작업 시간 제한, 야간 청소, 탈착식 화물용 엘리베이터 커버 등을 사용했다. 공사장 인부를 식별하는 배지와 티셔츠를 착용하기도 했다. 하지만 어떤 것도 소용이 없었고, 불평불만은 늘 이어졌다. 이번에도 마찬가지였다. 여전히 뭔가 잘못되어 질책당하기 일쑤였다. 우리는 커피를 마시며 위원장을 기다렸다. 곧이어 문이 부서지라 열리더니 그가 도착했다. 이미 시뻘겋게 달아오른 얼굴로 고래고래 소리를 질렀다.

"이런, 망했네." 클리퍼드가 낮은 소리로 웅얼거렸다. 그의 예감은 적중했다.

밤사이 큰 문제가 발생했다. 정원 호스/세척 장치를 제어하는 밸브는 건물에 원래 설치된 것으로 9년 정도 사용하던 것이었다. 작업자는 밸브를 제대로 잠갔다고 생각했지만 실은 약간 덜 닫혔고, 우리가 보관해둔 200리터짜리 쓰레기통에 물방울이 조금씩 떨어지는 소리를 아무도 듣지 못했다. 몇 시간이 흐르자, 쓰레기통에서 물이 넘치기 시작했다. 아파트 아래층 천장에도 물이 스며들었는데 아무도 이를 발견하지 못한 채 긴 시간이 흘렀다. 지금은 입지 않는 겨울용 의류를 보관하는 옷장에 물이 뚝뚝 떨어졌다. 아침에 일어나서야 옷장 문틈 아래로 물이 흘러나오는 것을 보고 사람들은 화들짝 놀랐지만 때는 이미 늦었다. 소방서 경보가 울리고 경찰에게 연락이 가고 변호사를 호출하는 등, 순식간에 아수라장이 되었다.

그 시절에 맨해튼의 어퍼이스트사이드에서 일하는 도급업자는 대부분 일반 책임보험을 200만 달러나 주고 가입해야 했다. 사람들은 "아니, 왜 그렇게 비싼 보험에 가입하는 거죠?"라고 묻곤 했는데, 대답은 단순했다. "그거야 종종 그만큼 큰 사고가 벌어지니까요."

회사 대표도 서둘러 현장에 도착했다. 그는 모든 책임자를 만나본 후에 우리에게 가볍게 말을 걸었다. 아무도 해고되지 않았다. 언성을 높이지도 않았다. 이런 일을 10년 넘게 해온 덕분인지, 함부로 누군가를 질책하려 하지 않았다. 그는 공정한 사람이었다. 비록 자그마한 실수지만 그 결과는 상당히 심각했다. 하지만 우리가 이미 심하게 자책하고 있으므로 자신까지 굳이 보탤 필요가 없다고 판단한 것이다.

교훈 1 : 항상 모든 사항을 재확인/점검한다.

‡

우리는 공사를 계속 진행했고 그 사건은 변호사와 보험사가 맡아서 처리했다. 회사 대표는 사건이 발생하기 전과 마찬가지로 우리를 지원했다.

아파트에서 가장 혁신적인 요소의 기술적인 문제를 해결하는 것은 나에게 흥미진진한 일이다. 하지만 초보자로서 벽난로는 내가 건드리지 말았어야 하는 영역이었다. 뉴욕에는 벽난로 전문가가 많지 않았고, 나도 벽난로 작업이 처음이었다. 그런데 이번 공사의 벽난로는 평범한 것이 아니었다. 크기는 좀 작지만, 건축가는 불꽃이 단 하나의 선을 그리며 춤추기를 원했다.

도전을 두려워하지 않는 것도 물론 좋지만, 도시의 수많은 건축법 조항에서 벽난로에 대해 자세히 언급하는 데에는 그만한 이유가 있다. 벽난로는 매우 위험한 물건이다. 벽난로 전문가가 되려면 평생 힘들게 고생해서 노력해야 하므로 그들의 전문성은 존중받아 마땅하다. 집에 벽난로를 원한다면 반드시 전문가를 불러야 한다. 분젠 버너, 가스 제트 등 여러 가지 방법을 시도하다가 결국 기존의 가스연소형 인공 통나무 벽난로를 선택했다. 그 제품은 법적으로 요구되는 모든 조건을 충족했다. 먼저 인공 통나무를 꺼내버린 다음, 철제 배플(steel baffle)을 버너에 설치해서 모든 불꽃이 길고 가는 슬롯을 지나가게 했다. 건축가는 내가 만든 모형을 구경하러 왔다. 가는 선 모양으로 불이 붙는 것은 예뻐 보이지만, 길이를 두 배로 늘릴 수 있는지 물었다. 그 말에 나는 다시 작업장으로 달려갔다. 배플의 슬롯을 더 좁힌 다음 막힌 가장자리를 모두 용접해서 압력을 높였다. 불을 붙이자, 만족스럽게도 아주 가느다란 선 모양이 연출되었다.

철제 벽난로와 마감재를 시공했다. 아첨꾼에게 연락해서 철거 시 기존의 장작 굴뚝을 점검하고 청소했는지 물었더니, 그렇다는 대답이 돌아왔다. 내 아이디어로 선 모양이 구현되는 벽난로 시스템이 완성되었다.

버핑, 연마, 조정, 수리 등 마무리 작업에 할 일이 가장 많다. 마지막 5%가 전투의 절반을 좌우한다고 해도 과언이 아니다. 집주인 부부는 이미 입주 일자를 정해두었다. 40대 오스트리아 부부로, 다섯 살과 일곱 살 아들이 있었다. 유럽식으로 아이들을 키워서인지 본인들은 세대 전입 업무를 보러 돌아다니는 동안, 아이들은 마무리 작업이 한창인 아파트에 남겨두었다.

공사는 거의 마무리되었다. 가전제품과 각종 장비가 제대로 작동하는지 확인하던 중에, 난로도 확인해야겠다는 생각이 들었다. 부모는 집에 없었고 아이들은 내 뒤를 졸졸 따라다녔다. 원래 목수들이 천성적으로 사람을 즐겁게 해주는 재주가 많기 때문이다. 나는 벽난로용 리모컨을 찾아 가스를 켜고 불을 붙였다. 벽난로를 아주 가는 선 모양의 불꽃이 길게 늘어선 모습은 무척 아름다웠다. 불꽃은 이내 벽을 따라 연실까지 이어졌다. 낭만적인 분위기가 연출되었다. 그러고 1~2분쯤 후, 굴뚝에서 굉음이 들렸다. 서둘러 가스를 잠그고 무릎을 꿇은 낮은 자세로 점검하기 시작했다.

연실에 연기가 꽉 차 있었다. 석면 내화재라고 생각했던 것은 사실 크레오소트(creosote) 축적물이었다. 굴뚝을 청소했다는 말은 거짓이었다. 크레오소트는 가연성이 매우 높은 물질이다. 굴뚝 내부의 표면 전체가 거대한 불길로 덮여 있었다. 바로 옆에 광택을 낼 때 사용하는 수건이 있었다. 나는 그것을 집어 들고 화실로 올라가서 연기가 가득한 곳에 머리를 들이밀었다. 수건으로 내벽을 힘껏 내리치자, 불이 붙은 크레오소트 덩어리가 내

다리 주변에 후드득 떨어졌다. 마감처리가 끝난 월넛 바닥도 크레오소트 덩어리로 엉망이 되었다. 그러기를 몇 차례 거듭하고 내 머리카락도 불에 그슬린 후에야 불이 완전히 꺼졌다.

검댕을 돌난로 위로 다시 쓸어 담는 것을 보고 일곱 살짜리 아이는 "아저씨, 대단해요!"라고 소리를 질렀다. 이 꼬마의 입을 막으려면 과연 얼마나 쥐어줘야 할지 가늠이 되지 않았다. 내 능력으로는 어퍼이스트사이드에 사는 아이들의 입을 막을 수 없었다.

교훈 2 : 항상 모든 작업을 여러 번 확인한다.

‡

시공 후 최종 점검 시 해결되지 않은 사항을 해결하느라 여러 주가 흘렀다. 집주인 부부는 완벽하게 만족하는 것 같았다. 집 안 곳곳에 특이한 것들이 많았고, 모두 정상적으로 작동하거나 움직였다. 개인적으로 내 마음에 쏙 드는 것은 식당의 수납장 벽에 만든 바닷물고기 어항이었다. 바닷물은 소금과 물만 섞어서 되는 것이 아니라 pH 균형, 영양분, 산소, 여과, 순환 등 바닷물고기가 살 수 있도록 많은 조건을 맞춰야 한다. 이 탱크는 가구와 한 몸인 것처럼 매끄럽게 이어져 보였지만 구조적 지지대, 필터, 펌프, 튜브 등이 하나의 네트워크를 이루었으며, 우리는 이 네트워크가 겉으로 보이지 않게 처리했다. 탱크 바로 위의 수납장 문을 열면 탱크가 자동으로 들어 올려져서 먹이를 주거나 청소하기 편리하게 되어 있었다.

떠나기 전에 마지막으로 가까이 가서 어항을 구경했다. 그때까지 어항에 물고기가 가득 찬 모습은 보지 못했다. 기분 좋게 돌아다니는 물고기 대부분은 내가 모르는 것이었지만, 25cm 정도 되는 상어와 라이언피시는 알아볼 수 있었다.

젊은 시절에 자크 쿠스토 감독의 해양 프로그램을 정말 재밌게 본 기억이 났다. 수영복은 별로 편해 보이지 않았지만, 스쿠버다이버야말로 이 세상에서 가장 멋진 직업 중 하나라고 생각했다. 그러다 문득 다섯 살, 일곱 살 아이들이 손쉽게 닿을 수 있는 이런 곳에 아무런 잠금장치 없이 라이언피시를 두는 것이 조금 위험하다는 생각이 들었다. 최악의 경우 아이들의 목숨이 위험해질 수 있었다. 물론 아이들이 아직 키가 작지만, 식당 의자는 아주 가까이에 있었다.

나는 바로 돌아서서 아이들의 엄마를 찾았다. 라이언피시에 독성이 있다는 사실을 아느냐고 물었다. 아이 엄마는 아무것도 모른다고 했다. 알고 보니 어항은 남편의 취미였다. 나는 엄마와 어항 문제로 한참 이야기를 나누었다. 나도 아들을 키워봐서 잘 아는데, 남자아이들은 부모가 잠시만 한눈을 팔아도 사다리에 올라가고 전동공구를 켜보려고 하고 건조기에 고양이를 밀어 넣는다. 게다가 라이언피시는 이국적인 느낌을 주기 때문에 아이들의 관심을 끌기에 딱 좋았다. 엄마는 남편과 어항 문제를 상의해보겠다고 약속했다. 나는 수납장에 잠금장치를 달면 좋겠다고 제안하면서 내가 직접 달아줄 수 있다고 설명했다. 그러고 나니 한결 마음이 편해졌다.

마지막으로 공구 등을 챙겨 들고 떠나려는데, 아이 엄마가 와서 어깨를 톡톡 치더니 이렇게 말했다.

"저기요, 우리 아이들이 아저씨가 너무 좋대요. 혹시 일주일에 하루나 이틀 정도 오셔서 애들과 함께 공원에 같이 가주시거나 놀아주실 수 있나요?"

그 말에 깜짝 놀랐다. 나는 잠시 생각한 후에 이렇게 말했다.

"좀 어렵겠어요. 제가 매일 일하러 가야 하고, 제 아이들도 돌봐야 해서요."

"네, 이해합니다. 우리 아이들이 참 좋아할 것 같아서 여쭤본 거예요."

얼마 후, 아이 엄마와 나눈 대화를 다시 한번 생각해보았다. 그리고 보니 남편이 아이들과 어울리는 모습을 본 기억이 없었다. 아내도 별반 다르지 않았는데, 아이들을 대할 때 시큰둥한 표정이었다. 안타까운 가족이라는 생각이 들었다. 아래층과 사이가 나빠지게 만들고 집에 불이 날 뻔하게 만든 남자는 결코 롤모델로 삼지 않겠지만, 아이 엄마를 통해 한 가지 깨달은 점이 있다. 아이들이 갖고 놀 만한 독성 어류는 절대 집 안에 들이지 않아야 한다는 것이다.

교훈 3 : 아이들에게 신경 써라. 부모가 생각하는 것보다 훨씬 더 서투르고 모르는 것이 많다.

신체와 두뇌

잽싸게 움직여라.

속도와 정확성은 맞물리는 지점이 없다고 생각하는 사람이 많지만, 이는 오해다. 경험 많은 목수는 크게 두 부류로 나뉘는

데, 하나는 작업을 많이 하는 목수이고 다른 하나는 정확하게 일하는 목수다. 미켈란젤로가 번개 같은 속도로 작업했다는 말을 20대 초반에 들었는데, 사실인지 아닌지는 몰라도 그 말에 큰 감명을 받았다. 아주 어렸을 때 부모님이 준 미켈란젤로 전기에서 고통스러운 표정의 작품을 찍은 낡은 사진을 보고 그를 동경하게 되었다. 주변 사람들이 겁에 질려 쳐다보는 동안 미켈란젤로가 먼지 가득한 작업장에서 망치와 끌을 세게 내리치는 모습을 상상하면 가슴이 두근거렸다. 그와 동시에 위대한 작품은 깊이 생각하며 진지하게, 천천히 만들어가야 한다는 생각은 완전히 사라졌다. 장인의 신속함은 역량을 갖추었음을 보여주는 대표적인 특징이라고 오랫동안 믿어왔고, 실제로 이 일을 하면서 나의 신념이 옳다는 것을 증명해냈다.

속도가 중요하지 않다고 생각한다면, 스스로에게 거짓말하는 셈이다. 기업가들은 생산성을 추구하는 데 수십 년을 투자했고 더 적은 수의 직원으로 더 많은 작업을 하려고 애쓰고 있다. 이제 공장에서는 로봇이 사람의 일을 대신 처리한다. 대부분의 사무직 종사자들도 비서를 내보내고 노트북을 사용한다. 모든 작업 영역에 조립라인 이론이 적용되고, 호환 가능한 부품이 사용되며, 업무 전문화가 이루어진다. 단 한 사람이 모든 분야에 숙달하는 것은 이제 생각할 수 없는 일이다. 아마 제너럴모터스에도 현대식 자동차를 혼자 만들 수 있는 사람은 아무도 없을 것이다. 경영진 한 명을 방에 가둬놓고 자동차에 들어가는 모든 부품과 공구 및 사용 설명서를 주어도 그가 자동차를 완성해서 운전석에 당당하게 앉는 모습은 결코 볼 수 없다.

건축의 묘미는, 기술이라는 단어가 생기기 훨씬 전에 시작된 것이라서 제너럴리즘의 고립된 보루로 남아 있다는 점이다. 200년 전만 해도 목수와 석공만 있으면 이 세상에 존재하는 구식 주택의 거의 모든 요소를 만들 수 있었다. 둘 중 하나만으로 집을 짓는 경우도 있었다. 수천 년 동안 그들이 집 짓는 일을 주도해왔다. 하지만 최근에 상황이 많이 달라졌다. 창문과 문은 더욱 전문화되었으며, 수도를 실내에 설치한다. 초와 램프 대신 가스와 전기로 조명을 밝히고, 난로 대신 보일러를 사용한다. 세상이 이렇게 달라지다 보니 이제 내가 맡은 주택 공사에서 목공과 석조 작업은 전체 예산에서 고작 20%를 차지할 뿐이다. 600년 전에는 존재감이 거의 없던 설계가 이제 목조 및 석공에 버금가는 비중을 차지한다.

내가 아는 건축가 중에 가장 실력이 좋은 사람은 여전히 집을 짓는 모든 과정을 꿰뚫어본다. 그들은 대부분 수십 년간 목수나 석조공으로 일했으며, 기본적으로 뭔가 만드는 일을 좋아한다. 건축에 관한 모든 분야에 대해 기본적인 지식이 있어서, 적절한 재료와 충분한 시간이 없어도 누가 봐도 손색없는 집을 혼자 힘으로 완성할 수 있다. 조명이 켜지는 시간을 프로그래밍하거나 커튼 등을 원격으로 제어하는 것은 어렵겠지만, 사는 데 필요한 모든 요소를 갖춘 집은 거뜬히 만들어낸다.

건축 현장에 처음 발을 들였을 때, 바닥을 쓸고 짐을 나르는 일부터 시작했다. 이런 일은 머리를 쓸 필요가 없었다. 나는 그런 일을 하면서도 어려운 문제를 찾아서 해결하려 노력했고, 그 과정에서 일하는 재미를 느꼈다. 현장을 청소할 때도 가장 효과적인 방법을 찾으려고 여러 가지를 시도했다. 고작 청소인데도 생각할 게 많았다. 어느 방법이 가장 효과적인가? 위에서 아래 방향으로 진행할 것인가? 모든 물건을 벽 쪽으로 치워서 중심부를 먼저 치우고 가장자리를 그 뒤에 청소한 후 물건을 다시 배치할 것인가? 청소 방법을 연구하는 것이 이렇게 흥미진진할지 미처 몰랐다. 개인적으로 청소를 가장 빨리 끝내는 방법을 찾고 싶었다. 일의 특성상 내가 어떤 방식으로 처리하든 아무도 간섭하지 않았다. 내가 감독 겸 공사장 인부이기 때문이다. 나는 어떤 순서로 일을 처리할지 잘 계획해놓고도 최대한 빨리 하려고 동분서주하느라 진땀을 뺀다. 그런 경험을 통해 효율성을 높이는 몇 가지 규칙을 깨달았다.

1. 몇 번을 수정하더라도 세세하고 효과적인 계획을 세운다. 계획 없이 일할 수도 있지만, 좋은 계획이 있으면 크게 도움이 된다.

2. 계획이 완성되면 더는 일을 어떻게 하면 좋을지 고민하지 말고, 일 자체에 집중한다.

3. 가장 힘든 일, 하기 싫은 일부터 시작한다. 두려움이라는 감정을 생각해보면 어느 것부터 처리해야 할지 금방 알 수 있다.

4. 비슷한 종류의 일은 한꺼번에 처리한다. 빗자루를 들었다면 쓸어야 할 곳을 모두 찾아다니며 비질한다. 그러고 나서 도구를 바꾼 다음, 새로운 도구에 맞는 일을 한다.

5. 처리 속도를 최대한 높인다. 단, 사람이 다치는 일은 없어야 한다.

이 규칙은 별로 복잡하지 않다. 나는 목수로 일하면서 항상 이 규칙을 준수하려고 노력했다. 지금도 공사를 맡으면 우선 그 일을 최대한 파악하려고 한다. 세부 도면을 보면서 어떤 부품이 필요한지 확인하고, 공사 절차를 정하고, 측정, 계산 등의 작업을 한다. 필요한 목록을 작성하고 모든 자재와 부품을 미리 주문한다. 일단 여기까지 끝나면, 실수가 없는지 처음부터 다시 꼼꼼하게 확인한다. 이처럼 두뇌의 사고 기능을 제대로 사용하는 것도 매우 유용한 도구가 된다.

하지만 그다음 작업에서는 사고 기능이 오히려 방해가 될 수 있다. 제작은 대부분 물리적인 일이다. 몸을 쓸 때는 모방, 연습, 반복, 개선을 통해 학습이 이루어진다. 사고 기능도 학습 과정에 사용되지만, 느리고 답답한 느낌을 줄 때가 많다. 기술을 습득할 때 더는 사고 과정이 필요하지 않으면 몸이 익숙한 대로 움직이면 된다. 가끔 새로운 영감이 떠오르면 사고 기능을 사용하지만, 대부분의 경우 몸으로 습득한 기능을 사용할 때는 머리를 쓸 필요가 없다.

운동선수가 몸을 정교하게 움직이는 것을 보면 감탄이 절로 나온다. 신체의 각 요소가 선수의 의지에 따라 일사불란하게 움직인 결과, 정확하고도 아름다운 표현이 가능하다. 경기나 공연이 끝난 후에 자신의 움직임을 세세히 설명할 수 있는 선수는 거의 없는데, 그러한 움직임은 두뇌가 아니라 몸이 주도하기 때문이다. 나는 모든 사람이 몸으로 기술을 익힐 수 있다고 생각한다. 어떤 기술이 몸에 익으면 편안하면서도 능숙하게 움직인다. 자기가 생각한 것보다 더 빠르고 쉽게 일을 해낼 때 느끼는 쾌

감은 말로 표현할 수 없다. 나도 종종 일하다가 나의 최대 속도를 테스트하고 싶어서 일부러 평소보다 두세 배 빨리 작업해본다. 목수인 친구는 절단 작업을 하면서 온종일 공구의 모터를 한 번도 멈추지 않고 작업해보았다고 한다. 나 역시 일 처리 속도가 빠른 목수들과 함께 일하면 흥이 난다. 친구와 선의의 경쟁을 하면 그날 하루는 즐겁게 일할 수 있다. 두뇌를 쓸 일이 없어서 아쉽다면 시시껄렁한 농담을 주고받으면 된다.

이런 식으로 40년 정도 일하고 나니, 굉장히 많은 기술을 습득하고 거의 모든 자재를 알게 되었다. 그리고 다른 분야의 전문가나 기술자와 협업이 필요할 때 각 분야의 독특한 요구 조건이나 어려움도 많이 이해하게 되었다. 지금까지 함께 일했던 건축가들은 대개 물리적인 작업에서 얻는 경험과 이해는 다른 것으로 대체할 수 없다는 점을 누구보다 잘 알고 있었다. 그 점을 인정하기 싫을 때도 있겠지만 말이다. 지난 10년간 나는 디자인 전문가의 머릿속 세계와 숙련된 작업자들이 그들의 아이디어를 실현하고자 땀 흘려 노력하는 세계를 이어주는 다리 노릇을 했다. 양측이 강한 적대감을 드러낼 때는 다리에서 삐걱거리는 소리가 났다. 이렇게 먹고사는 것이 결코 만만치 않지만, 시야가 넓어지고 많은 돈을 벌고 만족스러운 생활을 할 수 있다.

나는 목공 일로 생계를 꾸린다. 이 일로 집세를 내고 가족을 먹이고 아이들을 대학에 보냈다. 지난 25년간 여러 사람이 나의 생산성을 얻으려고 거액의 돈을 지불했다. 결과물의 질적 수준도 물론 중요하지만, 질적 수준이 같을 때는 작업 속도에 따라 금액이 달라진다.

미켈란젤로에 대해 듣고 난 후 엄청난 속도로 많은 일을 해내는 남자를 만났다. 그 후로 일을 후다닥 해치우는 모습을 생각할 때 떠올리는 이미지가 완전히 달라졌다.

올랜도

무언가를 제대로 할 줄 아는 사람을 가까이 두면 든든하다. 어떤 분야의 일을 하는지, 어느 지역 출신인지는 중요하지 않다. 그저 자기 일을 척척 해내는 과정을 직접 보기만 해도 도움이 된다. 어떤 일도 능숙한 수준에 도달하기란 매우 어렵다.

로어이스트사이드에 혼자 살 때 '크리스틴의 식당'이라는 폴란드 음식점에 자주 들렀다. 아침 식사가 푸짐하게 제공되는 곳이었다. 이쁘장한 여종업원들은 무례한 편이었으나, 식당은 늘 손님들로 붐볐다. 나는 일주일에 한 번이라도 다른 곳에 가지 않아도 된다는 것에 고마워했다.

카운터 뒤에서 올랜도라는 남자가 혼자 일했다. 그는 아주 기다란 그릴 앞에서 요리했다. 중앙아메리카 출신인데 고향이 어딘지는 정확히 알 수 없었다. 그는 직장에서뿐 아니라 영어를 거의 할 줄 몰랐다. 올랜도 같은 유능한 요리사를 이렇게 가까이에서 지켜본 것은 난생처음이었다. 그 식당은 방이 두 개였고 테이블은 최소 25개 이상이었는데, 테이블마다 손님 네 명이 빽빽이 앉아 있곤 했다. 이곳의 특징은 가능한 한 짧은 시간에 많은 사람에게 푸짐한 식사를 제공하는 것이었다. 올랜도가 정식 메뉴판에 있는 여러 가지 푸짐한 아침 식사 메뉴를 100명에게 제공하는 데는 한 시간도 걸리지 않았다. 여종업원들은 주문서를 건네주는 것이 아니라 미리 합의된 약어로 주문을 전달하고는 자기들끼리 신나게 수다를 떨다가 올랜도가 "음식 나갑니다"라고 하면 그것을 받아서 테이블로 가져갔다.

올랜도는 쉴 새 없이 움직였지만 여유로워 보였다. 불필요한 동작은 전혀 없었으며 물 흐르듯 자연스러웠다. 생각하거나 계산하는 것처럼 보일 때는 한 번도 없었다. 그저 요리하는 과정만 수없이 반복되었다. 그릴에서 음식이 익는 동안에는 필요한 물품을 다시 채우고 주방 이곳저곳을 깨끗이 닦거나 접시를 세팅하고 완성된 요리를 장식할 간단한 가니시를 준비했다.

내가 못하는 일을 척척 해내는 사람들을 보면 감탄이 절로 나온다. 나도 간단한 오믈렛은 만들 수 있지만, 이 남자는 주문이 쏟아져 들어오는데도 한 편의 교향곡을 연주하듯 아주 능숙하게 요리해냈다. 식당에 앉아서 그를 지켜보노라면 그동안 돈을 내고 배운 것보다 훨씬 많은 점을 배울 수 있었다. 올랜도는 나에게 일의 잠재력과 숙달된 동작의 아름다움을 알려주었다.

‡

한때 가구공이 되고 싶다고 생각했다. 가구 제작에 관한 책이나 잡지에서 공예술이나 나무의 자연미를 다룬 기사, 유명 목수의 멋진 삶에 대한 이야기도 읽었다. 머릿속으로 시골에 예쁜 집을 그려보았다. 담장 대신 장미 덩굴을 두르고 뒤뜰에는 튼튼한 별채가 있으며 예쁜 색으로 반짝이는 창문이 달린 집이었다.

이런 꿈을 키워가던 중에, 신문 광고를 보고 브루클린 클린

턴 힐에 있는 가게를 방문했다. 지하철 계단을 나와보니 가로수와 갈색 건물이 줄지어 선 거리가 펼쳐졌다. 길을 걷는 내내 기분 좋은 소리가 귓가에 들리는 듯했다. 도로명 주소의 숫자가 작아지면서 내가 가려는 상점의 주소와 점차 가까워졌다. 들뜬 마음도 차츰 잦아들었다. 보도블록이 끝나고 콘크리트 포장길이 이어지자, 갈색 건물도 자취를 감추고 고속도로가 보였다. 내리막길을 지나자 다시 고가도로가 이어졌고, 어두컴컴한 건너편에 칙칙한 베이지색의 산업용 건물이 보였다.

콘크리트 계단을 몇 층 올라가보니 오래된 금속 방화문으로 된 작업장 입구가 닫혀 있었다. 낡은 초인종을 누르자, 나보다 한참 키가 작고 반쯤 벗겨진 데다 덥수룩한 머리를 한 남자가 나왔다. 그는 루이지애나 지역의 억양을 구사하며 "뭐요?"라고 물었다.

"신문에서 구인 광고를 보고 왔습니다."

"따라오시오."

그를 따라 창문 하나 없는 사무실로 들어갔다. 뺨이 붉고 30대로 보이는 아일랜드 남자가 내 경력을 간단히 받아 적었다. 그는 작업장 곳곳을 보여주었는데, 모든 기계 앞에 멈춰서 "이거 사용할 줄 알아요?"라고 물었다. 테이블톱과 드릴 프레스밖에 쓸 줄 몰랐지만 나는 "압니다"라고 거짓말을 했다. 나는 그 자리에서 바로 채용되었다.

1980년대 중반에는 작업장을 운영하기가 쉽지 않았다. 그곳은 유럽식 슬라이딩 패널 톱과 에지밴더(edgebander), 라인보링 머신, 32mm 카케이스(carcase) 접합 장치, 자동 피더가 달린 대형 셰이퍼 등 요즘 목공소에서 볼 수 있는 것은 다 갖추고 있었다. 처음 보는 기계가 대부분이었지만, 이런 작업장이라면 문이 달린 상자는 어떤 크기든 원하는 대로 만들 수 있겠다는 생각이 들었다. 전통적인 목공 작업소의 느낌은 전혀 없었다. 장붓구멍을 완벽하게 마무리하기 위해 끌을 조심스럽게 사용하는 일도 없었고 프랑스 광택제나 알코올 냄새도 전혀 나지 않았다. 이곳은 그냥 공장이었다. 내 작업대는 작업장에서 가장 나이 많은 가구 제작공의 옆자리였다.

나는 거친 원목을 필요한 크기만큼 네모로 잘라 다듬는 일을 맡았다. 다른 작업자가 접합기와 대패 사용법을 직접 보여주었다. 덕분에 그럭저럭 일과를 마칠 수 있었다. 집에 오자마자 책과 잡지를 꺼내서 방금 본 것을 어떻게 하는지 제대로 공부했다. 매일 새로운 일이 생겼고 작업량도 늘어났다. 매일 밤 그날 작업에 대한 이론을 열심히 공부했다. 이런 과정이 반복되자 작업에 대한 이해가 넓어졌다.

몇 가지 힘든 점도 있었다. 슬라이딩 테이블톱은 내가 어릴 때 만져본 간단한 고정식 공구와 완전히 달랐다. 패널을 완벽한 사각형으로 자를 수 있는 건 좋았지만, 자세를 잡기가 어려웠다. 작은 조각을 자를 때에는 몸을 얼마나 굽혀야 정확하게 작업할 수 있는지 도무지 가늠할 수 없었다. 한번은 작은 패널을 다듬으려고 슬라이딩 작업대 오른편에 서서 뒤에서 앞 방향으로 패널을 밀어 넣었다. 그런데 패널이 펜스와 칼날 사이에 끼어버렸다. 톱의 엔진이 9마력이나 되었기에 끼인 조각이 튕겨 나와 나의 가슴을 세게 쳤고, 나는 뒤로 나동그라졌다. 몇 년 전, 남동생과 한

바탕 몸싸움을 벌인 직후에 숨이 안 쉬어질 때 어떻게 해야 하는 지 배워둔 것이 천만다행이었다. 하지만 지금도 그 순간을 생각하면 아찔하다.

더 큰 문제는 에지밴더였다. 피더, 글루포트, 애플리케이터, 압력롤러, 트리머, 로퍼 등에서 나는 소음이 한데 뒤섞이면 정말 견디기 힘들었다. 게다가 에지밴더로 인해 대참사가 벌어지지 않는 날은 정말 드물어서, 그런 날은 특별히 축하를 주고받았다. 솔직히 지금도 에지밴더를 써보라고 하면 잘해낼 자신이 없다.

1년쯤 지나자, 아무것도 할 줄 모르면서 그렇지 않은 척 연기할 필요가 없었다. 일이 익숙해지자 지루해졌다. 날이 갈수록 작업장에 대한 흥미가 줄어들었다. 1000개 정도 작업하고 나면 상자는 상자고 문은 문일 뿐, 더는 특별하게 느껴지지 않았다. 크기나 원목이 달라도 예전처럼 호기심이나 열정이 생기지 않았다. 작업 공정이 나날이 개선되는 것만이 유일한 보람이었다. 절단 목록은 점점 늘어나서 결국 모든 작업을 아울렀다. 카트와 작업 공정이 진행 중인 구조물의 배치에도 신경 썼더니 작업 효율이 높아져서 시간이 크게 단축되었다. 결합하거나 조립하는 작업은 아무 생각 없이도 빠르게 해치울 수 있었다. 샌딩 작업도 체계적이고 완벽했으며 반복 작업이 되었다. 이렇게 하나하나 개선하다 보니 지루함을 극복할 수 있었다.

어느 월요일에 양쪽 뺨이 불그스름했던 관리자가 와서 '제작 업무'를 보여주었다. 사무실 증축에 쓰일 수납장 96개가 필요하다는 것이었다. 종류는 세 가지였고 96개로 같은 워크스테이션을 구성할 예정이라고 했다. 그는 도면을 보여주며 2주 내로 완성해야 한다고 말하고는, 새로 고용된 젊은 여자를 조수로 붙여 주었다. 그녀는 검은 곱슬머리에 주근깨가 많았지만, 상당히 매력적이고 사람을 편하게 해주는 스타일이었다. 어쩌면 이미 그녀에게 반했던 것인지 모른다. 아무튼 마음씨 좋은 선배답게 일하는 요령을 알려주고 싶었다. 그녀에게 절단 목록을 작성하는 방식을 차근차근 알려주었다. 목록 중에는 차용한 부분도 있고 내 방식으로 작성한 부분도 있었다. 내 방식의 목록에는 톱을 사용하는 모든 작업이 순서대로 적혀 있어서 각 패널의 사용률을 최대로 하며 작업이 끝난 패널을 정확히 어디에 사용할지 알 수 있었다. 그녀는 원래 해오던 일처럼 능숙하게 따라왔다.

우리 둘은 뭔가에 홀린 듯이 일에 매달렸다. 매일 아침 머리를 맞대고 그날의 목표를 세운 다음, 산더미처럼 쌓인 패널과 부품을 가져와서 자르고 구멍을 뚫고 장붓구멍을 만들 수 있도록 준비 작업을 했다.

마지막 단계는 조립으로, 가장 복잡한 과정이었다. 이 작업은 목요일 아침에 시작했다. 각각의 수납장을 조립하는 데 필요한 움직임을 배우고, 하나하나 완성되어 작업대에서 사라질 때마다 자신감을 얻었다. 하루가 끝날 무렵, 40개를 조립하고 문을 달았다. 12분에 하나를 조립한 것은 굉장히 빠른 속도였다. 다음 날, 우리는 조립할 때마다 시간을 재면서 최고 속도를 경신하려고 노력했다. 마지막 조립에는 고작 7분밖에 걸리지 않았다. 한순간도 낭비하지 않고 온전히 집중했다. 허둥지둥하지 않았고 작은 실수 하나도 없었다. 이렇게 완벽하게 마무리하고 나니 성취감이 말할 수 없을 정도였다.

나머지 56개는 퇴근 시간을 딱 한 시간을 남겨두고 마무리했다. 작업장 관리자가 정해준 기한이 절반밖에 지나지 않았는데 프로젝트를 다 끝낸 것이었다. 우리도 기한이 절반이나 남은 것을 잘 알고 있었다. 나는 조수를 데리고 회의실로 들어가서 커피를 끓였다. 우리는 커피를 홀짝이며 인생과 삶의 목표에 관해 이야기하며 프로젝트를 끝낸 것을 자축했다. 관리자와 작업반장, 다른 가구 제작공이 모두 우리를 쳐다보고 있었지만 아무도 입을 열지 않았다.

그날 밤 집에 오는 길에 조수와 나눈 대화가 계속 머릿속을 맴돌았다. 가구를 주문, 제작하는 업체는 대부분 몇 가지 작업에만 주력했다. 이들은 주로 상자와 문을 제작하면서 몇 가지 부속물을 달아 비용을 높게 책정한다. 주방, 욕실 세면대, 선반으로 먹고사는데, 요즘 작업장은 이런 것 외의 작업을 할 만한 도구를 전혀 갖추지 않는다. 나도 문의 형태나 마감재에 대해 다양하게 배울 기회가 있었지만, 아주 많지는 않았다.

일주일 내내 조수와 나는 미니어처 조립라인처럼 쉴 새 없이 움직였다. 하지만 우리 둘은 기술이 뛰어난 장인이 아니라 공장 노동자가 더 어울린다는 점을 인정해야 했다. 목공업계에서도 유일무이한 예술 작품이라 할 만한 결과물을 산출하는 장인은 손에 꼽을 정도다. 하지만 그들은 대부분 집세를 내는 것조차 힘들 정도로 빠듯하다. 퇴근길 내내 진지하게 생각해보았지만, 목공 일을 계속해봤자 내 앞날이 그리 밝지 않다는 생각이 들었다.

주말에 나는 구인 광고를 찾아보았다. 더는 가구 제작공으로 먹고살 자신이 없었다.

이것이 바로 역량의 수수께끼다. 그 모든 노력, 잘못된 모든 것, 셀 수 없이 많은 수정 작업과 해결책이 다 합쳐지면 잠시나마 일이 즐겁고 행복하게 느껴진다. 하지만 다음 날이면 우리 몸은 다시 에너지를 얻기 위해 아침을 먹어야 한다.

8장

관용

으, 사람들이란!

1년 전쯤 잡지에 실을 인터뷰를 요청하는 전화를 받았다. 그때 나는 잡지 이름을 잘못 들었고, 인터뷰 요청에 응할 생각도 없었다. 하지만 전화를 건 사람이 매우 친화력이 좋았고, 화려한 뉴욕 건물의 세계에 진심으로 관심이 있는 것 같아서 퇴근 후 현장 근처에서 술이나 한잔하기로 약속했다. 대화를 나누다 보니 내가 생각한 것보다 훨씬 유명한 잡지사에 일한다는 것을 알았다. 사실 그때까지 나는 인터뷰를 해본 적이 없었다. 그의 질문은 상당히 예리했다. 사전 조사를 열심히 한 모양이었다. 함께 대화하는 것이 즐거워서 기꺼이 승낙했다. 그는 50시간, 5개월에 걸쳐 인터뷰를 진행했다. 기사는 몇 달 후에 실린다고 했다. 결론에 쓸 만한 인상적인 표현이나 농담은 대부분 그가 미리 알려주었다. 그리고 내가 부지불식간에 내뱉은 삐딱한 말은 그가 알아서 잘 걸러냈을 것이다. 그의 노력 덕분에 인터뷰가 성공적으로 나온 것 같다.

몇 달간 연락을 주고받으면서 그는 관용이라는 주제를 여러 차례 언급했다. 다른 누군가가 그 주제에 관해 그에게 말했을지도 모른다. 나는 현장 바닥에 그려놓은 안내선을 가리키면서 "수납장은 바로 저기에 들어갈 겁니다"라고 말했다. 그는 계속 질문을 퍼부었다. "저기에서 어긋날 확률은 어느 정도입니까? 오류의 오차 범위는 얼마나 되죠?"

"저기 딱 맞게 들어갈 겁니다. 정확한 위치를 선으로 표시해 놓은 겁니다."

관용은 폭넓게 정의할 수 있다. 상대방의 행동에 문제가 있거나 불쾌한 기분이 들지만 그에 대해 악의적으로 대응하지 않는 마음도 관용이라 할 수 있다. 증오와 동정심의 중간 정도에 해당하는 마음인데, 흔히 말하는 연옥의 경계가 바로 이것일지 모른다. 그가 질문한 관용이란 고객이 결제를 거부할 정도가 아니라 그냥 넘어가줄 수 있을 만큼의 미흡함이라고 표현할 수 있다.

말은 쉽지만 현실에서는 이 경계를 찾기가 쉽지 않다. 고객에게 "부자 양반, 우리가 만든 문이 조금 뒤틀려 있을 경우 어느 정도까지 허용해줄 겁니까? 당신이 즉시 대금을 결제할 수 있는 경계는 어디까지입니까?"라고 질문했다간 반감만 살지 모른다. 그래서 제작업체는 조합이나 길드를 결성해서 기준을 정한다.

조합원: 작업을 의뢰받아서 문을 대량으로 만들어보면, 어떤 방법을 사용하든 하나 정도는 반드시 0.3cm 정도 휘어집니다. 2m가 훌쩍 넘는 문을 만들면 꼭 그래요. 이런 것까지 트집 잡는 건축가는 진절머리가 납니다. 목재는 유기체라서 이리저리 휠 수 있다는 점을 건축가들은 왜 인정하지 않죠?

조합: 건축가에게 바라긴 뭘 바라요?

이에 대한 해결책으로 합리적인 기준을 정했다. 이를테면 2m 가 훌쩍 넘는 작업에서 0.3cm 정도 휘거나 뒤틀리는 것은 허용할 수 있다고 인정하는 것이다. 향후 모든 계약에서 조합원들은 〈국제 목공예가조합의 표준 지침〉을 품질 측정의 기준으로 사용한다. 이제부터는 주문 제작한 20개의 문 중에서 습기 때문에 욕실 문이 조금 뒤틀려도 공사대금을 받을 수 있다는 사실에 편안히 밤잠을 청할 수 있다. 6개월 후에 이런 전화가 온다면 아마 실망스러울 것이다. "부자 고객이 주문 제작했던 문 하나에 문제가 생겼어요. 언제 와서 봐주실 수 있나요?"

조합원들은 돈 많은 의뢰인이 표준 지침 같은 것에는 관심조차 없다는 점을 차츰 깨닫는다. 그들의 머릿속에는 욕실 문이 뒤틀어져서 수리해야 한다는 생각뿐이다. 목공예가들이 목재의 특징은 잘 알지 몰라도, 우리 중에서 돈을 가장 잘 버는 사람의 아량에 대해서는 크게 착각하고 있다. 자기보다 1000배는 더 잘 벌지만 공사 결과에 불만을 품은 고객 앞에서 자신의 무고함을 설득할 목공예가는 그리 많지 않다.

이런 상황은 과거에도 골치 아팠지만 지금도 크게 달라지지 않았다. 업계 표준은 사람들이 좋아할 만한 결과물을 만드는 면에서는 별로 유용하지 않다. 의뢰인의 불만 사항을 다룰 때 변호사가 유의할 사항을 나열해놓았을 뿐이다. 공사 결과에 이의를 제기할 때 표준 지침을 인용하면 중재에는 도움이 될지 몰라도, 이런 상황이 벌어진 것 자체가 이미 큰 문제라고 봐야 한다.

하지만 모든 당사자가 만족할 만한 결과를 얻는 방안을 찾을 수 있다. 나는 공사를 맡으면 다음과 같은 세 가지 간단한 질문을 검토한다.

1. 눈으로 보기에 괜찮은가?

"이 집에서는 눈에 안 띌 거야"라는 말이 나오면 필연적으로 "이게 남의 집이라면 그냥 넘어갈 정도야"라는 말이 뒤따른다. 실제로 현장에서 작업자들이 이런 말을 상당히 자주 한다. 하지만 우리는 이런 상황을 허용하지 않는다. 내가 보기에 어떤 것이 평평하지 않거나 중심이 맞지 않거나 간격이 일정하지 않다면 의뢰인도 분명 그 점을 발견할 것이다. 내가 보기에 난간이나 작업대의 이음새나 접합 부분이 이상하다면, 그것은 분명 적절하지 않다. 언젠가 수리해야 한다는 말이다.

아무렇게나 만들었다가 나중에 수리하는 것보다 처음부터 정확하게 제대로 만드는 편이 훨씬 낫다. 보기 좋은 것을 만들면 성취감이 있다. 특히 만드는 사람의 눈에 아름답다면 의미가 크다. 또한 고객이 아무런 불평 없이 약속한 공사대금을 건네주면 마음이 몹시 편안해진다.

철을 다루는 작업자는 500kg의 빔을 들어 올리고 거대한 유압 프레스에서 두꺼운 판을 둥글게 구부리는 일을 한다. 이들이 연필로 그린 선 정도의 두께를 반으로 쪼개지 못한다 해도 사람들은 충분히 이해해줄 것이다. 아마 이들은 작업을 계획할 때 약간의 오차를 감안할 것이다. 강철 공작물이 100% 완벽할 수 없으므로 강철 공작물과 그것이 지지하는 석판 사이의 틈을 어떻게 메울지 고민한다는 뜻이다. 이러한 계획 방식은 건축의 모든 단계에 적용할 수 있다. 나는 항상 약간의 오차가 발생할 것을 감안하고, 이를 어떻게 처리할지 고민한다. 그래야 원래 계획한 선의 정중앙, 즉 내가 딱 원하는 위치에 최종 결과물이 보기 좋게 놓이기 때문이다.

업자들은 "천사에게만 보이는 곳이라도 보기 좋게 만들어야 한다"라고 입버릇처럼 말한다. 어느 정도는 맞는 말이라고 생각한다. 작업은 모든 과정이나 단계에서 깔끔하고 조직적으로 진행해야 한다. 그러면 의뢰인에게 신뢰를 얻을 수 있고 공사 인부들의 사기를 높일 수 있다. 하지만 이러한 고상한 태도만 지키려 들면 공사 일정이 엉망진창이 될 수 있으므로 주의해야 한다. 의뢰인은 공사 일정에 무척 민감하다. 공사가 끝났을 때 의뢰인이 가장 신경 쓰는 것은 자신과 주변 사람들의 눈에 보이는 부분이다. 이웃 사람이 "쯧쯧, 이게 뭐야?"라며 손가락질하는 부분이 없어야 한다는 뜻이다.

2. 사용하기 쉬우며 제대로 작동하는가?

사람들은 정상적으로 작동하는 느낌이 들어야 안심한다. 외관까지 보기 좋으면 금상첨화일 것이다. 작동시킬 때 갈리는 소리가 나거나 덜컹거리거나 힘이 너무 많이 들거나 작동법이 복잡하거나 자주 수리해야 하는 물건을 집에 두고 싶지는 않을 것이다. 외관이 아무리 그럴싸해도 잘 작동하지 않으면 무용지물이다. 종종 재벌이나 부자는 자동차 수리 센터에 너무 자주 가야한다며 페라리에 불만을 터트린다. 물론 공사를 맡긴 의뢰인 중에 베어링이 제자리에 딱 맞게 들어갈 때 얼마나 기분이 좋은지 이해하는 사람은 없을 것이다. 하지만 베어링이 잘 맞지 않아 삐걱거리는 소리가 난다면 의뢰인도 그 소음에 예민하게 반응할 것이다.

3. 불편하거나 거슬리는 면이 있는가?

어떤 의미에서는 이것이 가장 적용하기 쉬운 기준이다. 한 가지 확실한 것은 부드러운 곡선, 정확하게 정렬된 구성 요소, 안정적으로 보이는 연결, 직관적으로 찾기 쉬운 위치에 놓인 스위치와 컨트롤러, 눈부시지 않은 조명, 소리가 명확하게 잘 들리는 스피커, 보기 싫은 요소를 잘 감춘 인테리어, 악취가 나지 않는 배수구, 부드럽게 잘 열리는 문, 쉽게 풀리지 않는 고정된 물품, 손이 닿는 부분이 날카롭거나 거칠거나 들쭉날쭉하거나 미끈거리지 않는 상태를 누구나 좋아한다는 것이다. 우리는 온갖 다양하지만 흔한 문제를 해결하면서 성장하며, 용서에 점점 인색해진다. 그러니 경험칙이 필요하다면 열한 살 아이에게 예쁘다고 생각하는지 물어보면 된다. 아이가 그렇다고 말하면 공사대금을 받는 데 문제가 없을 것이다.

블루 테이프

도급업자 밑에서 일하기를 그만두기 전인 7년 전에, 어떤 프로젝트의 감독을 맡았다. 도심에 자리 잡은 상류층 시장에서 막 발판을 다지기 시작한 롱아일랜드 신규업체였다. 친구의 소개 덕분에 크게 애쓰지 않고 찾은 일자리였다. 그들은 내 이력을 묻지 않았고 나도 굳이 자세히 소개하려고 애쓰지 않았다. 한편 20년간 이어진 나의 결혼 생활은 종지부를 찍기 직전이었다. 나는 하루하루 상사가 시키는 일을 하고 4시 반에 퇴근하는 삶을 원했다. 앞으로 계속 그렇게 일하면서 살아도 나쁘지 않을 것 같았다. 그저 1년 정도 휴식 같은 시간을 원했을 뿐이다.

고용주는 나보다 15세나 어린 남자였다. 키는 나보다 15cm가 작았고 몸무게도 50kg 이상 적게 나갈 것 같았다. 그래서 그가 없을 때는 리틀 보스(Little Boss)라고 불렀다. 놀리려는 의도는 아니었다. 누가 봐도 나와 그의 체구는 매우 대조적이었다. 몇 달간 내가 일하는 것을 지켜보더니 리틀 보스는 나에게 단독 프로젝트를 맡겼다. 파크 애비뉴에 있는 듀플렉스 건물의 내장을 완전히 걷어내고 새로 작업하는 것이었다.

아파트는 스네일 작업을 해낸 바로 그 업체에서 20년 전에 리노베이션을 진행했다. 내가 그 업체에 계속 몸담고 있었다면 이제 철거하려는 아파트를 건설할 때 나도 참여했을지 모른다. 아파트는 아주 화려했다. 몰딩은 고전적인 느낌을 주었고, 세심하게 다듬어 모양을 낸 대리석과 10년도 훨씬 전에 유행이 지나버린 트롱프뢰유(trompe l'oeil, 정교한 눈속임 효과를 내는 예술 기법—옮긴이) 그림이 눈길을 끌었다. 유행은 지났지만 작품 자체는 오랜 시간이 지나도 훌륭했다. 문은 문설주에 잘 붙어 있었고, 경첩도 단단히 죄어 있었으며, 페인트칠한 부분도 전혀 문제가 없었다.

철거 작업을 하던 중에 수년 전에 나와 함께 일했던 인부들이 낙서한 것이 눈에 들어왔다. 내가 공사한 집도 언젠가 이런 식으로 철거될 수 있겠다는 생각이 들었다.

하지만 그런 생각에 깊이 빠질 여유가 없었다. 여름 공사는 집중력을 최대한 발휘해야 했다. 우리는 3개월간 뜨거운 태양열을 견디며 아파트를 완공 단계에 가깝게 만드느라 고생했다. 노동절이 다가왔고, 다음 해 여름이나 2년 후 여름에 이곳에 또다시 와야 한다는 사실을 그때는 아무도 알지 못했다.

이혼이 코앞에 닥치니 심리적 여유가 없었다. 모든 게 비현실적으로 느껴졌다. 그래도 수년간 일이 몸에 밴 덕분에 정신을 가다듬고 작업에 집중할 수 있었다. 문제가 생기면 해결책을 찾아보고 직원들에게 필요한 지시를 내렸다. 아무도 모르게 속앓이 하던 것을 생각하면 엄청난 연기력을 발휘한 것이었다.

여름 내내 파크 애비뉴 듀플렉스의 공사에 매달렸다. 그 후에는 그리니치빌리지에서 8개월짜리 프로젝트에 배정되었다. 교양 넘치는 재벌 상속녀가 지낼 타운하우스인데, 주 욕실을 새로 만들고 페인트 작업도 해야 했다. 집주인은 이 프로젝트에 자신의 대리인을 붙여놓았는데, 리틀 보스는 그 여자를 눈에 띄게 무서워했다. 대리인은 우리 같은 건축업자의 입장을 별로 고려하지 않는 듯, 날카로운 질문을 퍼붓거나 전문 용어를 남발하며 강한 주장을 펼쳤다. 하지만 일은 나에게 피난처와 같았고, 현장에서는 내가 최고 권위자였다. 대리인은 번지르르한 말과 행동에 익숙한 사람이라서 오히려 나의 무심한 태도를 좋게 평가했으며 금세 경계를 풀고 친근하게 다가왔다. 자신을 무서워하지 않으면서 존중해주는 것을 좋아하는 유형이었다.

타운하우스는 리노베이션을 한 지 얼마 되지 않았는데, 공사를 맡은 업체는 전혀 인지도가 없었다. 전체 감독을 맡은 건축가는 우리와 파크 애비뉴 듀플렉스 공사를 같이했다. 며칠 현장에서 일하면서 방들을 살펴보니 이전의 리노베이션 공사가 문제투성이였음을 깨달았다. 가장 큰 문제는 에어컨이었다. 덕트는 제대로 연결되지 않았고, 방이 너무 커서 그릴을 통해 충분한 양의 공기를 실내로 흡입하거나 밖으로 내보내는 것이 사실상 불가능했다. 그리고 여러 가지 장치가 설치되어 있었는데, 설치 방식 때문에 수리 작업을 할 수 없는 상태였다.

우리는 드라이월을 뜯어낸 다음, 문제점을 보이는 대로 찾아서 바로 수리했다. 나는 문제점을 놓치지 않으려고 눈과 귀의 모든 신경을 곤두세웠다.

다음 순서는 지붕이었다. 누가 설치했는지 모르지만, 순서가 거꾸로 진행된 것이 한눈에 보였다. 물은 위층에서 아래층으로 내려오고 경사로를 따라 배수관으로 이어져야 하는데, 위층에서 아래층 하단으로 이어진 다음, 장선을 통해 바로 아래에 있는 천장 밑으로 이어졌다. 지붕은 정교한 데크로 덮여 있었지만 데크를 지지하는 부분이 너무 부실했다. 결국 1년밖에 안 된 지붕을 통째로 교체해야 했다.

어느새 추운 겨울이 왔다. 새것이나 다름없는 주방에서 배관이 터진 것으로 보아, 아무도 주방 벽면에 단열 공사를 하지 않은 것이 분명했다.

몇 주 후에 누군가 바닥에 콘크리트 포대를 떨어뜨렸다. 내가 사무실로 사용하던 곳이었다. 포대가 떨어지자, 사무실 전체가 심하게 흔들렸다. 무언가 큰 문제가 있다는 증거였다. 계단 주변의 천장을 열고 주요 구조의 장선을 찾았는데, 모든 부분에 금이 있었다. 계단 홀과 응접실 사이의 중앙 내력벽까지 금이 이어겼다. 5층까지 이어진 벽 전체는 타운하우스의 길이와 높이 전체와 연결되어 사실상 모든 층을 지탱하는 역할을 했는데, 이를 다 철거하고 훨씬 가벼운 금속 스터드로 대체했다. 하지만 대체한 스터드는 자체 무게만 겨우 지탱할 뿐이었다.

모든 작업은 이전의 리노베이션을 맡았던 도급업자가 진행했고, 뉴욕 최고의 건축업체 중 하나가 꼼꼼하게 감독했다. 이 건물은 심각한 위반 사항이 없었기에 건축국에서 모든 사항을 점검하여 통과시킨 상태였다. 타운하우스는 도시에서 가장 비싼 지역에 속하는 그리니치빌리지 중심가에 있었다. 공사를 의뢰한 타운하우스의 새 주인은 조각품이 너무 많아서 그 무게로 인해 무너질 뻔한 이 집에 수천만 달러를 쏟아부은 셈이었다.

나는 집주인이 보낸 대리인에게 새해 전야 댄스파티는 절대 안 된다고 말했다. 중앙 벽은 지하실부터 지붕까지 전부 교체해야 하고, 각 층의 바닥 장선도 재정비해야 했다. 대리인은 내게 고마워하면서도 지금보다 조금 덜 성실하기를 바라는 눈치였다. 그 후로는 다른 것을 꼼꼼하고 예리하게 볼 마음이 생기지 않았다. 하지만 기존 상태는 엉망진창이었고 하나부터 열까지 수리할 필요가 있었다. 지하의 오수펌프는 전선 연결 상태가 불량이라서 그대로 두면 누군가 감전될 게 뻔했다. 지붕의 개인 서재는 가스 벽난로를 켜자 곧바로 굴뚝에 불이 붙어버렸다. 가연성 자재로 굴뚝을 만들었다는 뜻이었다. 우리는 마스터 침실의 벽난로에도 연기 테스트를 실시했다. 연기는 바로 위층 침실의 연통으로 흘러갔다. 어느 날 저녁에 부부가 로맨틱한 시간을 보내려고 벽난로에 불을 붙이면 다음 날 아침에 자녀들이 침대 위에서

질식사한 모습을 보게 될 상황이었다. 집주인은 간단하게 침실에 페인트를 칠하고 욕실을 보수할 생각이었는데, 갑자기 15개월짜리 악몽이 시작되었다. 여름이 코앞이라 나는 파크 애비뉴 공사를 하러 가야 했다. 오랜 친구에게 이 공사를 넘기면서 행운을 빌어주었다. 그는 전혀 고마워하지 않는 눈치였다.

나는 사실 1월부터 파크 애비뉴에서 보낼 현충일을 준비해왔다. 프로젝트 매니저와 나는 마무리해야 할 작업을 하나하나 적어보았다. 그런 다음, 프로젝트의 현재 상황을 기준으로 목록에 있는 작업을 거꾸로 하나씩 처리하기 시작했다. 가장 심각한 문제는 아직 설계조차 진행되지 않은 부분, 즉 석조와 강철로 된 계단, 주방 그리고 고급 주 욕실과 드레스룸과 거실을 갖춘 스위트룸이었다.

시공업자들은 이 프로젝트에서 주방과 욕실이 전부라고 해도 과언이 아니라는 점을 알고 있었다. 사실 주방과 욕실 공사야말로 건축에서 가장 많은 분야가 관련되어 있어서 서로 긴밀하게 협조해야 하고 작업 순서도 신중하게 결정해야 한다. 그리고 나는 계단 공사를 몇 년간 해보았기에 계단이야말로 두 번째로 어려운 작업이라는 것도 잘 알고 있었다. 이듬해 여름까지 끝내려면 3월까지는 설계가 끝나야 한다는 취지로 건축가와 주인에게 보낼 등기 우편을 준비했다. 이로써 건축가들이 우리에게 설계를 보낼 때까지 6주라는 시간이 남았다. 그런데 이 설계는 이미 그들이 3년이나 붙들고 있던 것이었다.

상식적인 사람이라면, 프로젝트는 지난해 여름에 시작했고 특히 마감일이 매우 엄격하게 정해진 것이므로 우리가 프로젝트를 시작할 때 이미 철저히 파악했으리라고 여길 것이다. 하지만 그런 추론은 큰 착각이다. 30년 전에는 건축가의 의도를 분명히 알려주는 청사진이 수작업으로 완성되어 두꺼운 다발로 전달되었다. 하지만 지난 20년간은 컴퓨터로 그린 단순 도면이 담긴 얇은 책자만 받았는데, 실제 공정에 필요한 세부 사항은 거의 찾아볼 수 없다. 이런 책자에서는 해당 건축가의 '신속' 건축 공법을 소개하면서 세부 도면은 조만간 나올 것이라고 덧붙인다. 이런 식의 전개는 이번 프로젝트가 장기화될 것이라는 징후다.

등기 우편은 서류상의 기록을 남기려고 작성한 것일 뿐, 실질적인 효력은 기대할 수 없었다. 여름이 끝나갈 무렵에 주방과 스위트룸, 계단이 결국 완성되지 않아서 공사가 1년 더 미뤄져야만 비로소 누구의 책임인지 제대로 드러날 것 같았다. 등기 우편은 건축가들에게 전혀 타격을 주지 않는다. 5월 1일이 되었지만, 공사 진행에 사용할 도면은 하나도 준비되지 않았다. 우리도 놀라지 않은 채, 현장 상황이 좋지 않다는 내용의 등기 우편만 계속 작성했다.

여름이 시작되었다. 내가 찾아낼 수 있는 지원군은 모두 불러 모았다. 내 목표는 이스트 72번가 공사를 재현하는 것이었다. 어떻게든 이 프로젝트를 끝내고 말겠다는 각오였다.

집주인은 상당히 짜증스러웠다. 친한 척하더니 우리끼리만 솔직해지자며 공사가 제때 끝날 수 있는지 물었다. 나는 이전에 보낸 편지에서 그건 불가능한 일임을 분명히 밝혔다고 말했다. 건축가가 필요한 것을 제때 가져다주지 않아서, 공사를 시작하기도 전에 계획은 이미 차질이 생겨버렸다. 이런 부정적인 말은 아무리 반복해도 집주인의 귀에 들리지 않는 것 같았다. 현대 사회에서 구할 수 있는 모든 의사소통 수단을 통해 그 점을 통지했는데도 아무런 변화가 없었다. 여러 차례 경험을 통해 깨달은 점이 하나 있다. 아무리 회의록을 배포하고, 서신을 작성해서 등기로 보내고, 긴급 이메일을 전송하고, 직접 찾아가서 얼굴을 맞대고 설명해도, 파크 애비뉴 소유주가 제때 입주하지 못하면 도급업자가 모든 비난을 고스란히 견뎌야 한다는 점이다.

건축가 외에도 걸림돌이 있었다. 리틀 보스가 구해 온 목공 팀은 이 작업을 감당할 능력이 없었다. 팀원 대다수가 프레이밍이나 시트로킹의 기본 사항 외에는 아는 것이 거의 없었다. 더 큰 문제는 석재 및 타일업체였다. 자기네 기술이 부족한 것은 인정하지 않고 거짓말과 잘못된 관리로 문제를 덮으려 했다. 업체에 속한 타일공은 제 성질을 이기지 못하고 두 번이나 일을 팽개쳤다. 프로젝트 매니저는 처음에 마구 따지고 들더니 나중에는 연락이 닿지 않았다. 나중에 알고 보니 부동산 사기로 콜로라도주에서 복역 중이었다.

결국 리틀 보스가 나서서 필요한 것을 갖춰주었다. 나는 친한 친구 폴린을 프로젝트 매니저로 고용했다. 폴린은 지저스를 부감독자로 데려왔다. 기적이 절실했던 우리 프로젝트에 아주 잘 어울리는 이름이었다. 우리 삼총사는 석 달간 똘똘 뭉쳐서 열심히 일했다. 폴린이 구매를 맡고, 지저스가 인부들을 관리했으며, 나는 하청업체가 모든 작업을 빠르고 정확하게 진행하는지 감독했다. 집주인은 어김없이 매주 찾아왔지만, 우리는 노동절 직전 금요일까지 공사가 계속될 거라는 대답만 반복했다.

폴린은 사람을 다루는 재주가 남달랐다. 협동조합 위원장과 입주민 관리인이 조사하러 왔을 때는 공사가 끝난 상태가 아니었다. 하지만 두 사람은 폴린을 아주 좋게 보았고, 공사가 거의 끝난 것으로 인정해주었다. 리틀 보스는 우리 삼총사의 손발이 척척 맞는 것을 눈여겨보았는지, 만회할 기회를 주겠다며 새 프로젝트를 맡겼다.

남은 작업이 많지 않았지만 이를 마무리하려고 새로운 팀이 꾸려졌다. 리틀 보스는 우리가 해낸 일을 보고도 아무 말이 없었다. 고마워하거나 수고했다는 말도 하지 않았다. 집주인도 우리 덕분에 파크 애비뉴의 1년 치 모기지 비용과 유지관리비를 아꼈지만, 감사의 인사는 듣지 못했다.

뜨거운 여름 파크 애비뉴 공사를 성공적으로 마치자, 리틀 보스는 우리 세 사람이 본격적으로 날개를 펼칠 시기가 되었다고 판단했다. 우리는 어퍼이스트사이드에 있는 거의 완공된 고층 건물을 맡았다. 이곳은 창문에 물이 새고 에어컨 시스템이 관련 기준에 맞지 않았다. 주방과 욕실은 건축국이 제시한 거주 조건에 맞추려고 날림 공사를 한 것 같았다. 이미 여러 세입자가 이곳에 살다가 더 낮은 26층으로 이사해버렸다. 우리가 마감해야 할 곳은 꼭대기의 여섯 개 층으로, 총면적이 약 1800㎡였다. 어느 헤지펀드 투자자의 요청에 따라 이곳을 통합하여 한 채의 집으로 만들어야 했다. 위쪽 네 개 층은 가족이 쓰고, 아래의 두 개 층은 처가 식구들이 지낼 게스트하우스로 꾸미는 프로젝트였다.

내가 도착했을 때는 써보지도 않은 주방과 욕실의 시설을 이미 매립지로 보내버린 후였다. 개발자들이 시에서 입주 증명서를 받을 목적으로 설치한 것이라, 중산층 가정에서나 사용할 만한 가전제품이었다. 내가 아는 건축가 중에 그런 것을 재사용할 사람은 아무도 없었다. 수수료를 건질 수도 없었다. 그런 것을 그냥 버린 이유는 중산층용 '중고' 가전과 비품을 사려는 사람을 찾는 데 걸리는 시간을 생각하면 푼돈이었기 때문이다.

내가 도착했을 때 창문의 틈을 막느라 허둥지둥한 것 외에는 아무런 작업도 진행되지 않았다. 폭풍우 방향이 바뀔 때마다 창문이 계속 새는 모양이었다. 몇 주 후 옥상에 있는 에어컨 냉각기에서 부동액이 넘쳐서 아래의 12개 층이 전부 새기 시작한 후에야 본격적인 공사가 시작되었다. 아파트 여러 채가 부동액으로 온통 뒤덮인 모습은 나도 처음 보았다. 눈을 뗄 수 없는 처참한 상황이 벌어졌으나, 다행히 우리가 수리할 문제는 아니었다.

우리 프로젝트의 심미적인 부분은 영국 디자인 업체가 맡았다. 현지 건축법에 맞추기 위해 뉴욕 건축 사무소도 프로젝트에 참여했다. 후자는 주로 건축 관련 승인을 얻는 데 필요한 업무를 처리했다. 대표 설계사는 고작 스물일곱 살이었다. 누가 봐도 호감이 가는 젊은 친구로, 높은 직위로 인해 들떠 있었지만 자기 역량을 벗어나는 상황을 인정할 만큼 겸손했다. 그의 조수는 더 어렸다. 친절하고 유머 감각이 있으며 작업 현장의 유쾌한 분위기를 즐길 줄 알았다. 영국인 유모처럼 두 사람을 감독하는 선임 고문이 있었는데, 그 여자는 시시덕거리며 경박하게 굴다가 어느 순간 갑자기 화를 터트리곤 했다. 자기가 책임자임을 드러내고 싶어서 안달했으나, 한 번의 실수로 그녀의 권위는 땅에 추락했다. 멋대로 그리스로 여행을 가서 허락도 받지 않고 의뢰인의 돈으로 대리석 구매에 수십만 달러를 사용한 것이다.

내가 이끄는 팀에는 폴린이 있었다. 처음에는 사무실 비서로 만났지만 이제는 노련한 프로젝트 관리자이자 나의 오른팔 같은 존재였다. 엄밀히 말하면 내 상사였지만, 폴린은 한 번도 직책이 나보다 높다고 말한 적이 없었다. 오랜 친구인 클리퍼드도 작업 감독자로 합류했다. 1980년대 중반에 처음 만났을 때는 우리 둘 다 새내기 목수였는데, 수십 년간 서로를 격려하며 빠르게 관록의 목수로 성장했다. 서로를 알지 못했다면 지금과 같은 모습으로 성장하지 못했을 것이다. 지저스는 부감독자였는데, 팀원들과 의사소통하는 면에 탁월한 재능이 있었다. 권위를 가지고 있지만 충동적으로 권위를 남용하지 않았다. 리틀 보스는 우리를 불러놓고, 회사에 이번 공사가 매우 중요하다며 1년 반 내에 일을 끝내라고 했다.

리틀 보스는 이미 우리와 함께 일할 하청업체를 대부분 정해 둔 상태였다. 그중 두 곳은 경각심을 일으켰다. 석재 및 타일 작업을 맡은 업체를 편의상 '부적격 석재상'이라고 하겠다. '부적격 석재상'은 파크 애비뉴 공사에 참여했던 업자인데 이번에는 주방 세 개 반과 욕실 18개를 모두 맡았다. 프로젝트 매니저는 최근에 콜로라도주 감옥에서 석방되었고, 한시라도 빨리 현장에 돌아오고 싶어 했다.

이들과 함께 일한다고 생각하니 눈앞이 캄캄했다. 내 심정을 수없이 토로한 끝에 마침내 리틀 보스, 내가 이끄는 팀, '부적격 석재상'의 최고 관리자가 한자리에 모였다. 회의 분위기는 나쁘지 않았다. 파크 애비뉴의 문제점이 처리되었고, 진심으로 반성했으며, 철저히 개선되었다는 점이 애처로운 어조로 강조되었다. 리틀 보스는 그들에 대한 신뢰로 가득 차 있었다. 그동안 리틀 보스를 높이 평가했지만, 존경심은 한순간에 무너져 내렸다.

그가 선택한 목공업자도 딱히 나을 것이 없었다. 하지만 누구를 선택했느냐는 별로 중요하지 않았다. 내가 알기로는 주어진 시간 내에 1000만 달러 상당의 가구와 문을 설계하고 제작하고 설치하고 필요한 수정 작업을 해낼 수 있는 목공업자는 아무도 없었다. 하지만 이스트 72번가의 여름 공사는 예산이 8분의 1밖에 되지 않았는데도 목공업자 다섯 명이 완성했다. 엄청난 물량을 생산해내는 작업장은 많지만, 그만한 속도로 설계도를 만들거나 설치해내는 작업장은 단 하나도 없다. 리틀 보스는 40여 년 전에 그의 아버지가 직접 설립하여 지금까지 운영하는 작업장을 선정했다. 업무 능력과 결과물의 수준에 대해 확고한 믿음이 있는 것 같았다.

직장 상사에게 그의 아버지가 부지런하고 숙련된 사람이긴 하지만 이번 작업을 하기에는 부족한 면이 있다는 말을 어떻게 하겠는가? 하지만 이번에 나는 그 말을 수없이 되풀이했다. 그럴수록 모든 작업 단계에서 우리가 설 자리가 점점 줄어드는 게 보였다. 목공소에서는 우리 프로젝트에 작업자를 한 명밖에 할당해주지 않았다. 도면상 순서대로 나열된 방을 하나하나 작업해갈수록 일정은 엉망이 되었다. 100만 달러가 넘는 수납장이 들어간 주방은 전체 프로젝트에서 예정한 기한이 지나도록 도면이 완성되지 않았다.

하지만 그것이 문제의 핵심은 아니었다. 가장 큰 문제는 충성심과 현실 사이에서 옴짝달싹할 수 없었다는 것이었다.

리틀 보스의 아버지는 수십 년 전에 서유럽에서 온 이민자였다. 그는 목공 사업을 시작했다가 나중에는 우수한 품질과 고객과의 원만한 관계, 정직성을 앞세워 일반 도급업체를 운영했다. 그의 회사에는 같은 국가 출신의 동포들이 많이 일했다. 내가 합류했을 때는 회사를 운영한 지 수십 년이 흐른 뒤였는데도 직원 상당수는 여전히 영어가 서툴렀다. 딱딱한 규칙에 따라 생활하며 배타적 성향이 강한 오래전 유럽 길드의 느낌이 그대로 남아 있었다.

설치업자들은 리틀 보스의 아버지를 두려워했다. 자신들의 생계가 그의 손에 달려 있었다. 그들은 "어르신은 그런 식으로 처리하는 것을 좋아하지 않으실 겁니다"라는 말을 자주 했다. "어르신이 뭘 원하시든 전 신경 쓰지 않아요. 그분은 가구공이지, 이런 일을 맡아서 하시는 분이 아니잖아요." 내가 이렇게 대꾸하면 그들은 화들짝 놀라며 기겁했다. 그들은 이민 오기 전처럼, 집에서 만든 요리로 대가족 스타일의 크리스마스 만찬을 즐겼다. 그 거창한 저녁상을 돌아가면서 준비하려면 상당히 힘이 들 것 같았다.

다른 사람처럼 리틀 보스도 의리가 있었고, 가족이 관련된 일에서는 다른 작업자들처럼 똑같이 겁을 내곤 했다. 우수한 품질을 중시하는 것은 아버지와 같았지만, 아버지와 다른 점은 실무 경험이 부족해서 우수한 품질을 확보하려면 뭐가 필요한지 잘 모른다는 것이었다. 작업장에서 일한 경험도 있지만, 대학에서 경영학과 건물 관리 등을 전공했기에 회의, 설명이나 리허설, 문서화, 디지털 세계의 가능성을 더 중시했다.

몇 주가 지나자, 우리는 그들과 점차 갈등을 빚었다. 부적격 업체는 예상대로 움직였다. 모든 방은 대리석 벽, 세면대, 의자, 천장 작업이 필요했는데, 이런 요소는 수납장, 조명, 유리문, 전기 장치와 직접적으로 연관되는 것이었다. 하지만 하청업체로서는 다른 사람의 작업이 어느 부분에 속하는지 전혀 알 수 없다. 건축 도면에는 그런 내용을 제대로 표시하지 않는다. 그래서 하청업체가 사용하는 시공 상세도의 모든 수치를 정확히 고쳐주는 것이 내 업무다. 레퍼런스 라인, 배관 레이아웃, 목공 작업물의 위치를 비롯하여 방 안에 있는 모든 구성 요소 등을 확인하는 데 오랜 시간이 걸린다. 하청업체가 가져온 작업 상세도에 붉은색으로 주석을 달고, 도면을 수정하라고 돌려보낸다. 수정된 도면이 오면 처음부터 모든 세부 사항을 확인한다. 도면이 모두 정확하게 수정된 것이 확인되면 제작을 승인한다. 주방 세 개 반과 욕실 18개는 대규모 공사에 속한다. 제대로 따라오지 못하는 업체들을 일일이 모니터링하느라 내 시간을 허비할 수는 없었다.

집의 위층에는 유리섬유로 만든 4층 계단, 패널로만 만들어진 식당과 거실, 출입구, 전동 패널 뒤에 숨겨진 TV, 슬라이딩 파이어 기능이 있는 난방형 지붕 데크, 주문 제작한 온수 욕조가 있는 또 다른 지붕 데크가 있었다. 욕조가 있는 데크에는 자동으로 위로 올라오는 TV와 대리석으로 만들어진 야외용 가스 벽난로도 눈길을 끌었다. 이렇게 영화에서나 볼 법한 화려한 특징들을 일일이 언급하자면 밤을 새워야 할지 모른다. 우리 팀은 인원이 너무 적어서 이 모든 것을 한꺼번에 진행하기에 역부족이었다.

나는 부적격 석재상과 겨우 손발을 맞추어갔다. 설치 담당자 중 한 사람이 나와 말이 통하는 것 같았다. 나는 레이아웃 만드는 요령을 직접 보여주고 도면을 한 장씩 넘기며 틀린 부분을 고쳐주느라 오랜 시간을 그에게 투자했다. 너무 느려서 답답하기 짝이 없었지만, 석판은 그럴듯하게 잘린 상태로 도착했고 주 욕실에 설치하는 일만 남아 있었다. 그런데 이유는 도무지 알 수 없지만, 그렇게 큰 방에 들어갈 석판의 규격이 하나도 맞지 않았다. 하나같이 도면에 표시된 치수와 비슷하지도 않은 크기로 잘려 있었다. 구하기 힘든 귀한 석재인데, 석판 25개 중 하나도 쓸 수 없었다.

다들 화가 잔뜩 났다. 리틀 보스는 회의를 소집했다. 부적격 석재상의 사장과 콜로라도주에서 복역한 사기꾼 출신의 프로젝트 관리자를 비롯해 다른 관리자와 설치업자도 참석했다. 폴린과 나는 바짝 붙어 있었다. 나는 우선 그들이 처음에 만든 시공 상세도와 붉은 글씨로 거의 모든 수치를 고친 흔적이 고스란히 남아 있는 도면을 가져왔다. 그리고 나서 내가 고친 대로 모든 치수가 수정되어 서명한 수정 후 시공 상세도를 보여주었는데, 제작 승인을 받았다고 표시되어 있었다. 나는 일행을 데리고 현장 곳곳을 다니며 내가 고쳐준 수치대로 작업했다면 모든 슬라브가 다른 목공 작업이나 배관, 설비 등과 모든 지점에서 정확히 맞아떨어졌을 것임을 보여주었다. 마지막으로 석판이 내가 고쳐준 수치와 전혀 딴판으로 잘렸다는 점을 지적했다. 부적격 석재상은 언성을 높이고 뻔한 핑계를 댔다. 몇몇은 화를 냈지만, 한참 이야기한 끝에 결국 모든 것을 다시 만들고 비용도 부담하는

데 동의했다.

하지만 회의에서 이겨도 이긴 것이 아니었다. 나중에 리틀 보스가 폴린과 나를 따로 부르더니, 이런 문제는 '관리 능력의 부재' 때문이라고 했다. 때로는 나도 잘 따지고 들지만, 이번에는 할 말이 없었다. 석재 작업장에 가서 직접 자르는 것 말고는 모든 것을 다 했는데 말이다. 리틀 보스에게 이미 실망한 상태였지만, 이제는 호수의 얼음이 갈라지듯 더는 버틸 수 없었다.

그 후로도 상황은 더 나빠졌다. 마감일은 이미 여러 달 전에 지났다. 리틀 보스는 매주 나타나서 "이 방은 왜 아직도 안 끝났어요?"라고 따졌다. 그러면 나는 "목공업체에서 아직 문을 배송해주지 않아서 그렇잖아요"라든가 "이 수납장은 아직 목공소에서 도면도 안 왔다고요"라고 쏘아붙였다. 그러면 리틀 보스는 아버지에게 연락할 테니 안심하라고 했지만, 기다려도 달라지는 것은 없었다. 그는 상임 감독관에게 작업 속도를 높이라고 재촉하기만 했다.

리틀 보스가 데려온 상임 감독관은 이 회사에 26년이나 근무한 사람이었다. 그는 목공 작업물을 설치하는 사람들이 쓰는 용어를 구사했고, 나는 그 사람을 매우 존중했다. 하지만 그 또한 아버지의 사람들에게 작업 속도를 높이라고 압박하지 못했다. 하루는 현장을 둘러본 후에 나를 따로 부르더니 이렇게 말했다.

"마크, 목공업자 때문에 일이 진행되지 않는 거라는 말은 자꾸 하지 마세요."

"리틀 보스가 자꾸 같은 질문을 하잖아요. 그게 이유인데, 달리 뭐라고 말하겠어요."

"저도 압니다. 하지만 리틀 보스의 아버지가 운영하는 회사잖아요. 리틀 보스의 회사이기도 하고요. 리틀 보스는 모든 게 아버지 덕이라고 생각합니다. 그런데 당신이 자꾸 회사에 대해 부정적으로 말하면 리틀 보스의 기분이 어떻겠어요? 자꾸 신경을 건드리니 당신에게 화를 내는 겁니다."

그의 말이 맞았다. 하지만 나는 달리 어떻게 행동해야 할지 몰랐다. 그 후로는 리틀 보스가 나타나서 "이 방은 왜 아직도 안 끝났어요?"라고 물으면 이렇게 대답했다. "아, 문이 없어요." 앞뒤가 안 맞는 허황한 소리였지만, 어쨌든 평화를 유지하는 데는 도움이 되었다.

마감일에서 1년이나 지나서야 현장을 마무리할 수 있었다. 설계 담당자는 가구 들일 준비를 했고 우리는 펀치 리스트(punch list, 공사가 끝날 무렵에 현장을 돌아보고 잘못된 부분이나 수정 작업이 필요한 부분을 확인하고 목록으로 만들어서 공사의 품질을 높이는 것—옮긴이)를 확인했다. 우리는 설계 담당자와 다음과 같이 합의했다. 그들이 집 안의 모든 방을 일일이 확인하면서 수리가 필요한 부분은 블루 테이프로 표시하고, 우리가 펀치 리스트의 작업을 다 끝내면 가구를 들여올 예정이었다. 한 층씩 장식하면서 층별로 마무리하자는 생각은 받아들이지 않았다. 누가 봐도 말이 안 되는 소리긴 했다.

사실 그렇게 하면 어떤 이유로든 일이 지연될 때 마음 편히 우리를 탓할 수 있었다. 친구를 통해 알아보니 주문 제작한 가구가 완성되지 않아서 그들도 시간이 더 필요한 상황이었다. 설계 담당자는 방을 검사한 다음 여기저기 블루 테이프를 붙여서 천연

두에 걸린 스머프처럼 만들어놓았다. 그러면 우리는 수리공을 불러서 뒤처리를 맡겼다.

　나는 터치업(touch-up, 긁힌 자국이나 흠집을 부분적으로 칠하는 보수 작업—옮긴이)을 감쪽같이 해내는 기술자를 몇 명 알고 있다. 그들의 손길이 닿으면 마감재나 자재가 무엇이든 금이 가거나 긁힌 자국, 얼룩이나 갈라진 부분이 감쪽같이 가려졌다. 문제는 수리 작업이 아니라, 무엇을 수리해야 하는지 파악하는 것이 어려웠다는 점이다. 아티스트는 온종일 나를 불러서 블루 테이프가 더덕더덕 붙은 것을 보여주며 "여기는 제가 뭘 해야 하는 걸까요?"라고 물었다. 나는 안경을 착용하고 작업 조명까지 사용해가며 해당 지점을 철저히 점검했지만, 작은 스크래치 하나 발견하지 못하는 경우가 절반 이상이었다. 리틀 보스에게 그 상황을 알려주었지만, 그는 "완벽을 기하는 것이 우리가 할 일이죠"라고 대꾸했다. 리틀 보스는 도움이 될 것 같지 않아서, 아티스트에게 도움을 청했다. 최대한 잘 점검한 후에 정말 아무것도 없으면 그때는 블루 테이프를 떼버리라고 했다. 아티스트의 점검이 끝난 후에 최종적으로 설계자들을 다시 불러들여서 둘러보게 했다. 이전에는 블루 테이프로 표시한 부분이 수백 곳이었지만 이번에는 손가락으로 꼽을 정도였다. 그들도 이렇다 할 문제를 발견하지 못했다. 그들은 책임을 회피하려고 맡겨진 일을 하며 시간을 끌어보려는 속셈이었다.

　몇 주 후에 가구가 들어왔다. 의뢰인도 곧 입주한다는 뜻이었다. 공사가 말도 안 되게 지연되긴 했지만, 의뢰인은 전반적으로 만족한 것 같았다. 리틀 보스는 자주 모습을 보이지 않았다. 그는 또 다른 대형 프로젝트에 정신이 팔렸는데, 새로운 관리 방식을 시도하고 있었고 그것에 모든 희망을 걸었다.

어느 날 오후, 프로젝트 총괄 책임자가 찾아왔다. 이번 공사를 하면서 그 사람과 상당히 친해졌다. 그는 리틀 보스가 새로운 운영 방식을 시도하고 있다고 알려주었다. 리틀 보스는 모든 현장을 3D 모델링 해주는 기업에 투자했다. 벽 뒤에 숨겨진 모든 시스템, 하드웨어 등 사소한 것 하나도 빠트리지 않고 전부 3차원으로 구현하는 것인데, 총괄 책임자는 나에게 어떻게 생각하는지 물었다. 하지만 내 생각을 말해도 그는 듣지 않았다. 가장 단순하게 꾸민 아이들 침실에서 대화를 나누었는데, 어쨌든 내가 할 말을 모두 쏟아냈다. 그리고 나서 그를 데리고 방을 둘러보면서 설계사가 컴퓨터로 만든 2D 설계도에 잘못 그려진 열두 개의 조립품을 보여주었다.

1. 창문마다 롤러 셰이드를 가리기 위한 포켓이 있었는데, 거기에 달린 기다란 형광등은 가리개가 하나도 없었다. 이 조명은 원래 가려놓고 밤에 바닥에서 천장으로 이어지는 유리 창문에 빛을 반사시키려는 의도였다. 그대로 두면 싸구려 크리스마스 조명처럼 보일 수 있었다. 나는 셰이드 포켓의 설계를 완전히 바꿔서 밤에 빛이 반사되면 아름답게 보이도록 만들었다.

2. 설계자가 정해둔 바닥 콘센트는 목재 마감 바닥과 그 아래의 콘크리트 빌딩 슬라브 사이의 간격에 맞지 않았다. 그래서 다른 조립품에서 UL 승인 부품을 가져와서 콘센트 박스를 따로 만들었다. 그렇게 하면 바닥과 슬라브 사이에 맞아떨어질 뿐 아니

라 법적 요건에도 맞출 수 있었다.

　3~12. 기타 등등.

　지적 사항이 계속 이어지자, 그의 표정이 한껏 일그러졌다.

　"이 프로젝트를 위해 2D 캐드 도면을 준비했는데, 구체적인 항목을 확인할 때 전혀 쓸모가 없었습니다. 현장 공사는 하나도 모르고 사무실에만 앉아 있는 컴퓨터 전문가들이 이런 점을 파악할 거라고 생각한 겁니까? 그 사람들이 입체 모형을 만들어낼 수 있을지 몰라도 2D만큼 엉망일 겁니다. 평면 상태에서 입체형으로 바꾼 것뿐이죠. 여기는 건축일을 잘 아는 사람이 필요해요. 모든 일을 철저하게 생각할 수 있고 이런 실수가 발생할 때 하나하나 해결할 수 있는 사람 말입니다. 사무실에 틀어박혀 있는 사람은 현장에 이렇게 문제가 많은지 절대 모르죠. 지금까지 제가 보여드린 것은 고작 열 개 남짓입니다. 그리고 이 방이 집 전체에서 가장 작업이 쉬운 곳입니다. 원하시면 지금 나가서 계단에 대해 이야기해볼까요?"

　그는 고개를 내저었다. 안타깝지만 문제점을 짚어내라고 하면 며칠이고 계속 이야기할 거리가 있었다. 나는 각각의 문제를 간단한 스케치로 수백 장 넘게 그려두었기 때문이었다.

　일주일 뒤, 리틀 보스에게 연락해서 이 프로젝트에 더 이상 내가 할 일이 없다고 말했다. 펀치 리스트도 많이 줄어들어서 내가 없어도 충분히 마무리할 수 있었다. "저는 이제 어디로 갈까요?"라고 물었다.

　"아, 그런가요? 아직 당신을 어느 프로젝트로 보낼지 정하지 못했어요."

"그건 내일부터 저는 할 일이 없다는 뜻인가요?"

"네, 맞습니다."

"나한테 미리 알려줄 생각은 아예 없었던 거죠?"

"누군가 전화를 했을 겁니다."

"아무도요. 지금도 제가 먼저 전화했잖아요."

"미안해요. 지금은 아무것도 준비된 것이 없어요."

나는 머리끝까지 화가 나서 전화를 끊어버렸다. 오전 내내 아무것도 눈에 들어오지 않았다. 나는 업계에서 믿을 만한 사람들에게 계속 전화를 걸었다. 오후쯤에 새 일자리를 찾을 수 있었고, 즉시 짐을 싸서 나와버렸다.

원도급업자에게 고용되어 일한 것은 그때가 마지막이었다.

리틀 보스와는 두 번 다시 만나지도 말을 섞지도 않았다. 그는 다른 프로젝트에 온통 관심과 시간을 쏟고 있었다. 그의 의도는 그 프로젝트가 3D 모델링 벤처사업의 가능성을 증명하는 계기가 되게끔 하는 것이었다. 그는 이 벤처사업이 업계에 큰 혁신을 가져올 것으로 여기고 초반부터 아낌없이 투자했다. 프로젝트 가격도 우리 팀의 프로젝트와 거의 비슷했다. 그런데 그의 프로젝트는 우리보다 1년 먼저 시작했으나 우리보다 2년 후에 끝났다. 그것만 생각하면 아직도 웃음이 난다.

9장

두려움과 실패

"못 합니다. 안 될 거예요."
─가구 제작공 앤디

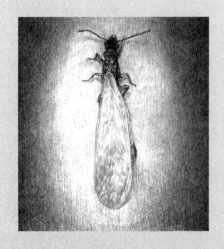

두려움은 상당히 흥미로운 메커니즘이다. 사실 두려움은 우리를 보호하기 위한 것이다. 위험이 닥치면 두려움 때문에 두뇌에서 강력한 화학 물질이 방출된다. 때로는 주머니쥐가 죽은 척하는 것처럼 이러한 화학 물질 때문에 온몸이 얼어붙어서 꼼짝달싹하지 못할 때도 있다. 그러나 한편으로 이 물질은 사람의 신체 역량을 크게 강화해서, 평소라면 꼼짝없이 당하고 말았을 무서운 적이 나타났을 때 적에게 용감하게 달려들게 만든다. 이 메커니즘 자체는 아무런 문제가 없다. 하지만 이것이 어떤 일을 하고 싶은데 제대로 능력을 발휘하지 못하게 막는다면 문제가 된다.

그다지 무섭지 않은 상황에서도 두려움이 생기면 두뇌 작동이 느려지고 일이 완전히 잘못될지도 모른다는 생각이 든다. 일이 잘못되면 창피하거나 고통스러운 결과를 감내해야 한다. 건드리지 말아야 할 것을 이미 건드렸거나 절벽에서 추락한 후에는 상황을 되돌릴 수 없다.

많은 사람이 이렇게 속도가 느려지는 것을 가리켜 신중함이나 배려라는 말로 마치 거창한 의도라도 있는 양 포장한다. 나도 어떤 목수들이 불확실한 절차를 두고 몇 시간이고 머리를 싸매는 것을 본 적이 있다. 진즉에 그 점을 고민했어야 하는데 말이다. 이럴 때는 머리를 싸매고 매달려봐야 스트레스와 걱정만 늘어날 뿐이다. 그 절차를 자기가 감당할 수 있는지 없는지 판단하는 데는 그리 오랜 시간이 걸리지 않는다.

격투가는 시합에서 가장 어려운 것 중 하나가 분위기가 가장 고조되었을 때 긴장을 푸는 것임을 잘 안다. 그들은 같은 동작을 수천 번 연습하므로 즉각적으로 반응해야 할 순간에 두려움에 사로잡히거나 머릿속이 하얘지는 대신 훈련받은 대로 대처할 수 있다. 어떤 기술을 셀 수 없이 연습한 후에 적과 마주쳤을 때, 그 상황에서 그 동작을 취하는 것은 도움이 될 수도 있고 아닐 수도 있다. 그 결과를 알아낼 방법은 하나뿐이다.

건축을 비롯하여 많은 분야에서 특정 지위에 있는 사람들은 두려움을 무기처럼 사용한다. 사실 남자들의 상호작용은 대부분 협박에 기반을 둔다. 특히 처음 만나는 사이라면 더욱 그렇다. 문화적인 것인지 동물적인 본능인지 모르겠지만 남자끼리 만나면 서열부터 정하는 경향이 있다. 누구에게 주도권이 있는지, 누가 더 무서운 사람인지, 누가 가장 파괴적인 힘을 가졌는지 따져보는 것이다. 일단 서열이 정해져야 인간관계가 맺어지는데, 예상할 수 있듯이 전혀 수평적이지 않은 계급 구조가 형성된다. 비즈니스로 만난 사이든 친구든 연인이든 모든 관계는 두려움에 일부 영향을 받는다. 내가 만난 모든 의뢰인은 그저 재미 삼아 나를 빈털터리로 만들 만한 힘이 있었던 만큼, 그들과의 관계는 매우 위태로웠다. 다른 사람은 물론이고 나의 내면에 폭력성이 있다는 점을 깨닫기까지는 상당히 오랜 세월이 걸렸다.

우리 부모님은 자칭 평화주의자로, 물리적인 공격을 가하거나 당한 적이 없으셨다. 하지만 나는 젊었을 때 권투, 태극권, 쿵푸를 차례로 배웠는데, 인간관계에서 나타나는 폭력과 위협을 이해하는 데 도움이 될 거라고 여겼다. 30년 정도 수련했다. 덕분에 강한 타격에 아주 익숙해져서 세게 맞아도 죽지 않는다는 것을 알기에 그런 행동이 크게 신경 쓰이지 않는다. 허풍을 부려가며 상대를 괴롭히는 사람과 만날 때 그 점을 알고 있으면 상대방과의 관계가 크게 달라질 것이다. 누가 당신을 책으로 자주 때리지 않는 한, 이런 건 책으로 배울 수 있는 내용이 아니다.

내면을 더 깊이 파고들면, 두려움 때문에 우리의 실제 모습을 인정하지 못하게 된다. 사람은 누구나 남들에게 꼭꼭 숨기고 싶은 면이 있어서, 이웃이나 친구들이 알면 우리를 도시 광장으로 끌고 가서 차꼬를 채울지도 모른다고 상상한다. 왜 이처럼 모순적이고 받아들이기 어려운 충동에 사로잡히는 걸까? 이렇게 말하지만 나 또한 도둑질이 주는 짜릿함과 악의를 지니고 남을 괴롭히거나 상대방을 속일 때의 쾌감을 맛본 적이 있다.

도덕 규범을 논할 때 가장 먼저 등장하는 것은 십계명이다. 어길 사람이 없는데 십계명을 굳이 돌판에 새겼겠는가? 모세는 그 계명들이 일상에서 사람들의 내면을 괴롭히는 열 가지 약점이라는 점을 이해했다. 나는 살인하지는 않지만, 꽤 자주 상상하기는 한다. 게다가 나머지 계명은 영 성적이 좋지 않다.

그래도 내가 꽤 괜찮은 사람이라고 생각하고 싶다. 실제로 그럴 때도 있고 그렇지 않을 때도 있다. 이런 점은 남들이 몰랐으면 좋겠다. 지켜보는 사람이 아무도 없을 때면 악의적인 충동은 드러나지 않지만 적절히 제어되지도 않아서, 좋은 의도에 따라 생각하고 행동하는 데 방해가 된다. 그저 내 안에 이런 충동이 있다는 점을 아무도 눈치채지 못하기를 간절히 바랄 뿐이다.

많은 사람이 두려움에서 멀리 달아나려 한다. 그런데 어떤 이는 두려움을 향해 돌진하며 두려움이 있어도 그에 휘둘리지 않고 지혜롭게 행동한다. 그런 사람은 영웅이라 불린다. 이것이 바로 소방관이 많은 사람에게 칭송받고, 부처가 미소 짓는 이유가 아니겠는가.

‡

가끔 "좋은 목수와 훌륭한 목수의 차이점은 뭐죠?"라는 질문을 받는다. 훌륭한 목수를 만난 적이 없어서 선뜻 대답하기 어렵다. 요즘은 훌륭한 목수를 키워내는 교육 시스템이 과연 있는지 모르겠다. 공예 기술을 가진 사람이라면 베르사유 궁전을 5분만 둘러봐도 자기가 아직 갈 길이 멀고도 멀다는 점을 깨달을 텐데. 그래서 나는 "괜찮은 목수와 좋은 목수의 차이점은 무엇인가요?"라고 질문을 조금 쉽게 바꿔보겠다.

그 질문에 대한 나의 대답은 언제나 '두려움'이다.

그동안 다양한 장소에서 일했지만, 일상적이지 않은 것을 만들어볼 기회가 생길 때 선뜻 손을 드는 사람이 없다는 점에 항상 놀란다. 달리 말하면, 가장 흥미롭지만 까다로운 프로젝트는 "제가 해볼게요"라고 말할 용기가 있는 사람에게 언제나 기회가 주어진다.

그렇다면 대다수 사람은 속으로 어떻게 생각할까?

'난 저런 일을 안 해봤잖아.'

'일을 망치면 낭패를 볼 거야.'

'저런 위험한 일은 다른 사람이 하게 놔두자.'

이해할 만한 반응이다. 그런 일을 하지 않을 이유는 얼마든지 찾을 수 있다. 적어도 공적인 상황이라면 더 그렇다. 수술을 집도하거나 맘보 춤을 추는 건 무조건 피하고 볼 일이다. 둘 중 하나라도 해야 한다면 온몸이 덜덜 떨릴 것 같다. 의학과 라틴댄스는 내가 지금까지 배우거나 경험한 것과는 동떨어진 분야이기 때문이다. 그래도 기회가 생기고 적절한 보상이 뒤따른다면 한번쯤 도전에 응할지도 모르겠다.

이에 비해 까다롭고 힘든 프로젝트를 맡는 것은 망설일 필요가 없다. 나는 더 많이 배우고, 더 능숙해지기를 원하며, 놀라워 보이는 것들을 만들어보고 싶다. 그 때문에 몇 날 몇 주를 스스로를 의심하고 스트레스로 불편한 속을 견뎌야 하더라도, 그 정도 희생은 감당해야 한다고 생각한다. 그러다가 일을 망치면 그 결과는 피할 수 없을 것이다. 하지만 외과의나 전문 댄서와 달리, 목공 일을 하다가 생기는 실수는 만회할 기회가 있다. 목수는 자기가 만든 것에 미흡한 면이 있어도 그것을 인정하고 받아들여야 한다. 다 끝난 프로젝트를 떠올리면 어김없이 미흡한 점부터 생각난다. 그렇지만 주변 사람들이 모두 포기한 어려운 작업을 해낼 방법을 찾아내면 큰 즐거움과 만족감을 느낀다.

지난 30년간 내 손을 거친 모든 프로젝트에는 그 누구도 시도한 적 없는 장치가 포함되어 있었다. 나는 그런 작업을 거절하지 않는 목수로 유명하다. 사람들이 매일 사용하는 장비와 구조물을 만들었는데, 사실 처음 시도해본 것이었다. '블루 테이프' 공사에서는 그런 것이 50개가 넘었다.

제조업의 경우, 제품 설계에만 여러 해가 소요된다. 시제품을 만들어 테스트해보고 미흡한 부분을 개선하는 작업이 반복되기 때문이다. 초호화 건물은 단 하나뿐이다. 지금까지 만들어진 비즈니스 모델 중에서 가장 멍청한 모델일 것이다. 회전초밥집의 스시바 에어포일이 마음에 들지 않는다는 이유로 소송이라도 당했다면 나는 일찌감치 파산하여 빈민 시설에 들어가야 했을 텐데 아직 그러지 않은 게 신기할 따름이다. 멍청하든 그렇지 않든 간에, 너무 재미있어서 도무지 그만둘 수가 없다.

건축 일은 밤새울 때가 많다. 나는 잘 모르지만, 내가 잠을 자면서도 동료들에게 지시하느라 소리를 지르고 밤새 땀을 뻘뻘 흘린다고 한다. 두려움은 내가 하는 일에 기본적으로 포함되어 있어서 동반자처럼 느껴진다. 이제는 오랜 친구와 같아서, 두려움에 발언권을 넘겨주려 한다. 두려움은 내가 어릴 때 무서워하던 것들과 현재 나를 괴롭히는 걱정거리를 잘 섞어서 이야기를 만들어낸다. 지금까지 내가 해온 몇몇 작업에 대한 성적표를 공개하려 한다. 두려움과 긴장감이 동시에 몰려오지만….

어쨌든 다 지나간 일이다.

지금까지 돈만 보고 공사를 맡은 적은 딱 한 번뿐이다. 일은 문제가 되지 않았다. 나의 작업 원칙을 어기게 만든 사람도 없었다. 그저 별로 관심이 가지 않는 일이었을 뿐이다. 고용주는 당시 내가 벌던 돈보다 30%를 더 주겠다고 했다. 동업하자는 제안도 했다. 아들이 셋이나 되고 몇 년 후에는 대학에 보내야 했기에 그 제안을 마다할 이유가 없었다.

신중함이 어떤 일을 하는 이유가 되기는 힘들다. 나는 신중함보다는 안전을 더 중시하는 것 같다. 일하는 매 순간 내 능력의 한계를 실감하면 스트레스가 심해진다. 그런데 돌이켜 보니 두려움을 피해 안전을 얻으려고 곁길로 빠질 때마다 결국 불행해졌다. 그때 맡은 공사도 나를 비참하게 만들었다.

겉보기에는 일종의 승진이었다. 프로젝트 매니저라는 직함이 들어 있는 명함도 준비되었다. 하지만 나는 명함을 서랍에 쑤셔 넣고 두 번 다시 꺼내지 않았다. 실상은 그동안 내가 배운 건축 지식은 쓰레기통에 처박아 넣고, 입찰을 넣고 계약서를 작성하고 엄청난 양의 자료를 팀버라인이라는 말도 안 되게 비싼 컴퓨터 프로그램에 입력하느라 인생을 다 허비하라는 뜻이었다. 컴퓨터 모니터에만 시선이 고정된 사람은 팀버라인(Timberline, 산이나 고원지대에서 나무가 자랄 수 있는 최대 높이를 뜻하는 가상의 선—옮긴이)만큼 눈이 높아질 것이라는 뜻이었는지도 모르겠다.

그 일이 시간 낭비로 끝난 것은 아니었다. 그동안 전혀 관심 없던 업무 분야에 대해 반강제로 배웠으니 말이다. 사업 제안서를 지어내는 요령과 돈을 확실히 받아내게끔 송장을 작성하는 방법을 배웠고, 일이 잘 풀리지 않을 때 선제적으로 책임을 회피하기 위해 어떻게 소통해야 할지도 배웠다. 내가 해야 할 역할을 배운 것은 좋지만 평생 그런 일을 하면서 살고 싶지는 않았다. 이런 일도 나름의 요령과 비결이 있고, 그런 일을 대단하게 여기는 사람도 있다. 이런 직책은 그런 사람들에게 맡기는 편이 낫다.

4년간 버틴 후 사업 지분의 10%를 제안받았다. 아니, 5%였나. 어차피 제안을 받아들일 게 아니었으므로 정확한 수치는 중요하지 않았다. 이 회사 운영에는 분명 문제가 있었다. 경영주는 마른 몸매에 부드럽게 대화를 이어가는 편이었고, 시저 헤어스타일을 하고 있었다. 그는 건방진 브루클린 스타일의 억양을 구사했는데, 일부러 흉내 내는 것 같기도 했다. 건축을 사업이 아니라 돈 먹는 기계 정도로 취급해서 관심이 없었다. 남들에게 부자처럼 보이기를 원했고, 자기 가족이 운영하는 요식업에 온통 관심이 쏠려 있었다. 파트너 제안을 받기 전까지 몇 달간 일해보니, 요식업 사업만 중시하고 건축 관련 업무는 소홀히 처리되었다. 하청업체에 대금을 제대로 결제해주지 않았고, 새로운 프로젝트도 잘 진행되지 않았다. 프로젝트 관리자들은 하나같이 공사에 필요한 비품이나 하드웨어를 구매하지 못해 쩔쩔맸다.

'부드러운 보스(Smooth Boss)'는 정기적으로 회의를 소집했다. 현금흐름에 문제가 없는지, 돈이 잘 들어오는지 확인하려는 것이었다. 그런데 처음 만났을 때도 비쩍 말랐던 사람이 이제는 피골이 상접한 수준이었다. 그의 움직임은 절도 있고 아주 간결했다. 어떤 일로 스트레스를 받는지 몰라도, 그렇게 사람을 좀먹는 일이라면 견딜 필요가 없다. 아무도 그가 하는 말을 믿어주지 않았다. 사실 많은 사람이 이미 빠져나갈 구멍을 찾고 있었다. 나에게 '동업'을 제안한 것도 산더미 같은 빚을 일부 떠넘길 속셈이었는지 모른다.

동업 제안과 코앞에 닥친 파산은 접어두더라도, 내가 그곳에 근무하는 한 매일 처리해야 할 일이 있었다. 5번가에 남아 있는 대저택은 몇 개뿐이었는데, 그중 한 곳에서 리노베이션 프로젝트를 진행해야 했다. 로드아일랜드 뉴포트에 석탄 부자인 남작이 디 엘름스(The Elms, 뉴포트의 관광 명소 중 하나—옮긴이)를 지었는데, 그가 도심지에 마련해둔 주택이었다. 그 남작은 오래전에 세상을 떠났지만, 저택에는 남북전쟁 이후 대호황 시대의 흔적이 고스란히 남아 있었다. 새로운 남작이 아내와 가족을 위해 이 집을 수리했는데, 나는 그를 직접 만나보지 못했다. 아마 자기가 곧 숨을 거둘 것임을 알았던 모양이다. 그는 파리에서 임종을 기다리면서 남겨질 가족을 위해 이것저것 준비하고 있었다. 그는 리노베이션 공사를 멀리 미국에 있는 사업 관리자에게 일임했고, 관리자는 공사의 실질적 진행을 현지 감독에게 맡겼다. 그는 이 일의 대가로 아파트 한 채를 받을 거라고 했다.

내가 직접 연락할 수 있는 사람은 현지 감독뿐이었다. 50대의 전형적인 뉴요커였는데, 억양을 들어보니 퀸스 출신이었다. 건축 경험도 조금 있는지 '조합 시절' 이야기를 자주 꺼냈다. 그 경험이 자신의 신뢰도를 높여준다고 여기는 것 같았다. 자기 능력보다 훨씬 힘들고 어려운 일을 맡고 있었으며 상사를 매우 무서워한다는 것이 그의 전반적인 이미지였다.

이번 리노베이션 공사도 매우 호화로웠다. 실크, 준보석, 도금이 주택 전체에 사용되었다. 인상적이긴 했지만 그 가치를 제대로 드러내지는 못했다. 사실 뉴욕 아파트 상당수가 그런 장식을 선호했지만, 업계 종사자들은 그런 아파트를 '잘난 척 스타일'이라고 비웃었다.

이런 프로젝트에서는 조달과 구매가 실제 공사 못지않게 복잡할 수 있다. 주 욕실에 사용하려고 프랑스 채석장에서 벽옥으로 된 준보석 석판을 컨테이너로 주문했는데 50억 달러나 됐다. 하지만 북대서양을 지나는 동안 폭풍우를 만나서 항구에 도착했을 때 컨테이너 안의 석판은 모두 부서져 있었다. 이 참사를 누가 책임질 것인지를 두고 신경전이 벌어졌다.

퀸스에서 온 감독이 솔로몬의 칼을 쥐고 이 문제를 해결할 책임을 맡았다. 그는 오이디푸스나 된 듯이 무모하게 칼을 휘둘렀다. 뭔가를 사거나 일을 진행하기가 순식간에 불가능해졌다. 그는 모든 작업에 3단계 요청을 거치기로 결정했다. 나는 회계 상황을 매주 보고해야 했다. "버틀러 하드웨어는 그 회사에서만 제작됩니다. 이런 부품은 대체품 가격을 알아보는 것 자체가 불가능합니다"라고 직언해야 할 때도 있었다. 질린다는 말로는 이 상황을 설명하기에 너무 약하고, 치가 떨릴 정도로 싫었다는 말이 더 어울릴 것 같다.

논의가 완전히 틀어진 것은 자재 때문이었다. 건축가는 일반적으로 문 경첩, 손잡이, 섬턴, 잠금쇠와 같은 부품에 대해 자세한 목록을 작성해준다. 그러나 프로젝트 입찰 가격을 정하려고 도급업자에게 프로젝트를 통지할 때 서랍 손잡이나 수납장 걸쇠와 같은 장식용 자재를 미리 선택해두는 경우는 드물다. 눈치 빠른 도급업자는 입찰 가격에서 그런 요소를 배제하는 것이 일반적이다. 그러나 우리의 부드러운 보스는 요식업에 너무 정신이 팔려서 프로젝트 예산에서 장식용 자재를 빼놓는 것을 잊어먹었다.

퀸스에서 온 감독은 수납장 손잡이 등을 수만 달러어치 사야 한다며 나를 못살게 굴었다. 그가 사려는 부품의 일부는 24캐릿 금으로 주문 제작해야 했는데, 우리에게는 예산이 없었다. 한동안 뭘 구매하든 관계없이 회계부에서 돈을 받기가 불가능했기에, 퀸스 감독과 부드러운 보스가 회의를 열어서 이를 해결해야 할 것 같았다.

두 사람이 회의를 마친 결과 우리는 일반 도급계약을 따르게 되었다. 이것은 오래전부터 사용된 방법이지만 불리한 요소가 많이 숨겨져 있다. 부드러운 보스는 우리가 '도면을 구입'했다는 사실을 인정해주었다. 이는 일반 도급계약에 서명하기 전에 이 많은 도면에서 뭔가 찾아낼 수만 있다면 비용이 아무리 많이 들어도 부드러운 보스가 다 마련해주겠다는 뜻이었다. 그가 직접 계약하고 제안한 내용이었다. 퀸스 감독과 나는 따로 만나서 도면에 표시된 장식용 자재와 누락된 재료를 다시 확인했다.

약속한 날에 현장에 나갔다. 계약 서명일 기준으로 불과 몇 달 전에 작성한 청사진을 실물 크기로 준비해서 들고 갔다. 현재 청사진의 사본도 챙겼는데, 두 날짜 사이에 만들어진 다른 도면이 없음을 보여주려던 것이었다. 퀸스 감독은 거실에 앉아 있었다. 회의를 위해 접이식 테이블이 미리 펼쳐져 있었다. 누가 봐도 그는 썩 불편한 기색이었다. 졸지에 원치 않는 책임을 떠안게 된 것이었다. 어쩌면 누락된 자재를 구하는 비용은 그의 월급에서 제할 것이라고 누군가 그에게 으름장을 놓았을지도 모른다. 그 점은 함께 논의하지 않았으므로 자세한 내막은 알지 못한다. 사실 그날 우리는 아무것도 제대로 의논하지 못했다.

종합 배치 도면을 몇 장 넘겨보았지만 장식용 자재가 표시된 부분을 찾을 수 없었다. 도면을 계속 넘기다 보니 '목공 세부 사항 도면'이라고 표시된 부분까지 왔다. 첫 페이지에는 드레스룸에 넣을 서랍장 세트가 있었다. "여기에는 서랍장이 여러 개 들어갈 겁니다." 나는 형광펜으로 그 부분에 동그라미를 쳤다. "이건 우리가 책임져야 할 부분입니다. 아시겠죠?" 퀸스 감독은 끙끙 앓는 소리를 내면서도 고개를 끄덕였다. 다음 장으로 넘기자, 식당 벽 안쪽의 긴 틈에 집어넣을 사이드보드가 나타났다. "여기는 내가 여러 번 확인했어요. 이 페이지에는 자재가 하나도 표시되거나 기입되지 않았네요." 이번에는 끙끙 앓는 소리조차 들리지 않았다. "감독님이 보기에 이 페이지에 들어갈 게 있습니까?" 여전히 그는 침묵을 지켰다.

차분히 생각하려고 몇 번이고 숨을 골랐다. 그는 가만히 서 있었다. 팔짱을 끼고 눈은 멍하니 청사진만 바라보고 있었다. "좋아요. 지금 제가 도면에서 이 페이지를 보고 있잖아요. 아무리 주변을 둘러봐도 자재처럼 생긴 것은 안 보이네요. 감독님 눈에는 보입니까?" 세상에, 여전히 아무 반응도 없었다. 속이 부글부글 끓어올랐다. "감독님 눈에 그런 게 보이면 손으로 좀 가리켜 볼래요? 내 눈으로는 못 찾겠네요."

이 사람이 속으로 무슨 생각을 하는지 알 길이 없었다. 그는 한마디도 하지 않았다. 이렇게까지 침묵으로 일관할 문제는 아니었다. 나는 더 이상 참지 못하고 말했다. "뭐라고 말 좀 해봐요. 지금 이 방에서 둘이서 이야기하고 있는데, 내가 제정신이 아닌 겁니까? 내가 지금 해변에 누워서 자는 건지, 멀리 캐나다로 떠난 건지 모르겠네요. 뭐라고 말을 하든지, 아니면 팔이라도 좀 움직여보세요. 답답해 죽겠네." 그는 아랑곳하지 않고 가만히 서 있었다. 나에게 눈길도 주지 않고 도면만 뚫어져라 바라보았다. 나는 서류를 둘둘 말아 쥐고 그냥 나와버렸다.

며칠 후에 부드러운 보스가 건설 회사를 부도냈고 더는 월급을 받지 못하게 되었다. 그는 새로운 길을 찾았는데, 전 세계 곳곳에 인기가 많았던 식당의 분점을 열었다. 그는 자기가 아끼던 건설사 직원 모두에게 특별 카드를 나누어주었다. 직원 대다수는 몇 주 치 주급을 받지 못한 상태였다. 그가 나눠준 카드는 고급 음식점의 포장 주문 시 줄을 서지 않아도 되는 것이었다. 우리는 20달러 지폐에 그 카드를 접어서 노숙자에게 줘버렸다. 그로 인해 손해를 입은 의뢰인들이 과연 어떤 식으로 그에게 보복했는지, 그가 목숨을 부지했는지 여부도 모른다. 결국 나는 아무것도 주문하지 않았다.

실패

권한을 지닌 사람이 나타나기 전에 항상 빠져나가라.

나는 무슨 일이든 적어도 한 번은 실수를 저질렀다. 정확히 기억나지 않지만, 나에게 이런 경향이 있다는 것을 비교적 일찍 깨달았다. 나는 아들이 셋인데, 셋 다 처음 젖을 물었을 때 바로 빨지 못하고 한참 애를 먹었다. 난 아들들보다 나은 게 없는 사람이므로 세상에 태어난 순간부터 실패와 실수가 잦았을 것이다.

어찌 된 영문인지 많은 사람이 실패를 부정적으로 바라본다.

이 점은 금방 증명할 수 있다. 다음의 문장을 소리 내어 읽으면서 자신의 어린 시절을 떠올려보기 바란다.

"실패, 실패, 실패, 실패, 실패, 실패, 실패, 실패, 실패, 실패, 실패, 실패!"

어떤 감정이 드는가? 긍정적인 감정인가, 아니면 부정적인 것인가?

"꼬마야, 넌 할 수 있어!"라는 말을 들어본 기억은 거의 없고 "이런 바보 같으니라고. 너 때문에 방금 2만 달러가 날아갔잖아!"라는 말이 귓가에 생생할지 모른다. 물론 어떤 상황이었느냐에 따라 두 가지 반응이 모두 이해할 만하다.

나도 예외는 아니었다. 나도 실수를 연발하던 사람이라는 점을 상기하기 위해 한 가지 경험을 소개해보겠다.

‡

젊은 나이에 부모가 되면 인생의 모든 면에서 문제에 부딪힌다. 경력은 보잘것없고, 결혼한 지 얼마 되지 않아 배우자와도 맞춰갈 사항이 많을 것이다. 어린 자녀 중에는 건강한 아이도 있지만 그렇지 않은 아이는 늘 부모의 애를 태운다. 경험이 부족해서 육아의 모든 과정이 힘들고 어렵게 느껴진다. 그래서 젊은 부모들은 고대 사회의 종교 단체처럼 서로 경험을 공유하고 도우면서 똘똘 뭉치려 한다. 젊은 부모는 서로 안쓰럽게 여기며, 주변 사람들도 너나 없이 이들의 처지를 너그럽게 봐주곤 한다.

아이들이 아직 미취학 아동이었을 때 뉴욕의 북쪽 교외 지역인 파운리 리지에서 공사를 하게 되었다. 데크를 만들고 온수 욕조에 칸막이를 세우는 일이었다. 내게 이 프로젝트를 제안한 건축가는 이 집주인과 예전에도 거래해본 적이 있었다. 다 큰 딸이 있는 싱글맘이었는데, 내가 구직 중이라는 사실을 알고 있었고, 이번 프로젝트에 내가 적임자라고 판단한 것이었다.

그 무렵 나는 17년 차 목수로서 기술은 나쁘지 않았지만, 계약을 따낼 조직적인 역량이 부족했다. 공사할 집은 모더니즘 건축가가 설계한 것인데, 그가 보여준 설계도를 보니 이번 확장 공사도 기존의 설계를 적절히 존중하는 방식으로 진행할 계획이었다. 직사각형이 서로 교차하는 모양이라지만, 내가 보기에는 뒤죽박죽 같았다. 공사할 집에 가보지 않았지만, 내 목공 실력을 자신했기에 이번 공사를 낙관적으로 전망했다. 하지만 공사 현장이 집에서 120km나 떨어져 있고, 익숙지 않은 외부 환경에서 일하려면 어떤 난관이 발생할지 몰랐다. 공사 가격은 매우 저렴했다. 건축가는 집주인에게 나를 매우 우수한 실력자로 소개했고, 공사는 시작되었다.

첫날부터 문제의 징후가 여기저기에서 나타났다. 출퇴근 시간에 뉴욕 한복판을 지나가려니 출근하는 데만 두 시간 반이 걸렸다. 일단 도착해서 집 상태를 점검해보니, 집 전체에 사용된 외장의 크기는 일반적인 목재 회사에서 취급하지 않는 것이었다. 현지의 고급 건축업체에서 고작 몇 센티미터 큰 것을 가져왔는데, 품질은 훨씬 못한데도 가격은 내 예상보다 훨씬 비쌌다. 나는 불편한 마음으로 주문서를 작성했다. 그 집 상황에 맞게 제품을 손질하느라 톱질, 라우팅, 샌딩 작업을 반복하는 데 꼬박 사흘이 걸렸다. 내게 주어진 기간은 고작 2주인데 사흘이 지나도록 공사를 시작하지도 못했다.

친구에게 도움을 요청했다. 그는 도심 아파트를 주로 맡는 페인트공이었는데, 나처럼 어린아이를 키우고 있었다. 다행히 그 친구도 나만큼 주머니 사정이 절박해서 아주 싼 가격에 일해주기로 했다. 사실 내 예산을 초과하는 금액이었지만, '수익'으로 어떻게든 차액을 해결할 수 있을 거라 생각했다. 하청업체와 계약할 때 흔히 하는 착각이다. 그전에 일했던 회사에서 본 대로, 프로젝트상 필요한 여러 가지 작업 비용에 20%를 추가해서 '간접비 및 이윤'이라고 명명했다. 하지만 돈 계산에 서툰 나는 속으로 '오, 남는 돈이다'라고 생각했다. 나 같은 기술자들은 부족한 사업 수완을 낙관적인 사고로 대충 때우는 경향이 있다.

다음 날 아침, 브루클린에 친구를 태우러 가느라 출근 시간이 30분 더 늘어났다. 우리는 함께 현장으로 향했다. 다행히 상황은 좀 나아졌다. 두 번째 주말이 가까울 무렵에는 목공 작업을 거의 다 마치고, 원래 외장의 샘플을 뜯어내서 페인트 가게에 들고 갔다. 색깔이 맞는 페인트를 몇 통 살 생각이었다. 가게 주인은 샘플로 '스펙트럼 분석'을 해보더니 페인트 두 통을 뜯어서 색을 섞어주었다. 내가 예상했던 것보다 세 배의 가격이었다. 이틀 후에 데크 전체에 프라이머를 바르고 페인트를 칠했다. 하지만 페인트 색은 원래 집의 색상과 전혀 맞지 않았다. 조명이 달라서 그렇다거나 시간이 지나면 괜찮아질 거라는 말은 통하지 않을 정도였다. 우리는 끝까지 우기지 않고 중도에 접기로 했다.

버리려고 놔둔 보드 하나에 새로 산 페인트를 칠하고 집에서 낡은 보드 부분을 뜯어낸 다음, 페인트 가게에 가져갔다. 가게 주인은 둘의 색상이 전혀 다르다는 데 동의했고, '비슷하게 덧칠'해보라고 제안했다. 달리 방법이 없었기에 가게 주인의 제안을 받아들였다. 페인트 두 통과 하루의 시간을 더 들였지만 상황은 전혀 나아지지 않았다.

오래전에 뉴욕 예술학교에 1년 정도 다닌 기억을 떠올려보았다. 신입생이었던 나에게 학교 수업은 여름 캠프의 고된 부분만 모아놓은 것처럼 느껴졌다. 하지만 색상 이론을 가르친 선생님에게 정말 많은 가르침을 얻었다. 나는 페인트 가게 주인에게 더는 기대하지 않고, 색상 이론 교수님에게 배운 내용을 최대한 기억해내려고 애썼다.

이 집은 회색으로 칠해져 있었다. 사실 회색은 다른 색과 매치하기가 쉽지 않은데, 많은 사람이 회색을 명암이나 모든 색에서 나올 수 있는 미묘한 바탕색으로만 인식하기 때문이다. 페인트 가게에 다시 가서 집보다 조금 더 옅은 회색 페인트를 샀다. 가게에 있는 페인트 중에서 가장 중성적인 색상이었다. 공사 중인 집의 색상에 최대한 맞추기 위해 모든 색상을 보여주는 틴트 랙을 구매했는데, 사실 그중 대부분은 뚜껑도 열지 않으리라는 것을 이미 알고 있었다. 페인트공 친구와 나는 계속 샘플을 만들어서 프라이머를 바른 보드에 칠해보았다. 페인트가 마르면 색상이 달라졌다. 꼬박 하루를 매달린 끝에 페인트를 섞는 비율을 알아냈다. 우리는 페인트 가게에 다녀왔고 이틀 만에 모든 일을 끝냈다.

결과는 성공적이지 않았다. 자재 구매 예산과 작업 일정은 내가 생각한 것의 두 배로 늘어났다. 친구에게 일당을 주고 나니 4주간 일한 수당이 고작 900달러밖에 되지 않았다. 나는 주유비가 늘어난 탓이라며 스스로를 달랬다. 집주인은 페인트칠이 끝난 모습을 보고 매우 좋아했다. 색상이나 전반적인 분위기, 품질 등에서 모두 만족스럽다고 했다. 분명 이전의 계약업체 중 누구도 이렇게 해낼 만한 실력이 없었을 것이다. 그들은 집 한쪽에 창문을 몇 개 추가하고 외장을 복원할 수 있냐고 물었다. 나는 '이익 마진'을 되찾을 수 있다는 생각에 기분이 좋아져서 그러기로 했다.

이번에는 신중하게 가격을 계산하고 꼼꼼하게 살펴보았다. 가격은 두 배로 올려서 제시했다.

이 집에 사용된 창은 일반적으로 판매되는 제품이 아니라 미니멀 하우스에 어울리도록 별도로 제작한 것이었다. 통유리 한 장과 목재로 만든 단순한 창틀이 전부였다. 그때는 작업장을 직접 운영하기 전이라서, 가구 제작공인 친구에게 주말에 두 번만 작업장을 쓰게 해달라고 부탁했다. 조수와 나는 창틀을 제작한 다음 우리만의 비법으로 페인트를 칠하고, 다른 외장의 밀링 작업을 했다. 작업을 마친 후에 모든 것을 트럭에 싣고 다시 현장으로 가서 설치까지 끝냈다. 비계 설치를 전문으로 하는 현지 업체에 배관 프레임을 여러 개 배송시켰다. 우리는 배관을 직접 설치하고 본격적인 작업을 시작했다. 상단 창문 중 하나는 기존 창문 크기의 두 배로 제작해야 했다. 우선 창문을 조심스럽게 뜯어내고 새로 끼울 창문이 들어갈 구멍을 크게 뚫었다. 처음 이틀은 순조로웠다. 창문은 한 번에 하나씩 조심스럽게 작업했다. 상단 창문을 다 마무리하는 데 약 일주일이 걸렸는데, 공사 일정에서 크게 어긋나지 않았다.

새로운 주가 시작되었다. 월요일에 현장에 나갔는데, 비가 억수같이 쏟아졌다. 현장에서 몇 시간 버티다가 결국 포기하고 집으로 돌아왔다. 일주일 내내 비가 그치지 않아 공사를 할 수 없었다. 또다시 일정이 밀리고 예산도 차질을 빚었다. 그다음 주 월요일이 되자 우리는 두 배로 작업하기로 했다. 작업 효율을 높이려고 남아 있는 외장을 한번에 치울 생각이었다. 하지만 보드를 몇 개 치우다 보니 상황이 아주 심각하다는 것을 깨달았다. 아래층 보드 뒤로 합판 외장이 다 젖어서 썩고 있었다. 합판을 벗겨내보니 스터드는 깊숙이 녹이 슬어서 손을 대기 어려웠다. 집의 한쪽 면 전체가 흐물거리는 합판, 녹슨 스터드, 지탱하는 힘이 전혀 없는 외장으로 버티고 있었다. 문제는 내가 목조주택 전문가가 아니라는 것이었다. 뉴욕에서 인테리어와 리노베이션을 전문으로 하는 목수라서 교외 목조주택에 관한 경험은 거의 없었다. 친구와 나는 어찌할 바를 몰라 발만 동동 굴렀다.

결국 현장을 더 조사해보기로 했다. 상황이 얼마나 심각한지 제대로 파악하기만 해도 다행이라는 심정이었다. 외장을 전부 벗겨내니, 가려진 벽이 이미 흰개미 서식지로 변해 있었다. 개미들은 얼마나 잘 먹었는지 아주 통통해 보였다. 우리는 종일 외장과 합판을 모두 걷어냈다. 어디를 보더라도 벌레 떼가 집을 마구 갉아먹은 흔적이 역력했고, 수리할 곳이 한둘이 아니었다. 어디서부터 손을 대야 좋을지 막막했다. 정신없이 하루가 저물고 친구와 나는 집으로 돌아왔다. 둘 다 이 상황을 어떻게 해결할지 전혀 알지 못했다. 나는 빈털터리였고, 친구는 녹초가 되었다. 한 달 가까이 아내와 아이들 얼굴을 보지 못한 상태였다. 여기까지가 우리의 한계라는 생각이 들었다. 나는 친구를 집에 바래다주면서 그동안 도와줘서 고맙지만, 이제 그만하자고 말했다.

다음 날 아침, 현장으로 다시 가서 비계를 해체한 후에 업체에 연락해서 치워달라고 했다. 나는 겁쟁이처럼 꽁무니를 뺐다.

집주인을 만나려니 용기가 나지 않았다. 이런 나쁜 소식을 전했다가 부유한 의뢰인에게 뼛속까지 탈탈 털리는 모습을 한두 번 본 것이 아니었다. 게다가 매일 15시간 넘게 일한 목공 수당도 아직 받지 못했고, 내 목공 기술이나 업무 능력으로 집주인의 문제를 해결할 수도 없었다. 내 아이들에게는 얼굴도 제대로 못 보여준 아버지였고, 서비스업자로서도 의뢰인에게 아무런 도움을 주지 못했다.

두려움과 무력감에 압도되어 집주인에게 연락하지 못했다. 집주인도 아무 연락이 없었다. 솔직히 그 집이 어떻게 되었는지 지금도 모른다. 교외 주택을 전문으로 공사하는 업체가 제대로 된 해결책을 찾아주었기를 바랄 뿐이다. 물론 그 집의 상태를 생각하면 제대로 해결하는 데 엄청난 비용이 들었을 것이다.

지금도 나는 프로젝트를 수주할 때 비용이 얼마나 들지 정확히 제시하지 못한다. 원래 돈 계산에 둔한 데다 긍정적인 결과만 생각하는 경향이 있기 때문이다. 40년간 이 일을 하고 보니, 내 손으로 만든 것들도 어떤 면으로는 새롭게 느껴지거나 놀라운 점을 발견하게 된다. 나는 시간당 급여를 받는데, 집중적으로 빠르게 일하되 대충 넘어가는 법이 없다. 수십 년 전에 비하면 목공 기술은 매우 숙련됐지만 사업 수완은 별로 나아지지 않았다. 작업에 투자한 시간만큼 보수를 받아야 한다는 원칙만 겨우 지킬 뿐이다. 또 하나, 심각한 문제가 있을 때 이제는 그 문제에 대해 말을 꺼낼 배짱이 있다. 예전처럼 잔뜩 겁을 집어먹고는 문제를 숨기거나 외면하지 않는다. 의뢰인은 언제든 마음대로 나를 해고할 수 있지만, 지금까지 그런 의뢰인은 한 명도 없었다.

마법의 스트레처

흔한 일은 아니지만 예상치 못하게 갑자기 유명세를 누릴 때가 있다. 인생에는 무시무시한 저주에 비할 만한 끔찍한 순간이 많은데, 유명세를 얻는 것은 최악의 저주 3위 안에 들 것이다. 그렇다면 어떤 것이 1~3위에 포함될까? 완벽한 외모를 타고나는 것, 태어날 때부터 엄청난 부를 거머쥐는 것 그리고 명성을 얻는 것이다. 사람들은 이 세 가지가 큰 행운이라고 여기지만, 착각이다. 천사의 탈을 쓴 괴물이야말로 가장 악랄한 법이다.

목공 일을 하다 보니 몇몇 유명인사의 공간, 정확히 말하자면 그들의 집에 가볼 기회가 있었다. 어느 정도 유명한 사람들의 집은 수도 없이 둘러보았다. 그들 중 대부분은 이미 세상을 떠났거나 나이가 아주 많이 들었을 것이다. 유명인이라고 해서 노후가 항상 아름다운 것은 아니다. 요즘 세상에서는 명성, 부, 외적 아름다움을 성공의 척도로 생각한다. 그런 것을 갖추면 많은 사람에게 선망의 대상이 된다. 사람들은 이 세 가지를 다 얻으면 지금까지 살면서 느끼지 못한 만족감이 생길 거라고 믿는다. 하지만 그런 사람들의 집을 공사하면서 지켜본 결과, 그런 생각은 전혀 타당하지 않다. 그런 의뢰인들은 나와 동료들보다 훨씬 부유하고 사회적 지위와 영향력도 뛰어나지만, 우리보다 부정적인 문제나 어려움도 많다. 이를테면 약물 의존성이 높고, 인간관계나 가정생활에 문제가 많다. 또한 조급하고 짜증을 잘 내며 주변 사람에 대한 악의적인 태도가 두드러지는 데다 깊이 있게 제대로 아는 것이 없다.

성공과 실패는 인생을 바라보는 조악한 렌즈일 뿐이다. 다음 중 무엇이 가장 중요한가?

1. 다른 사람들에게 성공한 인생이라고 인식된다.
2. 주변 사람들보다 내가 더 성공했다고 자부한다.
3. 내가 시작한 일을 완수한다.

우리의 삶에서 늘 함께하는 존재는 자기 자신이다. 물론 다른 사람들도 우리와 삶을 공유한다. 나는 만족감, 성취감, 품위야말로 삶의 질적 수준을 보여주는 지표라 생각한다. 인생을 살면서 모든 순간이 가치 있다고 생각할 만큼 자신을 만족시켜야 한다.

‡

이 일을 하면서 자기 분야에서 크게 성공하여 유명해진 사람을 수없이 만나보았지만, 그중에서 제대로 이름이 알려진 건 데이비드 보위, 로빈 윌리엄스, 우디 앨런뿐이다. 긴 시간을 같이 보낸 것이 아니므로 여기에서 그들을 미화할 근거는 없지만, 각자의 방식으로 나에게 교훈을 전해준 사람들이다.

그중에서도 데이비드 보위가 가장 기억에 남는다. 나도 평생 음악을 해서 그랬을 것이다. 따져보면 목공 일보다 음악에 바친 세월이 더 길다. 그래서 데이비드 보위의 집을 공사한다는 생각에 콧노래가 절로 나왔다. 내 마음속 영웅은 손에 꼽을 정도로 적은데, 드디어 그중 한 명을 직접 만날지도 모른다고 생각하니 가슴이 두근거렸다. 우리 회사는 데이비드 부부가 30여 년 전에 구입한 아파트에 몇 개의 방을 수납 공간으로 꾸미는 일을 맡았다. 어느 날 아침, 달걀 샌드위치를 먹고 있는데 뒤에서 인기척이 나더니 "좋은 아침입니다"라는 부드러운 목소리가 들렸다. 뒤를 돌아보니 저쪽에 내가 10대 시절부터 좋아하던 그 사람이 서 있었다. 호리호리한 몸매에 우아한 분위기였고 웃는 표정이었지만 어딘지 모르게 긴장한 것 같기도 했다.

"언제쯤 공사가 다 끝날 거라고 생각하세요?"

"공식적인 답변을 드릴까요, 아니면 솔직한 답변을 원하세요?"

"아, 그거면 충분한 답변이 되었습니다. 아침 맛있게 드세요."

그의 미소가 마지막 기억이 되었다. 그 후로 다시 마주친 적이 없지만 내 기억에 항상 좋은 이미지로 남아 있다.

그를 생각하면 마음이 아프기도 하다. 그 집 아파트 창문은 5cm 두께의 방탄유리가 끼워져 있고, 안쪽 방에는 바주카포 탄도도 막을 수 있는 0.5인치 케블러가 세 겹으로 둘러 있었다. 그 당시 선박에나 사용되던 공기정화장치와 무선 전화기도 있었다. 그는 누군가가 자기를 죽이려고 총을 쏠지 모른다는 두려움을 평생 안고 살았다. 존 레넌이 사망하자 그의 공포는 더욱 심해졌다. 하지만 그는 상류층 출신의 VIP도 아니고 부모가 저명한 사람도 아니었다. 어머니는 웨이트리스였고 아버지는 아동 자선단체에 근무했다. 그의 손에서 팝음악의 가사, 멜로디, 편곡, 이미지가 완전히 새로운 모습으로 다시 태어났다. 사실 그는 두려움에 떨면서 살 이유가 없었다. 아마도 유명세는 그에게 저주와도 같았을 것이다. 다행히 처음 보는 목수를 2분 정도 친절하게 대해줄 여유는 있었던 모양이다.

몇 년 후, 내가 수리하게 된 아파트는 로빈 윌리엄스가 이혼과 재혼을 겪은 후에 마련한 것이었다. 센트럴파크의 가로수길에 가깝고 외관도 매우 화려했다. 이번에는 햄버거를 먹느라 잠시 쉬고 있었다. 나는 창밖으로 하늘 높이 솟은 가로수 끝부분을 바라보았다. 산들바람이 불자 동물의 털이 가볍게 날리듯이 색이 조금씩 다른 나뭇잎들이 부드럽게 움직였다. 평소에 들리지 않는 작은 소리를 사람의 귀에 들릴 정도로 크게 키우면 처음 들어보는 소리에 매료되듯이, 평소에 보던 나무가 아닌 색다른 모습에 감동받았다. 그때 윌리엄스가 내 오른쪽에 나타나서 공원, 날씨 등에 관해 이야기를 시작했다. 나에게 말을 거는 것이 아니라 독백하는 것 같았다. 너무 오래된 일이라 윌리엄스가 했던 말 중에 "햄버거 맛있게 드세요"라는 인사밖에 기억나지 않는다. 유명한 영화배우가 친절하게 인사를 건네주어 고마웠다.

그 또한 생각하면 안타까운 마음이 든다. 윌리엄스의 어머니는 매우 아름다운 분이었다. 그는 어머니의 관심을 끌려고 웃기는 법을 배웠다. 덕분에 나를 포함하여 미국인 모두의 관심을 얻었다. 그와 잠시 마주친 일은 마치 공연자가 관객과 일방적으로 소통하는 것과 같았다. 아마 대부분의 사람들이 윌리엄스에게 보인 관심도 그 정도였을 테고, 그에게는 도움이 되지 못했을 것이다.

우디 앨런의 아파트는 전쟁이 일어나기 전에 5번가에서 볼 수 있던 평범한 건물 꼭대기에 자리해 있었다. 공사는 그리 길지 않았다. 몇 가지 장비를 설치하고 문을 달아주는 등 간단한 작업이었다. 한번은 내가 주방을 지나가는데 우디 앨런이 거기 서 있었다. 나는 아무렇지 않은 듯 "안녕하세요"라고 인사를 건넸다. 그는 살짝 몸을 옆으로 돌리더니 내가 지나갈 때까지 그대로 있었다. 그렇게 반응한 것도 이해할 만했다. 당시 그는 사회적으로 강한 비난을 받고 있었기에 누구에게도 마음을 열지 못했다. 내가 그의 입장이었어도 돌아서서 얼굴을 바라보지 못했을 것이다.

이렇게 유명인사들을 잠시 알게 된 것은 고작 몇 년 사이에 벌어진 일이었다. 목수 일을 해온 시기를 돌이켜 보면 10년은 조금 넘었던 것 같다. 세 사람 모두 불안을 느꼈다. 내 인생에서 유명세란 다른 사람이 누리는 아주 제한된 공적 영역에서나 가능한 일이었다. 목수로서 내가 유명세를 얻어서 삶이 피곤해질 거라고는 생각해본 적도 없다.

‡

우디 앨런의 집을 공사하고 몇 달 후의 어느 저녁이었다. 딱히

할 일이 없던 나는 누군가가 한번 보라고 했던 TV 쇼를 볼 생각이었다. 어떤 목수가 갑자기 유명해져서 이 쇼에 초대받았고 직접 목공 작업 과정을 보여주었는데, 사실 업계 사람들은 그가 왜 유명해졌는지 의아하게 여겼다. 그래서 내 눈으로 직접 확인할 생각이었다.

그날 저녁 쇼에서는 확장형 테이블을 만드는 과정이 방영되었다. 주변에서 흔히 볼 수 있는 일반적인 디자인의 테이블이었다. 제작 과정도 그리 어렵지 않았다.

1. 테이블 상판을 제작한다.
2. 다리 네 개를 사각형 모양으로 배열한다.
3. 견고한 '스커트보드'를 가로로 눕힌 상태에서 다리 상단 끝부분과 연결, 고정하여 수직으로 받친다.
4. 다리의 아래쪽 근처에 얇은 나무 조각으로 된 '스트레처'를 설치해서 가외의 지지력을 확보한다.
5. 다리, 굽도리널, 스트레처로 구성된 부분을 조립한다.
6. 테이블 상판을 다리 조립품에 접합해 테이블을 완성한다.

나는 작업 과정을 열심히 지켜보았다. 그는 좋은 공구를 사용했다. '스폰서가 있는 걸까? 아니야. 그럴 리가 없지. 공구 브랜드를 다 가렸잖아.' TV를 보는 내내 머릿속으로 이런저런 생각이 떠올랐다. 테이블 상판은 거의 마무리되었고, 브레드보드 엔드(breadboard end)도 나무랄 데 없었다. 그다음에 다리를 연결했다. 그는 굽도리널의 연결 부분을 다리의 장붓구멍에 끼운 다음

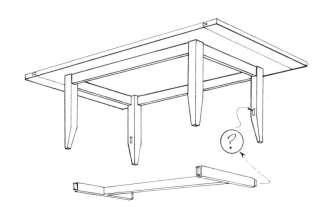

접착제로 고정했다.

"아니, 지금 뭐 하는 거야? 제정신이야?!" 나는 버럭 소리를 질렀다. "스트레처를 빠트렸잖아. 지금 끼운 부분을 다시 분리하려면 테이블 전체가 두 동강 날 텐데 어떻게 할 거야?" 온몸의 신경이 곤두섰다. 나도 그동안 어리석은 실수를 자주 저질렀다. 사실 지금 내가 자유자재로 구사하는 기술은 대부분 실패를 통해 배운 것이다. 모든 일에는 극적인 순간이 있다. 건축에서 가장 극적인 순간은 일이 잘못되거나 실수를 저질렀을 때다. 나는 계속 앉아서 커피를 다 마시고 광고가 지나갈 때까지 기다렸다. 이 사람이 실수를 어떻게 만회할지 몹시 궁금했다.

그런데 TV 화면에는 세련된 회색 배경 앞에 놓인 완성된 탁자가 등장했다. 목수는 등장하지 않고 목소리만 나왔다. "이제 남은 작업은 스트레처를 접착제로 고정하고 상판을 부착하는 겁니다. 그러면 테이블이 완성되죠."

"뭐? 뭐라고? 무슨 헛소리야. 정신 나갔군. 스트레처를 어떻게 끼운다는 거야? 이런 말도 안 되는 걸 보고 도대체 뭘 배우라는 거야?" 이 사람이 아무리 베테랑 목수라도, 자기가 실수했다고 인정하는 게 그렇게 어려운 일인가? 제작진은 실수나 실패를 인정하면 전문가로서의 신뢰도가 추락한다고 생각한 걸까? 아주 심각한 실수를 범했고, 이를 만회하기는 결코 쉽지 않아 보였다. 하지만 누구나 실수를 저지르고, 이를 만회하는 과정이 언제나 쉽고 간단할 수는 없다. 스트레처 테이블 제작 과정을 보여주는 프로그램이었지만 재미는 하나도 없었다. 오히려 실수를 인정하고 이를 극복하는 과정을 보여주었다면 시청자에게 더 큰 공감을 얻었을지 모른다.

그 후로 이 프로그램은 다시 보지 않았다. 거기서 얻은 교훈은 딱 하나였다.

유명세를 얻으면 끔찍한 짓을 저지를 수 있다.

‡

1990년대 초반에 1년 동안 나는 M&A 전문가가 소유한 여름용 집과 겨울용 집을 오가며 일했다. 의뢰인과는 일정이 정반대여서 마주친 적은 딱 한 번뿐이었는데, 그날은 둘 다 플로리다 집에서 일하고 있었다. 그날 새벽 2시, 나는 취미나 오락을 즐기는 방에 수작업으로 만든 왕관 모양 몰딩 열네 개를 설치하려고 3~4m 높은 곳에 올라가 있었다. 이유는 모르지만, 우리는 별관에 들어갈 수 없었다. 천장에는 천사들의 합창단이 그려져 있고 금색으로 장식한 타원형 사무실에서 그 사람이 일하는 모습, 특히 규모가 크고 무자비한 거래에 손대려는 순간을 상상했다. 그는 우연히 내가 작업하던 방에 들어왔는데 줄무늬 실크 가운을 입고 커다란 시가를 손에 쥐고 있었다. 담배에는 아직 불을 붙이지 않은 상태였다. '휴 헤프너와 배리 골드워터의 만남'과 같은 장면이었다. 그는 작업 공간을 이리저리 둘러보더니 칭찬을 아끼지 않았다. 이제 편안한 노후가 보장된 것이나 다름없는데도 그가 그렇게 늦게까지 깨어 있다는 사실이 인상적이었다.

공사 일정은 날씨에 좌우되었다. 뉴욕시 북부가 생활하기 좋을 정도로 따스해지면 M&A 전문가가 그곳으로 거처를 옮기고 우리는 무더위가 시작되는 플로리다로 현장을 옮겨야 했다. 그러다가 플로리다에 상쾌한 바람이 불면서 생활하기 편한 시기가 되면, 다시 위치를 맞바꿔서 우리가 칙칙한 회색빛 북부 지역으로 갔다. 그가 척후병인 스티브를 통해 전달한 미션은 단 하나였다. 계절이 바뀌어 다시 집을 바꾸기 전에 모든 것을 끝내라는 것이었다.

그래서 스티브는 프로젝트 진행 방식을 완전히 바꾸기로 했다. 먼저 뉴욕시에서 매우 유명한 건축가사무소를 찾아가서 양쪽 집의 리노베이션 공사 도면을 의뢰했다. 아주 세세한 사항까지 빠트리지 말고 도면에 모조리 표기해달라고 했다. 이윽고 두꺼운 청사진 묶음이 배송되었는데, 개보수 작업이 필요한 방 하나하나의 도면을 일일이 직접 그렸다. 스티브는 도면에 표시된 사항을 모두 확인하고 미흡한 부분을 따로 정리한 다음, 며칠 내로 도면을 수정해달라고 했다. 도면이 완벽해지자 이제 됐다는 말과 함께 건축가를 돌려보냈다.

현장 인부는 역량, 신뢰도, 인내심이라는 세 가지 기준에 따라 모집했다. 나는 수납장 제작소의 하청업자/설치업자로 일했는데, 그 제작소는 지금까지 내가 본 목공 작품 중에서 최상의 제품을 만들었다. 스티브가 심혈을 기울여 세운 계획표에 정한 날짜가 되면 약 열두 개 업체에서 파견한 감독이 현장에 도착했다. 이날은 팜 비치에서 가장 큰 해변 저택 중 한 곳의 진입로에 밴 차량이 줄지어 들어왔다. 우리는 이미 몇 주 전에 각자의 업무에 관련한 도면을 받았기에 현장에 오기 전에 도면을 숙지했다. 나는 리노베이션이 필요한 방마다 들어가서 모든 구성 요소를 측정하고 도면에 기입하는 일을 맡았다. 작업장에서 만든 부품이 현장에서 한 치의 오차도 없이 바로 제자리에 들어맞게 하려는 것이었다. 이 작업이 끝나면, 현장을 돌아다니면서 찾은 질문거리를 따로 정리했다. 보통 수십 가지 질문이 생기곤 했다.

스티브와 딱 한 차례 두 시간 정도 회의하고 나니 모든 질문이 해결되었다. 이 과정은 하루 이틀 만에 끝났지만, 다른 건축가나 설계자와 일할 때는 아무리 짧아도 몇 주가 걸리는 일이었다. 어떤 프로젝트에서는 7~11개월이 소요되었다. (대규모 프로젝트를 진행할 때 이 과정이 제대로 마무리된 적은 거의 없었다. 나는 답변은 기대조차 하지 않고 조립 도면을 직접 그려서 설계팀에 보낸 다음 승인을 받곤 했다. 해당 건축가와 설계사의 웹사이트에는 이런 조립 도면이 비공식 자료로 등록되어 있다.)

빨간 펜으로 도면에 모든 세부 사항을 표시하고 정확한 치수를 기입하는 데 하루 이틀 정도 걸렸다. 도면의 사본 한 부는 고용주의 작업장에 보내 제작을 요청했다. 나도 사본을 가지고 있었는데, 설치용 창문이 오면 도면에 표시된 세부 사항을 다시 확인하고, 작업할 사람들이 오면 곧바로 일을 시작할 생각이었다. 이 일을 40년이나 했지만 내가 경험해본 것 중에 가장 효율적인 시스템이었다. '공정 회의'에서 말을 번복하는 일은 없었다. 우유부단한 설계 담당자가 "그 점은 나중에 다시 살펴보기로 하지요"라며 얼렁뚱땅 넘어가는 일도 없었다. 질문이 생기면 답을 찾고 그에 따라 공사를 진행했다. 건축업계에서 이렇게 일이 술술 진행되는 것은 매우 드문 일이다.

이는 프로젝트에서 가장 좋았던 점이었다. 기록적인 시간 안에 웅장한 공간에 화려한 결과물을 완성했다. 뉴포트의 고급 주택 상당수가 그처럼 놀라운 속도와 효율성으로 지어졌다.

이 방들을 공사할 무렵에는 미니멀리즘에 따라 간소하게 확장하는 것이 고급 디자인에서 우아함을 측정하는 기준이었다. 하지만 미니멀리즘의 천적이 있었으니, 바로 우리의 결과물이었다. 우리는 최고의 과잉을 만들어냈다. 희귀한 목재를 사용하고, 수작업으로 화려한 디테일을 만들어놓고, 온갖 장치에 도금을 했으며, 어떤 조명에서도 깊이 있는 빛을 발하는 이음매 없는 마감 처리를 했다. 미적 순수성을 논할 때는 미니멀리즘이 큰 의미가 있을지 모르겠으나, 적어도 우리 일은 인기 많은 술집처럼 재미가 있었다.

스티브는 우리가 어떻게 행동하는지, 옷을 어떻게 입는지, 무슨 음악을 듣는지, 어떤 골동품에 관심이 있는지 전혀 상관하지 않았다. 내 동료들은 예쁜 집 짓는 일을 진심으로 좋아하기 때문에 일했고, 이왕 하는 일이니 빨리 해내려 했다. 심지어 우리는 오손 웰즈의 목소리를 흉내 내면서 이런 모토를 외치기도 했다. "품질은 속도가 아니다." 그래서 스티브와 우리는 서로 좋아했으며 웬만한 일은 그냥 넘어갔다.

매일 아침 우리는 평범한 흰색 렌털 밴을 타고 강철로 된 직원용 출입구에 도착했다. 가장 경험이 많고 노련한 일꾼인 제프는 잠시도 가만있지 못하고 여러 사람의 신경을 건드리는 편이었다. 밴이 도착하면 인터콤에서 "무슨 일로 오셨습니까?"라는 목소리가 들렸다. 제프는 매번 다르게 대답했는데, "아메드! 아메드! 나야, 나, 살림! 문 좀 열어. 비료 가져왔어"라고 소리치는 장난을 자주 했다. 그러면 인터콤에서는 "여기는 보안팀입니다. 그런 쓸데없는 소리 당장 집어치워요"라고 했다. 제프는 빙그레 웃고는 다음 날 아침에 또 다른 장난을 쳤다.

제프가 두 번째로 좋아하는 것은 젊은 경호원들과 잡담하는 것이었다. 대부분 군인 출신이라서 체구가 건장하고 상대를 압도하는 분위기를 지녔으며 메인주 특유의 말투에 이탈리아 억양이 섞여 있었다. "말 좀 물읍시다. 이런 일을 하면 얼마쯤 받나?" 경호원들은 아무도 대꾸하지 않았다. "대충 말해주면 되잖아요. 시간당 15~20달러쯤 되려나?" 여전히 말이 없었지만, 경호원들의 표정이 싸늘하게 바뀌었다. "이것 봐, 말 좀 해보라니까. 고작 시간당 20달러를 받고 저 멍청한 자식을 위해 총알을 대신 맞는다는 거요?" 그곳에는 제프를 좋게 보는 사람이 아무도 없었다.

하루는 막 일을 시작하려는데 스티브가 어떤 남자를 데려왔다. 적당한 체격에 머리 색과 눈동자는 짙은 편이었다. 그는 말을 해도 표정이 조금도 바뀌지 않았다. 얼굴뿐 아니라 온몸에 움직임이 하나도 없는 것 같았다. 스티브는 그를 보안팀 책임자라고 소개했다. 그는 어딘지 분위기가 달랐다. 제프도 이 사람에게는 장난치거나 농담을 던지면 안 된다는 것을 본능적으로 알아차렸다. 그는 로봇처럼 몸의 근육 하나 움직이지 않은 채 이스라엘 사람의 억양으로 이렇게 쏘아붙였다. "앞으로 더는 내 부하들에게 말 걸지 마시오. 알아들었나?" 말을 하면서도 그는 우리 두 사람을 쳐다보지 않았다. 어두운 방에 홀로 갇혀서 눈물을 찔끔 흘리는 병사들의 과거 모습을 꿰뚫어 보는 것 같았다. 제프는 "아, 알겠습니다"라고 웅얼거렸다. 그것으로 제프의 장난은 완전히 종지부를 찍었다.

그 후로 이번 공사에서 별로 재미없는 부분이 본격적으로 시작되었다. 그해 여름에는 하루 16시간씩 일하는 강행군이 이어졌다. 일요일에만 일을 쉬었는데, 그날은 다들 잠을 청하느라 바빴다. 늦여름의 플로리다는 지독했다. 우리는 헐렁한 반바지에 부츠를 신고 일했는데, 에어컨 바람 한 줄기가 우리가 일하는 별관으로 불어오기를 간절히 바랄 뿐이었다.

총면적이 92㎡이며, 벽기둥과 패널이 있고 영국식 갈색 참나무로 만든 엔터테인먼트 룸이 드디어 완성되었다. 우리는 드레스룸으로 넘어갔는데, 이번에 사용할 자재는 배나무였다. 나는 개인적으로 배나무를 가장 선호하는데, 부드럽고 매끈하며 모양을 잘 잡아서 깔끔하게 마무리하면 무지갯빛으로 반짝거리기 때문이다. 드레스룸 천장은 둥근 아치형이었고 가느다란 회전식 수직 기둥이 있었으며, 창문 사이사이에는 도금 거울이 붙어 있

었다. 내가 공사했던 방 중에서 가장 완성도가 높았다. 어디를
봐도 아름다웠다. 색상, 자재, 모양 등 모든 것이 완벽하게 어우
러졌다. 종종 믿음직스럽지 못한 인부가 공구 가방을 처박아둘
곳을 찾아다닐 때면 나는 잔뜩 화난 얼굴로 드레스룸에는 들어
오지 못하게 막았다. 나의 작품에 어떠한 흠집도 허용할 수 없었
다!

마침내 여름이 가고 작업도 마무리되었다. M&A 전문가는 플
로리다로 떠나고 우리는 뉴욕에 있는 그의 집으로 가서 침실 몇
개의 보수 작업을 시작했다. 주말은 금방 지나가버렸다. 스티브
도 다음 날 합류하기로 했다. 아울러 그는 집주인이 드레스룸이
마음에 들지 않으니 다 뜯어내라고 지시했다는 소식도 전해주었
다. 인기 많은 극장의 무대처럼 드레스룸은 고작 일주일 만에 영
원히 사라졌다. 그 이유는 집안일을 하는 직원이 그 방이 더 커
야 한다고 생각했기 때문이었다. M&A 전문가의 정장을 여유 있
게 걸어야 하는데 그럴 공간이 부족하다는 것이었다.

뉴욕 집은 1579㎡로, 3901㎡인 플로리다의 집보다 훨씬 작았
다. 이 집은 영국의 일반 주택 중에서 히코리 목재 골조 주택으
로, 지붕과 창틀 사이의 공간은 벽돌로 메웠고 지붕은 주문 제작
한 붉은 테라코타로 덮었다. 기이한 집이라고도 할 수 있지만,
이만큼 큰 규모는 흔치 않았다. 우리가 공사한 방은 예비 공간이
라서 플로리다에서 했던 목공 작업만큼 거창하지는 않았다. 스
티브도 그 주에 도착했는데, 그의 주요 관심사는 이 집과 모든
면에서 잘 어울리는 2층짜리 새 차고를 짓는 것이었다. 그가 왔
을 때 석공들은 이미 차고의 기초 공사를 진행하고 있었다. 스티

브의 작업 마감일은 4월 1일로 정해져 있었다. 차고는 상상을 초월하는 작업이었다. 혼자 자재를 구하는 것만으로도 여러 달이 걸릴 것 같았다. 그런데 스티브는 모든 것을 책임지겠다고 했다.

제프와 나는 거의 한숨도 못 잤다. 스티브는 아예 잠을 포기한 것 같았다. 그가 잠시 자리에 앉는 모습조차 볼 수 없었다. 1월이 되자 나는 녹초가 되었다. 침실 공사는 제때 마무리되었다. 제프와 내가 공구를 챙겨서 떠나려는데 스티브가 나를 사무실로 불렀다. 사장이 방금 프랑스 남부에 9000㎡가 넘는 빌라를 구입했다며, 같이 가서 목공 작업과 설치를 해보자고 제안했다. 나는 생각할 시간을 달라고 했다.

하지만 고려할 여지가 없는 제안이었다. 1년 내내 주당 96시간씩 일하느라 두 살 된 아들의 얼굴 한 번 제대로 보지 못한 데다, 드레스룸 소식을 듣고는 일에 대한 마지막 보람마저 모두 날아가버린 상태였다. 보수는 두둑한 편이었지만 근무 시간이 너무 길어서, 세 배를 준다고 해도 제안을 받아들일 마음이 전혀 생기지 않았다.

스티브도 M&A 전문가에게 투자에 관해 많이 배웠다고 했다. 그는 프랑스 빌라를 마무리하면 은퇴해서 북부로 갈 거라고 했다. 나는 일이 잘되길 바란다는 말과 함께 작별의 악수를 청했다.

3월 초, 새로운 작업장에서 설치 작업을 했다. 뉴욕시에서 정해진 시간만 일하면 되는 곳이었다. 보수는 훨씬 적어도 몸과 마음이 편해서 휴가를 즐기는 것 같았다. 그런데 몇 주 후에 스티브에게서 연락이 왔다. M&A 전문가의 뉴욕 집에 문을 몇 개 설치해야 하니 잠깐만 와서 도와달라는 것이었다. 그동안 충분히 쉬었고 가외의 일거리가 생긴 것이 좋아서 그다음 주 토요일에 도와주기로 약속했다. 스티브와의 일정이 생기는 바람에 주말 내내 쉴 수 없었다. 나는 새벽 5시에 집을 나서서 7시에 도착했다.

내가 마지막으로 갔을 때 거의 완공 상태였던 차고가 흔적도 찾아보기 어려웠다. 차고가 있던 자리에는 새로 덮은 흙 외에 아무것도 없었다. 스티브는 사무실 책상 앞에 앉아 있었다. 벌게진 눈은 퉁퉁 부어 있었다. 그는 펑펑 울었고 내게 그런 모습을 감출 여력도 없었다. 무슨 일인지 물어보았다. "지난 금요일에 사장이 왔어. 일을 다 끝냈거든. 차고를 다 마무리했단 말이지. 그런데 헬리콥터에서 내려다보고는 마음에 안 든다는 거야. 오늘 다시 오겠다면서 차고를 완전히 없애라는 거야. 그래서 불도저로 다 밀어버렸지. 마지막 트럭이 방금 떠났어. 이제 뭘 해야 할지 모르겠어. 다 끝났어. 다 망했다고. 이젠 아무것도 못 해. 난 끝장났어." 그는 모든 것을 잃은 공허한 눈으로 나를 바라보았다.

여러 해가 지난 후에 M&A 전문가가 소유한 뉴욕 북부 주택에 큰불이 나서 집이 완전히 타버렸다. 상근 직원이 있는 집이었는데, 화재 경보가 울릴 당시 다행히 집에 아무도 없었다고 한다.

‡

내가 만드는 모든 것은 언젠가 무너지거나 부서질 것이다. 이런 생각에 이미 익숙하다. 내가 짓는 건물은 대부분 10년 정도

가는데, 새 주인에게 넘어가면 유행이 지났다고 평가되기 때문이다. 리노베이션 작업을 새로 시작할 때면 며칠간 재활용할 만한 것부터 따로 챙기느라 정신이 없다. 나만 그런 것이 아니라 모든 목수들의 집에는 이렇게 찾아낸 물품이나 자재가 잔뜩 쌓여 있다. 내가 만든 것이 버려지거나 망가진다는 사실에 크게 상처받지는 않는다. 물론 그 과정을 직접 내 눈으로 확인할 마음은 없지만.

장인정신을 가진 사람이라면 누구나 작품에 심혈을 기울일 것이다. 각고의 노력 끝에 정말 아름다운 결과물이 완성되면 큰 자부심을 얻는다. 하지만 결과물을 떠나보내야 한다는 점을 잊어서는 안 된다. 내가 만든 것이 내 소유물로 남아 있던 적은 없다. 나는 언제나 다른 사람이 사용할 물건이나 집을 만들기 때문이다. 어떤 의뢰인은 매우 좋은 사람이었고, 어떤 이는 무관심했으며, 또 어떤 이는 모든 것을 망가뜨리는 최악의 인간이었다. 이 세상은 정말 만만치 않다. 변덕스러운 억만장자가 손을 한 번 내저으면, 내가 공사한 최고의 방도 산산조각이 난다. 나는 그 충격에서 회복하기 위해 그만둬야 했다. 억만장자가 또 한 번 손을 까딱이면, 불가능에 가까운 일을 해낸 사람이 도로 불려 와서 공사 결과를 제 손으로 무너뜨려야 한다. 그런 일을 겪고도 마음의 상처를 온전히 회복한 사람이 과연 있을지 모르겠다.

10장

우정과 죽음

우리는 경이로움과
대격변의 세계에 살고 있다.
내 것은 하나도 없다.
최악의 상황은 반드시 벌어진다.

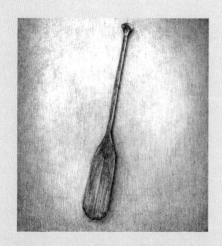

뉴욕의 고급 주택 건축시장은 좁은 바닥이다. 늘 새로운 회사가 등장했다가 사라지는데, 20년 이상 버틴 회사는 열 군데 남짓인 것 같다. 그런 기업에 근무하는 프로젝트 매니저와 업무 감독도 마찬가지다. 10년 이상 근속하는 사람은 거의 없다 보니 늘 보던 얼굴, 듣던 이름을 여기저기에서 마주치곤 한다. 업무 시간에 이스트 77번가 지하철역에서 메트로폴리탄 미술관으로 걸어가다 보면 함께 일했던 사람을 반드시 지나친다. 이 좁은 세계에서는 평판과 신뢰가 무엇보다 중요하다. 동시에 사람을 통째로 집어삼키기도 하는 무시무시한 곳이다.

최근에 가장 오랜 친구이자 동료인 보(Bo)가 함께 진행하던 프로젝트의 도면을 검토하려고 우리 집에 왔다. 브루클린에서 목공 일을 할 때 그를 처음 만났다. 나보다 고작 두 살 많지만 처음 만났을 때 내가 감히 범접할 수 없을 정도의 실력을 갖추고 있었는데, 대학교 과정의 목공 전문학교에 다녔다고 했다. 지금은 그 학교가 없어졌다. 그에 비하면 나는 어릴 때 지하실에서 혼자 목공 장비를 만지며 놀았던 것이 전부였다.

보는 나보다 키가 조금 더 크고, 몸매는 훨씬 호리호리했다.

얼굴은 더 길고 말수는 조금 적었다. 그러다 갑자기 노래를 부르거나 브로드웨이 뮤지컬의 한 장면을 따라 하고 춤을 추기도 했다. 분위기를 띄우거나 특정 상사 또는 의뢰인을 흉내 내려던 것인데, 정말이지 관찰력과 표현력이 대단했다. 우리는 금방 친해져서 지금까지 우정을 이어오고 있다. 아마 죽을 때까지 변치 않을 것이다.

오랜 세월 동안 우리는 다섯 곳의 회사에서 함께 근무했다. 이 분야에 종사하는 친구들은 서로를 챙길 줄 안다. 문제는 자주 발생하기 마련이므로, 가까이에 의지할 만한 친구가 있으면 좋다. 우리는 그날 저녁 일을 끝낸 후에 둘 다 잘 아는 지인에 관한 이야기를 시작하곤 했다. 20년 전이라면 이렇게 말했을 것이다. "내가 며칠 전에 아무개를 만났는데, 요즘 ○○에서 일하고 있어. 아내가 화가 나서 집에서 나가라고 했다는군." 우리 둘 다 알고 있는 사람을 세어보면 꽤 많다. 뉴욕에서 뭐든 가리지 않고 만드는 목공업자는 많아 봐야 100여 명 남짓이고, 작업복의 업체 이름만 바뀔 뿐이다.

하지만 요즘은 대화 내용이 많이 달라졌다. 누군가가 유명을 달리했는데 암이나 술, 심장마비 등이 원인이었다는 이야기가 주를 이룬다.

"보, 이런 일을 하는 사람 중에 크게 출세하거나 유명해지는 사람은 많지 않아. 대부분이 정해진 틀에 머무르지."

그는 고개를 끄덕이며 "맞아. 목표를 가지고 좀 더 노력하면 좋을 텐데."

우리는 여러 작업을 같이하면서 납이 섞인 페인트, 이산화규소, 톱밥 먼지를 들이마셨다. 1980년대에는 담배를 물고 테이블 톱 앞에서 긴 시간을 보냈다. 그때는 담배를 물고 일하는 것이 멋있다고 생각했다. 전 세계에서 공수한 술을 나눠 마셨고, 각자 이혼으로 힘들 때 서로를 위로했다. 보는 두 차례 이혼했고 나도 한 번 경험했다. 아이들과 대화가 단절되어 힘들어할 때 상대방을 웃게 해주려고 노력했다. 이제 우리는 친구의 절반이 세상을 떠난 상태다. 그렇지만 서로 알고 지낸 세월을 돌이켜 보면 어느 때보다 지금 행복한 것 같다.

"요즘 자주 볼 수 있어서 진짜 좋다."

보가 그렇게 말하기에 "맞아, 나도 그래"라고 대답했다.

"가만히 생각해보면 어떤 관계는 정말 오래가지만, 그렇지 못하고 끝나버릴 때도 많아. 생각해봐. 어떤 사람을 만나서 이런저런 경험을 공유하지만, 고작 몇 년뿐이잖아. 다 그렇지 뭐. 세상에 영원한 게 얼마나 되겠어."

"그렇지. 참 묘한 일이야. 어떤 것은 오래도록 마음에 남는데, 열한 살만 되어도 돈 노츠(미국의 배우 겸 코미디언—옮긴이)의 유머가 더는 안 통하잖아."

우리는 한바탕 웃고 나서 테킬라를 마시러 갔다.

‡

뉴욕시는 냉소적이고 외로운 도시라고들 한다. 젊은 시절에는 자기 연민을 자주 느끼는 편이었고, 그래서인지 뉴욕은 내게 차가운 도시로 느껴졌다. 지금 생각해보면 뉴욕이 아니라 내 감정이 더 문제였다. 그때는 어둡고 슬픈 것을 좋아했다. 희망, 연민, 기쁨보다는 슬픔이나 고립감이 더 강렬하게 다가왔다. 이 세상은 나를 전혀 반기지 않는 것 같은데, 내가 안 그런 척할 이유가 있겠는가?

당시 어른이라면 누구나 성공과 미래의 행복을 위해 고등학교 졸업장이 꼭 필요하다고 생각했지만 나는 졸업장을 따지 못했다. 그런데도 나는 뉴욕에서 대학에 다녔다. 당시에는 인터넷이 널리 보급되지 않아서 입학 요건을 갖추지 못했다는 점을 쉽게 감출 수 있었다. 가장 친한 친구들은 다들 변덕이 심하고 냉소적이었다. 우리는 음울한 책을 읽고 낡은 옷을 걸치고 술에 빠져 문학이나 음악의 주인공에 대해 이야기하며 시간을 보냈다. 자신이 변화의 '국면'에 있다는 것을 기꺼이 인정하는 사람은 없다. 특히 젊은이들이 그렇다. 어떤 사람들은 매우 단호해서 그 국면을 그냥 흘려보내지 않는다. 하지만 나는 우울한 시인 타입은 아니다. 새로운 것에 호기심이 많았고 사람들을 만나는 것도 좋았다. 그래서 대학을 그만두고, 박봉의 일자리를 구했다. 배우는 것도 계속했지만 자격증은 주어지지 않았고, 그저 계속 배우라는 잔소리만 귀 따갑게 들었다.

어린 시절에 기억나는 세계적인 사건 중 하나는 마틴 루터킹 주니어가 살해된 것이었다. 온 가족이 장례식을 지켜보았다. 난생처음 아버지가 통곡하는 모습을 보았다. 아버지는 위인이 암살당한 것이라고 말했다. 그때 나는 고작 여섯 살이었는데, 암살이 무슨 뜻인지 몰랐지만 아무튼 굉장히 슬픈 일이 일어났다는 것은 이해했다. 서른 살에 그의 자서전을 읽어보았다. 특히 아가페 사랑에 대한 설명이 무척 감명 깊었다. "모든 사람에 대해 이해심을 가지고 넓은 아량으로 죄를 사해주는 선의"라는 문구는 짧지만 깊은 의미를 담고 있었다.

셀마 몽고메리 행진(The Selma to Montgomery March, 미국 시민권 운동의 기념비적 사건—옮긴이), 소년 십자군(Children's Crusade), 경찰을 공격하고 시민들에게 욕설을 퍼부은 일, 불 코너가 흑인 시위를 진압하려고 경찰견을 투입한 사건, 루터 킹 목사의 연설 등, 비록 사후에 알게 되었지만 하나같이 내 어린 시절의 배경이 된 일이었다. 나는 어른이 되고 나서 킹 목사의 영웅주의, 고통을 승화시킨 고결함을 이해해보려고 애썼다. 그의 이름을 따서 둘째 아들의 이름을 짓기도 했다. 어떻게 마음이 그토록 위대해질 수 있는지는 모르겠지만, 그 의문을 숙고할 때는 그가 말한 아가페의 정의를 잊지 않으려 노력한다.

이듬해 여름, 닐 암스트롱과 버즈 올드린을 태운 아폴로 11호가 달에 착륙했다. 두 사람은 달의 표면을 걸어 다녔다. 내가 일곱 살 때였는데, 처음으로 자정이 되도록 TV를 봐도 좋다는 허락을 받았다. 집에서 TV로 지켜보면서도 믿을 수 없는 일이 벌어지고 있다고 생각했다. 전 세계 사람들의 반응도 TV를 통해 알 수 있었다. 모두 환희와 놀라움에 도취해 있었다. 우리는 뒷마당으로 달려 나가 달을 보았다. 잔디밭에 서서 하늘을 올려다보는 그 시점에 두 남자와 이상하게 생긴 우주선이 실제로 달에 가 있었다. 우리 학급은 두 사람이 달에서 가져온 돌을 직접 보러 갔었다. 나는 착륙 모듈을 플라스틱 모형으로 만들어보기도 했다. 어른이 되어서는 세 아들을 데리고 스미소니언 박물관에 가서 당시 달에 보냈던 커맨드 모듈(command module)을 직접 관찰했다. 그것은 아주 비좁고 정체를 알 수 없는 여러 가지 도구가 빽빽이 채워진 데다 숯덩이가 되어 있었다. 아폴로 11호 발사는 성공했지만 그 2년 전에 비슷한 모듈에서 우주비행사 세 명이 밖으로 탈출하지 못하고 불에 타 죽는 사고가 있었다. 그런 점을 생각하면 아폴로 11호에 탑승한 세 사람이 얼마나 큰 용기를 낸 것인지 상상할 수 있다. 내가 이제 59세인데, 그동안 그들만큼 먼 거리를 다녀온 사람은 없었다. 그들의 용기는 인간의 무한한 가능성을 깊이 신뢰하게 만들었다.

이 험한 세상에 겁 없이 첫발을 내디딜 무렵 나는 이 영웅들에 대해 알게 되었다. 물론 어떤 사람들은 이 우주비행사들과 그들의 업적을 대수롭지 않게 생각하지만, 상관없다. 그저 동료 간에 주고받는 비평만이 의미 있을 뿐이다. 그들만큼의 업적이 있다면 나는 기꺼이 귀를 기울일 것이다. 그들은 어린 내게 희망을 주었고 지금도 희망을 준다. 사람들은 우리가 상상하는 것 이상으로 엄청난 힘과 동정심, 용기를 가지고 있다. 이들이 바로 그 점을 증명해주지 않았는가.

우리 대부분은 영웅이 아니다. 우리 삶의 무대는 그보다 훨씬 작으며 주로 가족, 동료, 연인, 친구와 시간을 보내는 다람쥐 쳇바퀴 같은 일상을 반복한다. 나는 일생의 절반을 뉴욕시에서 보냈는데, 이곳에서는 성취를 향해 나아가고 자신의 매력을 어필하고 성공을 추구해야 한다는 분위기가 팽배해 있다. 하지만 소통하며 살아가기를 간절히 바라는 이에게 '연민'과 '용기'는 삶의 큰 자산과 같다. 그것이야말로 우리가 나누어야 할 전부다.

내 삶의 한 조각이 당신 삶의 한 조각이 될 수 있고, 당신 삶의 한 조각이 내 삶의 한 조각이 될 수 있다. 나이가 들수록 남들에게 내가 어리석게 보일까 봐 걱정하는 마음은 줄어든다. 실제로 내가 어리석은 사람이고, 몇 번이고 그 점을 확인했기 때문이다. 사람들이 나를 어떻게 생각할지 걱정하지 않으면 내가 묻고 싶은 것들이 많아져, 더 많은 사람이 내게 와서 속 이야기를 털어놓는다. 나는 상대의 말을 들을 때, 뭐라고 말해줄지 딴생각하지 않는다. 이렇게 집중력을 발휘하여 상대의 말을 듣다 보면 내면의 자아가 들은 내용을 곰곰이 생각하며 상대방에게 공감을 표현한다.

그 맛이 어떤지 알아요.

나도 시도해봤는데 실패했죠.

나도 좀 아팠어요.

이젠 다 나았어요.

그게 얼마나 속상하고 절망스러운지 잘 알아요.

사랑했고, 이젠 극복했어요.

요즘은 이 도시가 더 좋아졌어요. 우리가 마음먹기에 따라 삶의 질이 달라지는 것 같아요.

빛

나는 히피족을 좋아한다. 우리 가족은 애디론댁 호수 옆의 낡은 헛간에서 열 번의 여름을 보냈는데, 그때 히피족을 처음 보았다. 그 집은 먼지투성이에다 거미가 득실거렸지만 나에게 낙원 같았다. 침대 위쪽 벽이 살짝 기울어져 있었는데, 우리는 발로 문질러서 페인트 조각을 뜯어내면서 못된 표정의 얼굴이나 새가 날아가는 모양을 만들곤 했다.

아버지는 섬 예배당의 부목사였다. 호수 근처에 사는 모든 사람이 그 예배당에 왔다. 일요일마다 카누, 나무로 만든 작은 모터보트, 가이드 선이 몰려와서 작은 섬을 에워쌌다. 이글 아일랜드라는 페리는 통학버스만 한 크기의 겹판 보트였는데, 디젤 엔진이 장착되어 있었고 차양도 달려 있었다. 부두로 미끄러지듯 들어오는 페리는 호숫가에 사는 과부들로 붐볐다. 치마, 장갑, 모자, 베일 등 당시의 관습에 따라 빈틈없이 차려입은 모습이었다. 남자든 여자든 다들 미스터나 미스라고 불렸다. 그 시절에는 어른들이 아이들에게 자기 이름을 알려주지 않았다.

하지만 엘시는 예외였다.

엘시는 커컴 박사의 부인이었다. 박사님이 우리 부모님보다 25년이나 연상인데도 부모님은 그냥 더넘이라고 이름을 불렀다. 나라면 그럴 엄두가 나지 않았을 것이다. 커컴 박사는 인근 정신병원에서 근무했다. 1960년대 정신병원에서는 환자들이 끈도 묶지 않은 목욕 가운 차림으로 정처 없이 운동장을 빙빙 도는 모습을 흔히 볼 수 있었다. 박사님이 구체적으로 어떤 일을 했는지, 엘시도 그 병원에서 근무했는지 나는 알지 못했다. 어린아이라서 어른들이 어떤 일을 해서 돈을 버는지 전혀 몰랐다. 실제로 일하는 모습을 볼 기회도 없었다. 이 부부는 겨울에는 병원에 있는 집에서 지내다가 여름만 되면 24km 떨어진 애디론댁의 집에서 보냈다. 전반적으로 짙은 색으로 칠해져 있고 커다란 창문이 호수 쪽으로 나 있었다. 그들의 집이 가까이에 있다는 것은 속임

수였다. 그들은 어디에서든 머물렀다.

엘시는 미국에서 태어난 최초의 스웨덴 사람으로, 1차 세계대전이 한창일 때 메인주에서 바위투성이 섬과 언덕이 많은 바이널헤이븐으로 이주했다. 당시 섬의 주요 수출품은 좋은 품질의 분홍빛 화강암이었는데, 엘시는 마치 그 화강암으로 만든 사람처럼 보였다. 10대 청소년 때 혼자 브루클린으로 가서 간호학을 공부했고, 커컴 박사와 결혼했으며, 누구도 경험하지 못한 새로운 삶을 시작했다. 두 사람의 집은 〈내셔널지오그래픽〉 잡지에서 찢어낸 페이지처럼 보였다.

집 안 곳곳에 희한하고 놀라운 물건이 가득 차 있었지만 나는 너무 어려서 그런 물건을 하나도 알아보지 못했다. 낙타용 안장, 다리가 세 개인 비뚤어진 의자, 드럼과 온갖 종류의 시끄러운 폭죽, 러그와 포장지, 뜨개질로 만든 용품이 있었는데, 특정 패턴이나 프린트가 있거나 누가 봐도 단번에 알아볼 수 있는 동물, 얼굴 모양, 꽃이 그려져 있었다. 답답한 자연사박물관과 달리 엘시의 거실 물건은 직접 만지거나 거꾸로 들어보면서 어떻게 만들어진 것인지 탐구할 수 있었다. 그것을 누가 만들었으며, 어떤 용도로 만든 것인지도 대략 짐작할 수 있었다.

나에게는 엘시가 어디에 있었는지, 무슨 일을 했는지보다 어떤 사람인지가 더 중요했다. 엘시는 내가 전혀 들어보지 못한 독특한 생활 방식을 고수했다. 작고 다부진 체격에 귀에 거슬리는 골초 같은 목소리를 냈으며, 찡그린 표정으로 친절하게 행동했고 잘해주면서도 구박했다. 나는 엘시의 모든 점이 좋았다. 내가 착각한 것이 아니었기를 바란다. 커컴 부부도 우리 부모님도, 요즘 부모들이 하듯이 나에게 사랑과 관심을 퍼붓지는 않았다. 어린 시절에 나는 알아서 시간을 보내야 했다. 엘시는 집 안 어딘가에서 잡지에 나오는 낱말 퀴즈를 풀거나 엄청나게 화려한 정원을 가꾸는 데 몰두했다. 생선이 생겨도 엘시가 머리와 내장을 가져다가 정원 비료로 사용하기 전에는 한 입도 먹을 수 없었다. 나는 우리 부모님이 어디 계신지 알지 못했다. 아마 아이들을 키우느라 한 해 고생했으니 어디선가 숨을 돌리고 있었는지도 모른다. 가끔 가족 단위로 소풍 갈 때 말고는 아이들은 밖으로 나가서 놀아야 했기에 어른들 없이 우리끼리 시간을 보냈다. 낚싯바늘, 성냥, 칼, 도끼, 공기총, 카누, 못, 휘발유, 부두, 프로펠러 등의 사용법과 위험에 대해 한두 차례 설명을 듣기는 했지만, 살아남을지 크게 다치거나 죽을지는 결국 각자에게 달려 있었다.

엘시도 비슷하긴 하지만 꽤 이국적인 방식으로 자녀를 키웠다. 맏이와 둘째인 데이비드와 마지는 2차 세계대전 중에 남태평양 외딴섬의 군 병원에서 근무했다. 내 기억에 두 사람은 로맨틱 영화 주인공처럼 아름다웠다. 하지만 그 둘을 잘 안다고 생각한 적은 없었다. 나보다 스무 살이나 많아서 굳이 알아야겠다고 생각한 적도 없었다. 그들도 동네 꼬마에게 관심 가질 이유가 없다. 두 사람은 다른 지역에 살았지만, 가끔 우리 동네에 얼굴을 비쳤다. 나에게는 두 사람이 입구를 직접 만들어준 것이 더 인상적이었다.

그들은 호수 근교 사람들과 전혀 비슷해 보이지 않았다. 데이비드가 집에 도착할 무렵에는 진입로의 자갈 밟히는 소리가 났다. 그가 타고 다니던 오토바이가 멈춘 후에도 재킷은 계속 펄럭

이곤 했다. 두 사람은 기타를 메고 꽃 화환에 구슬 장식이 달린 셔츠 차림이었다. 머리는 길고 덥수룩했다. 당시 내가 생각하던 일반적인 어른의 모습과는 거리가 멀었다.

모든 세대는 자신의 바로 앞뒤 세대를 비웃고 조롱하는 특별한 호사를 누린다. 다른 세대의 흠을 찾으려면 상당한 예리함이 필요하다. 시대마다 목적, 장소, 이미지를 추구하는 과정에는 통찰이라는 알맹이와 다소 부끄러운 껍데기가 있다. 세대가 바뀔 때 등장하는 비평가는 가장 게으르고도 흔한 족속이다. 나는 히피족의 음악을 듣고 그들이 남긴 글을 읽고 그들의 사진을 한 장한 장 유심히 들여다본다. 닐 캐서디와 인류학자 카를로스 카스타네다가 어떤 결말을 맞이했는지도 알고 있지만, 그들에게 아무런 반감이 없다.

나는 세대의 정점을 비껴서 태어났다. 나는 히피족이 아니며 그렇게 되려고 해도 절대 그럴 수 없다. 히피족이 소멸하는 혜성처럼 사라질 무렵에 등장한 '미 제너레이션(me generation)'도 아니다. 그 여파로 생겨난 '탐욕의 세대(greed generation)'와는 더욱 거리가 멀다. 히피족은 우스꽝스러운 옷을 입고 다니며 그중 다수가 나약함에 굴복했지만, 그래도 그들이 아니라면 생각도 하지 못했을 것을 보여주었다.

데이비드와 마지는 똑똑했다. 일반적으로 사람들이 말하는 의미로도 똑똑했고, 학력이 높기도 했다. 둘 다 전문직에 종사했는데, 자기 사무실이 있고 높은 급여와 각종 상여 혜택을 누렸다. 그런 것을 다 포기하고 시골에 온 것은 상당히 큰 모험이었다. 100년간 급격한 산업 발전을 겪은 후에 이 나라 사람 대부분이 사회, 경제, 성별, 민족, 종교와 관련된 계급의 사다리에서 저마다 명확한 자리를 차지했다. 사다리에 올라선 사람들은 자기보다 높거나 낮은 곳에 있는 사람들을 의심과 두려움에 찬 눈으로 보곤 한다. 하지만 두 사람은 이 사다리를 완전히 벗어나고자 최선을 다했다.

나는 두 사람을 만나지 않았다면 인생의 대부분이 모든 사람에게 감옥과 같은 것은 아닌지 궁금하지 않았을 것이다. 목욕 가운을 입고 탈출하는 사람이 없는 정신병원 말이다. 히피족이 던진 질문은 단순하지만, 나에게 이 세상에 대해 아주 강한 회의감을 심어주었다.

1. 왜 부자나 유명한 사람들을 '주요' 인물이라고 할까?
2. '영향력이 큰' 사람들이 정말 유용한 힘이나 영향력을 행사할까?

이 두 가지 질문은 낭만적인 꿈에 시동을 걸었다. 요트를 타거나 고급 시가를 피우는 꿈이 아니라 얼어붙은 산꼭대기, 시대를 넘나든 공구로 가득 찬 작업장, 채소가 풍성한 텃밭 위로 비스듬히 태양이 떠오르는 아침, 모닥불 옆에 앉아서 노래를 흥얼거리는 저녁과 같은 낭만적인 꿈을 말한다. 나는 지금도 지향하는 삶이 크게 다르지 않은데, 이제는 더 넓은 세상에 대한 책임감과 인생을 놓고 내가 약속한 바를 꼭 지키겠다는 결의가 추가되었다고 할 수 있다.

어떤 철학자와 신경과학자는 '자유의지'가 환상에 지나지 않는다고 말한다. 이 개념이 등장한 이후로 2000여 년간 대부분의 사람들은 문맹, 채무노동, 노예제 등으로 인해 지적, 사회적 여유가 없었기 때문에 자유의지에 대해 깊이 생각해볼 겨를이 없었을 것이다.

포기하지 않고 꾸준히 노력한 끝에 지금 우리가 사는 세상이 만들어졌다. 그러나 여전히 세계 인구의 약 15%는 문맹이거나, 구시대의 노예제도에 속박되어 있다. 상황이 많이 나아지긴 했지만 여전히 미흡하다.

대다수의 투쟁은 개인의 자유를 얻는 데 주력했다. 히피족이 원한 것도 바로 개인의 자유였으며, 이는 수많은 사회운동의 궁극적인 목표였다. 다행히 미국의 경우, 매우 신성하게 여겨지는 두 종류의 건국 문서(미국 독립선언서, 미국 헌법―옮긴이)에 '자격, 평등, 권리, 자유, 보호'와 같은 표현이 자주 등장했다. 하지만 정작 문서가 작성된 시기에 살았던 사람의 현실과는 관련이 거의 없었다. 이런 표현이 현실과 동떨어져 있다는 사실을 문서를 작성한 사람들이 깨닫지 못했다는 점은 도무지 이해되지 않는다. 하지만 그들은 분명 모르는 상태로 건국 문서를 작성한 것 같다.

이런 표현은 이 사회가 앞으로 어떻게 조직되며 어떤 기회를 제공하고 법을 어떻게 시행할 것이며 다양성을 어떻게 옹호할지 보여주는 약속 또는 열망이라 할 수 있다. 내 생각에 이러한 표현에서 제시하는 기준은 이 나라의 가장 큰 희망이며 주요 덕목이자 가장 가치 있는 사명이라 할 수 있다. 미래에 대한 비전은 아주 명확히 정의되어 있다. 이미 비전을 달성했다고 주장하는 사람에게는 눈엣가시처럼 여겨질지 모르나, 앞으로 비전이 이루어지기를 기다리는 사람에게는 희망을 잃지 않게 도와주고 영감을 불러일으키는 역할을 한다.

나는 여러 면에서 운이 좋았지만, 특히 자유와 관련해서 그랬던 것 같다. 60년간 내 정체성을 트집 잡아서 내 앞길을 가로막는 사람은 없었다. 인생의 길에서 '자유' 때문에 고민한 기억은 많지 않다. 내가 겪은 어려움은 대부분 '의지'에 관한 것이었다.

의지는 사람의 행동에 달려 있다. 모든 영역에서 능력과 성취와 불가분의 관계에 있다. 그런데도 사람들은 의지에 크게 관심을 두지 않는데, 나는 이 점이 늘 의아했다. 사람들은 의지에 대해 깊이 생각하지 않으면서 의지의 결과에만 초점을 맞춘다. 과정은 대부분 무시된다. 어떤 음악가나 운동선수가 비범한 재능을 보이면 세간의 주목을 받는다. 이때 사람들이 열광하는 것은 의지의 결실이 무대에서 표현되었기 때문이다. 이는 상품화될 수 있는 부분에 해당하며, 의심이나 실수, 단점을 극복하기 위해 수년간 굳은 결의를 품고 열심히 연습해야 거둘 수 있는 결과다. 그러나 보이지 않는 곳에서 얼마나 오랫동안 포기하지 않고 열심히 노력했는지는 아무도 신경 쓰지 않는다.

의지는 행동에 중심을 두지만, 그 마법은 우리의 능력과 정체성까지도 바꿀 수 있다. 의지의 결과를 인식할 때 영감을 줄 수도 있을 만큼 의지는 강력한 힘이 있다.

‡

뉴욕시는 2020년 봄에 팬데믹으로 봉쇄 상태였다. 그보다 약 한 달 전에 아버지를 통해 데이비드 커컴 씨가 바이러스성 폐렴으로 세상을 떠난 것을 알게 되었다. 100년 전에 자신의 어머니가 태어난 곳에서 불과 몇 킬로미터 떨어진 곳에서 눈을 감았다고 한다. 데이비드를 마지막으로 본 이후로 그에 대해 들은 유일한 소식은 그가 좋아하던 오토바이를 타고 소를 들이받는 바람에 크게 다쳤다는 것이었다. 나도 오토바이는 아니지만 20대에 비슷한 사고를 당했는데, 나와는 비교할 수 없을 정도로 심각한 부상이었다고 했다. 데이비드는 결국 오토바이 타는 것을 포기해야 했다. 아이들에 대한 의무를 다하기 위해 그렇게 마음먹었는지도 모른다.

사망 소식을 듣고도 아무것도 해줄 게 없었다. 사람을 부를 수 없기에 장례식도 하지 못했다. 부고에 나온 제안에 따라 그를 추모하고자 나무 몇 그루를 심었다. 지역사회에서 사랑받는 사람이었고 교사, 음악가, 멘토로서 신망이 높았다. 나 또한 그의 정신세계와 그가 선택한 행로를 소중히 여겼다.

부고 기사를 통해 마지가 그보다 먼저 세상을 떠났다는 사실을 알았다. 자세한 상황은 알 수 없었다. 마지막으로 마지를 봤을 때, 생화로 만든 화관을 쓰고 파란색 자수가 놓인 긴 드레스 차림에 맨발로 바위 위에 서서 결혼 상대자와 손을 맞잡고 있었다. 그녀의 이야기는 기록되지 않았지만, 그의 이름은 스티븐 스미스였다. 지금도 바람결에 머리를 휘날리던 모습, 깊은 눈빛과 온화한 미소가 생생히 기억난다.

이들에게는 누이가 하나 있었는데, 모두 그녀를 팅키라 불렀다. 나처럼 어린아이도 팅키가 정상이 아니라는 것을 알 수 있었다. 알 수 없는 악귀에 시달렸는데, 나 같은 어린아이가 가까이에 있으면 어른들은 팅키에 대해 말할 때 목소리를 한껏 낮추었다. 팅키에게는 딸이 셋이었는데, 셋 다 천재라 할 만큼 똑똑했다. 그 아이들이 잘되었기를 바란다.

우연이었지만, 나는 데이비드의 친한 친구인 샘 클라크에게 처음으로 목공 일을 배웠다. 고등학교를 그만둔 후에 오언이라는 친구와 케임브리지 센트럴광장에 있는 타운하우스 복구 작업을 하던 중에 그를 만났다. 오언은 알래스카에 전복을 따러 가버렸다. 그 시절에는 흔한 직업이었다. 샘과 나는 오언과 작별 인사를 했고, 그러다가 우리가 오래전에 엘시의 집에서 만난 적이 있다는 것을 깨달았다. 그는 지금도 버몬트주 플레인필드에서 가구 제작공으로 지내고 있는데, 언젠가 이 책을 볼지도 모른다. 뉴 햄버거 가구 제작소라는 이름을 보면 분명 그가 운영하는 곳일 것이다.

목공업계에서 길을 알려준 많은 히피들을 이제는 만날 수 없다. 그중에서 가장 나이가 적은 사람도 은퇴할 나이가 되었다. 관절에 문제가 생기고 만성 통증에 시달리는 늙은 몸으로 이 일에 대한 애정을 유지하기는 쉽지 않다. 선택받은 몇몇은 여전히 일을 즐기고 있다. 그들은 보트나 흔들의자, 악기 등을 그냥 만들어주기도 하고, 자신이 좋아하는 과정의 아름다움을 가르치기도 한다. 하지만 셀 수 없이 많은 사람이 그들 세대를 괴롭혔던 나약함에 목숨을 잃었다. 처음에는 술과 마약으로 자유를 얻을 거라 생각했겠지만 외려 술과 마약에 발목이 잡혀 강한 의지를 잃어버리고 말았다. 지금도 그 끔찍함을 목격하곤 한다.

남에게 판단받고 싶은 사람은 아무도 없다. 나도 선배들의 약점을 들추어내서 그들을 감히 비판하려는 것은 아니다. 나는 여러 사람에게 큰 빚을 지고 있다. 그들은 인생의 덫과 겉치레 너머를 보게 해주었고, 모든 에너지를 삶 자체에 쏟을 수 있도록 영감을 주었다.

폭포 아래로

열아홉 살이 되어도 나는 책임감이 별로 강하지 않았다. 나만 그런 것이 아니라 10대 청소년은 거의 다 그럴 것이다. 젊은 남자의 두뇌는 25세까지 계속 성장한다고 한다. 두뇌는 열 살이면 완벽하게 작동할지 모르나, 스무 살이 되기 전까지는 모든 행동에 결과가 뒤따른다는 사실을 이해할 만한 수준에 이르는 사람이 많지 않다. 물론 그런 경지에 오른 사람은 칭찬할 만하다. 우리 세대의 부모는 요즘 세대보다 자녀에게 훨씬 더 많은 자유를 허용했다. 우리는 누나, 형과 함께 유치원에 걸어서 다녔다. 몇 살 더 먹고는 아침을 먹은 후로는 저녁 먹을 때까지 종일 아무런 간섭 없이 자유롭게 뛰어놀았다.

일곱 살 무렵부터 어른들 없이 아버지의 테이블톱을 사용했다. 열두 살에는 애디론댁산맥의 최고봉을 모두 올랐다. 열일곱 살에는 와이오밍에서 영하 40°C의 날씨에 야영했고, 캐나다 앨버타에서 등산을 즐겼으며 버스, 기차, 히치하이크로 전국을 혼자 돌아다녔다. 높은 산악 지대에서 세 번이나 구조되고 노숙자들과 몇 차례 시비가 붙으면서도 안전이 중요하다는 것을 배우기보다 문제가 생겨도 어떻게든 혼자 해결할 수 있다는 건방진 자신감만 커졌다.

그런 경험을 밑거름 삼아 열아홉 살에는 온타리오 북부 지역으로 떠나는 한 달짜리 카누 여행의 조수로 취직했다. 형과 누나가 일했던 회사라서 낯설지 않았다. 사장은 전직 삼림소방대원이었는데, 나처럼 혼자 힘으로 유년 시절을 버틴 사람이었다. 그는 규칙을 세우지 않았고, 규칙이 있다고 해도 사람들이 잘 따라주지 않았다. 훈련 과정도 특별할 게 없었다. 그는 나무를 가능한 한 많이 베어내라는 1950년대 캠핑 스타일을 고수했다. 그의 밑에서 일하는 캠프 책임자 중에서 가장 경험 많은 사람들, 특히 여자들은 가능하다면 그와 마주치지 않는 편이 좋다는 점을 누구보다 잘 알고 있었다.

나는 6월 중순에 도착했다. 나보다 연장자인 리더가 있을 테니 조수 역할을 맡을 거라 생각했다. 그런데 2~3일 후에 캠프 총감독이 오더니 인력이 부족하다며 나에게 리더를 맡으라고 했다. 하지만 보수는 그대로였다. 일주일 후에 뉴욕시에서 온 학생 열두 명을 담당하게 되었다. 14~17세 남학생과 여학생이 고루 섞여 있었다. 총감독은 아이들에게 내가 스물한 살이라고 거짓말하고는 돌아가버렸다. 그 후 한 달간 우리는 비상통신수단은 하나도 없는 상태로 물이 새는 카누 일곱 대와 가장 저렴한 비상식량을 가지고 사람이 살지 않는 야생 지역으로 들어가서 700~800km를 돌아다녔다. 다 같이 노를 젓고 짐을 짊어지고 걷고 서로 도우며 지내야 했다. 그 나이에 이보다 더 짜릿한 일자리는 없을 것 같았다.

카누를 타본 아이는 하나도 없었다. 당장은 그 점이 나에게 유리했다. 카누 없이는 아무도 다른 곳으로 갈 수 없었기 때문이다. 일행 중에 가장 나이 많은 아이와 나는 고작 두 살 차이였지만, 다들 왜 내가 담당 교사인지 감히 물어볼 생각조차 하지 않았다. 아이들에게는 모든 활동이 낯설었다. 카누를 타고 노를 젓거나 텐트를 치고 불을 피우고 설거지하고 생필품을 나눠 쓰고 바닥에 누워 잠을 청하고 호수에서 목욕하는 것 모두 처음 해보는 일이었다. 나도 그리 오래 산 것은 아니지만 내가 평소에 해오던 모든 일이 그 아이들에게는 낯설게 느껴졌을 것이다. 아이들이 숲속에서 매일 더 열정적으로 생활하는 모습을 지켜보며 내 인생에서 가장 멋진 우정을 쌓았다. 2주 정도 지나자 아이들은 발가벗고 뛰어다녔으며, 주변의 도움 없이 카누를 어깨에 둘러메는 요령을 터득했고, 다 젖은 신발을 신고 오래 걸어도 전혀 불평하지 않았다. 처음에는 "어떤 음악을 좋아해?", "내가 제일 좋아하는 쇼핑센터는 파라무스야"라는 식의 대화를 나누었지만, 이제 그런 말은 들리지 않았다. 자연에서의 삶은 아이들을 마법처럼 바꿔놓았다. 이제는 자연의 모든 것이 그들의 관심사였다.

나는 총감독의 지시를 무시하기로 하고 내가 가장 좋아하는 외딴곳으로 아이들을 데려갔다. 원래 가려던 경로에서 고작 50km 떨어진 장소였지만, 사실 함부로 모험을 시도해서는 안 되는 곳이었다. 우리의 목적지는 좁고 구불구불한 강을 따라 올라간 다음 나루터가 연결된 네 개의 호수를 지나는 것이었다. 그곳의 매력은 크라운랜드에 불법으로 지은 오두막이었는데, 장작불을 때는 사우나가 있었다. 도시에서 자란 아이들이 그런 장소를 과연 좋아할지 의문스러울 수 있다. 하지만 숲속에서 20일을 지낸 후라서 아이들은 샹그릴라(Shangri-La, 이상향—옮긴이)에 온 것 같다며 좋아했다.

그리 힘든 여정은 아니었다. 강은 잔잔했고 중간중간 나타나는 육로도 길지 않았다. 하지만 마지막 육로를 지나다가 한 여자아이가 미끄러져서 발목을 다쳤다. 심각한 부상은 아니었지만, 입안에 단맛이 느껴진다고 하는 것으로 보아 뼈를 다쳤을 가능성이 컸다. 나는 그 아이를 계속 업고 걸었다. 용감하고 착한 여자아이는 자기 때문에 이번 여정을 망친 것 같다며 미안해했다. 나는 카누 중간에 아이를 태우고 야영지까지 열심히 노를 저었다. 이제 야영지는 샹그릴라보다는 임시 병동이라는 표현이 더 어울렸다. 오두막 출입구의 낡은 자물쇠를 깨부순 다음 아이를 침대에 눕혔다. 그 아이를 좋아하던 남학생이 따라와서 저녁거리와 차를 내밀었다. 다친 아이보다 남학생이 더 놀라고 속상해하는 것 같았다. 나는 아이의 다리에 붕대를 단단히 감고 아스피린과 코데인을 먹이고는, 모두 잠자리에 들라고 했다. 다음 날 아침에 눈을 뜨자마자 아이가 걸어 다닐 수 있도록 목발을 만들었다. 목발은 목공 전문 잡지에 나올 정도로 꽤 그럴듯했다. 아이도 목발이 마음에 드는 눈치였다.

아침을 먹은 후 지도를 펼쳐놓고 아이들을 불러 모았다. 가장 가까운 마을이 물길로 80km 이상 떨어져 있다고 알려주었다. 근처에서 유일하게 문명사회의 흔적을 찾자면 25km 떨어진 곳에 강을 건널 수 있도록 나무로 만든 다리가 있었다. 예전에 다닌 회사에서 현지 수상비행기 회사와 계약을 맺었는데, 총감독이 관리하는 야영지에서 대피할 일이 생기면 즉시 도와주기로 되어 있었다. 나는 일단 모두에게 종일 할 일을 나누어주고 조수에게 감독을 맡겼다. 할 일이 많아서가 아니라 사기를 높이기 위해서 였다. 그리고 노를 가장 힘차게 젓는 아리를 데리고 카누를 띄웠 다. 그는 내가 네 살 더 많다고 생각했지만, 사실 우리는 두 살밖 에 차이가 나지 않았다. 그는 스태튼섬 출신답게 자신만만하고 거들먹거리는 태도로 일관했다. 우리는 25km를 열심히 노 저으 며 많은 이야기를 나누었다. 여러 주를 함께 보낸 아이들보다 아 리에 대해 더 많이 알게 된 느낌이었다. 유명 브랜드의 청바지를 입고 도시 사람들의 말투를 사용했기에 아무도 아리를 야생에 어울리는 청년이라고 생각하지 않았다. 하지만 아리는 야생 탐 험을 매우 좋아한다며, 내가 어떻게 이 직업을 갖게 되었는지 궁 금해했다. 그를 처음 본 순간부터 꽤 놀랐다고 솔직히 말해주었 다. 나는 총감독에게 말을 잘해놓을 테니 일이 잘 풀리는지 지켜 보자고 했다. 우리는 정오가 조금 지나서야 나무로 만든 다리에 도착했다.

텅 빈 도로에는 차가 지나간 흔적이 있었다. 우리는 주저앉아 서 차가 지나가기를 기다렸다. 세 시간 정도 기다린 끝에 통나무 트럭이 먼지를 날리며 언덕을 내려와서 우리가 있는 방향으로 달려왔다. 우리는 다리 중간에 서서 힘없이 손을 흔들었다. 트럭 은 굉음을 내며 멈추었고 두 남자가 차에서 내렸다. 한 명은 2m 가 훌쩍 넘는 키에 약간 비딱하고 아무 표정이 없었다. 다른 사 람은 키가 작지만 민첩했으며 굵고 붉은 머리카락으로 우락부 락한 얼굴을 살짝 가리고 있었다. "세워주셔서 감사합니다"라고 인사했다. 두 사람이 서로를 쳐다보며 굵은 목소리로 몇 마디 나누더니 덩치 작은 남자가 "노 잉글리시(No English)"라고 말했다. 이렇게 해서 우리는 프랑스계 캐나다인 두 명과 일행이 되었다.

고등학교 때 배운 프랑스어가 생각나서 간단한 문장으로 트럭을 세운 이유를 설명했다. 다행히 내 말을 알아듣는 것 같았다. 하지만 그들이 사용하는 프랑스어는 교과서에서 배운 것과 너무 달랐다. 사르트르가 와도 두 사람의 말은 알아듣지 못할 것 같았다. 나는 가방을 열고 지도를 꺼내 두 사람에게 보여주었다. 거기에는 우리 네 사람이 마주친 곳도 표시되어 있었다. 지도에 우리 일행이 머무르는 장소를 동그라미로 표시하고, 수상비행기 회사명과 전화번호를 적어서 보여주었다. 지도와 비행기 회사 정보를 본 두 사람은 흥미롭다는 표정을 지었다. 나는 도움을 받을 수 있을지도 모른다는 희망에 차서 프랑스어로 썼다. "Une jeune fille avec moi s'est cassé la jambe, ICI(나와 함께 있던 여자애가 다리를 다쳤다)." 그렇게 말하면서 일행이 머무는 곳을 가리켰다. 하지만 정작 둘은 무슨 말인지 이해하지 못한 것 같았다. 그래서 나는 손으로 다리 자르는 시늉을 했다. 덩치 작은 쪽이 내게 다가와서 세 번째 단어를 가리켰다. 그는 다리가 부러진 것 말고 여학생이 왜 숲속에 있는지를 묻는 것이었다. 나는 얼른 'fille'를 지우고 'homme(남자)'라고 썼다. 그제야 두 사람은 의심을 풀고 무슨 말인지 알았다는 듯이 고개를 끄덕이고 미소 지었다. 둘은 어떻게든 도와주겠다는 의미를 전달하려고 갖은 애를 썼다. 그러고는 다시 트럭에 올라타고 언덕 뒤로 사라졌다.

아리와 나는 걱정스러운 표정으로 서로를 바라보았다. 더 이상 트럭이 올 것 같지 않아서 우리는 다시 카누에 몸을 싣고 강을 거슬러 올라가기 시작했다. 숙소에 돌아오니 우리 일행이 물가에 나와서 우리를 맞이했다. 그사이 비행기가 와서 환자를 이송했고 다들 안심하는 분위기였다. 아리는 이미 영웅이 되어 있었다. 저 멀리서 짝사랑에 헌신적인 소년만이 이 환호성에 동참하지 못했다. 라무르 앙팡(l'amour enfin, 어쨌든 사랑이었다—옮긴이).

상호 투쟁은 사람들을 분열시킬 수도 있고 하나로 연합시킬 수도 있다. 이들은 하나로 똘똘 뭉쳤는데, 살아남기 위한 간절함 때문이었을 것이다.

모험이 끝나갈 무렵에 나는 멀지 않은 곳에 특이한 폭포가 있으니 한 번 더 옆길로 새지 않겠냐고 제안했다. 이번에도 다들 내 제안을 거절하지 않았다. 우리는 또 다른 강을 찾았는데 물살이 세지 않고 구불구불하게 흘렀다. 우리는 16km를 더 걸었고, 강에서 경사가 가파른 부분에 캠프를 만들었다. 엄밀히 말하면 폭포는 아니었다. 아주 좁은 물길이 엄청난 각도로 휘어져 있어서 물줄기가 폭이 불과 2m밖에 안 되는 급류로 변했다. 우리는 그날 밤 급류가 몰아치는 소리를 들으며 잠을 청했다.

다음 날, 나는 마지막 '휴식'을 선언했다. 폭포 아래에서 수영하고 남은 음식을 다 먹어치우고 이상한 노래를 부르거나 게임을 하면서 상대방을 웃게 만들라는 뜻이었다. 나는 종일 강가에서 조용히 시간을 보냈다. 흐르는 물을 지켜보면서 급류 중간에 있는 피라미드 모양의 바위만 피할 수 있으면 두 사람이 노를 저어서 카누로 빠져나갈 수 있을 것 같았다. 나는 급류가 몰아치는 부분의 길이를 여러 번 확인했고, 내 아이디어가 옳다는 확신이 들었다. 저녁 시간이 얼마 남지 않았을 때 내 생각을 말하면서 아리에게 같이 시도할 생각이 있냐고 물었다. 다들 잘해보라고 격려해주었다.

아리와 나는 카누를 들고 급류가 시작되는 부분에 올라가서 몇 바퀴 빙빙 돌았다. 사실 나는 급류를 타본 경험이 많지 않았다. 그저 여러 해 동안 이것저것 무모한 짓을 일삼은 게 전부였다. 내 계획은 단순했다. 급류에 몸을 맡기자마자 둘 다 온 힘을 다해 왼쪽 노를 저어서 바위를 피하는 것이었다. 성공하기만 하면 둘 다 한껏 으스댈 기회였다. 아리는 집중해서 듣더니 알겠다며 고개를 끄덕였다. 카누를 물이 흘러가는 방향에 맞춘 다음, 카누가 흘러갈 경로를 보기 위해 뒷자리에 섰다. 하지만 부질없는 짓이었다. 경사가 너무 급해서 아무것도 보이지 않았다. 아리는 폭포 꼭대기에 이르렀고, 카누는 거센 물살을 향해 요동치며 흘러갔다. 그 바람에 나는 카누 뒷자리에 주저앉았다. 카누 방향을 왼쪽으로 틀려고 왼쪽 노를 미친 듯이 저었지만 소용없었다. 카누는 물길 정중앙을 따라 빠르게 움직였다. 바로 아래에는 뾰족한 바위가 있었다. 뱃머리의 딱딱한 용골이 바위에 그대로 부딪혔다. 카누에서 튕겨 나간 아리는 바위를 지나 물이 고인 곳에 빠졌다. 그가 빠지면서 카누의 균형이 무너지자 결국 옆으로 뒤집혔다. 나는 물살에 휩쓸려가다가 바위에 다리를 세게 부딪혔고, 결국 아리가 있는 물웅덩이에 같이 빠지고 말았다. 뒤를 돌아보니 카누는 은박지처럼 휘어져서 바위 주변을 휘감겨 있었다. 나는 아리가 있는 쪽으로 헤엄쳤고, 그를 따라가 물가로 나올 수 있었다. 다리는 여기저기 부딪혀서 멍이 들었으나 다행히 부러진 곳은 없었다. 아리도 아무 데도 다치지 않았는지 쪼그려 앉았다.

강을 거슬러 올라가서 카누를 살펴보았다. 우리 둘은 물살에 몸을 맡기고 온 힘을 다해 카누를 잡아당겼지만, 엄청난 양의 물에 짓눌린 탓에 꿈쩍도 하지 않았다. 카누는 아직도 강에 처박혀 있을 것이다.

일행의 오묘한 표정은 살면서 몇 번 보지 못한 것이었다. 경외심, 두려움, 안도가 복잡하게 뒤섞인 표정이었다. 그런 표정을 지을 만한 일은 평생 한두 번 겪기 힘들다. 아리에게 우리가 벌인 일에 대해 어떻게 생각하냐고 한 번도 물어보지 않았다. 그는 목숨을 부지한 것만으로도 감지덕지했을 것이다.

이틀 후에야 베이스캠프로 돌아왔다. 카누 하나와 캠퍼 한 사람이 없어진 상태였다. 나는 일자리를 잃을까 봐 겁이 났다. 하지만 총감독은 우리를 반갑게 맞아주었고, 오두막 벽에 걸어둔 목발을 자랑스럽게 보여주었다. 마치 빈티지 목공예품 정도로 생각하는 것 같았다. 사랑에 울던 소년은 여자아이와 재회했다. 내 추천으로 아리는 이듬해 조수 자리를 약속받았다. 이로써 상남자의 입지가 확고해진 것이다.

‡

오랜 세월이 지난 뒤, 옛 친구를 찾다가 새로운 소식을 들었다. 롱아일랜드를 가로지르는 철도에서 지프차 운전자가 어리석게도 정지 신호로 내려온 게이트를 피해 철도를 건너려다가 기차와 충돌했다는 것이었다. 아리는 현장에서 즉사했다. 생후 6개월 된 그의 딸은 뒷자리 카시트에 있다가 경찰에 발견되었다. 아기는 긁힌 흔적 하나 없이 멀쩡했다.

비틀어진 토니

토니는 죽기 전에 자기가 키우던 미니라는 개를 내게 맡겼다. 뉴욕에서만 볼 수 있는 특별한 품종 같았다. 나는 브루클린 잡종이라고 불렀는데, 저먼 셰퍼드와 래브라도 리트리버가 반씩 섞인 것이었다. 이렇게 무작위로 교배하는데도 그 많은 개가 비슷한 모습을 하고 있다는 점이 신기할 뿐이다. 미니를 데려온 건 20년 전인데, 도심에서 제조업체가 모여 있는 지역을 지날 때면 미니와 비슷한 어설픈 잡종 개를 보곤 한다. 세월이 갈수록 개를 키우는 사람이 줄어드는 것 같다. 요즘은 핏불이 모든 이의 사랑을 받으면서도 실제로는 많이 버림받는 것 같다. 뉴욕의 공터에 가면 이렇게 버림받은 녀석이 많은데, 다들 네모진 턱에 술통 같이 생긴 몸통과 짧은 다리를 가지고 있다. 미니는 아주 똑똑한 녀석이었다. 따로 훈련하지 않았지만 "소파에서 내려가"나 "가서 공 주워 와"라는 말을 이해했다. 토니가 잘 키운 덕분인지 성격도 순한 편이었다. 세 아들이 못살게 굴어도 미니는 항상 참아주었다.

토니와 나는 달팽이 사건이 있었던 현장에서 처음으로 같이 일했고 나중에 로빈 윌리엄스의 저택 공사도 함께했다. 수년간 자전거로 전국 곳곳을 돌아다닌 덕분에 몸은 아주 강해 보였다. 남사스러운 사이클리스트의 외양은 아니었다. 그저 청바지 차림으로 자전거에 올라 여러 곳을 다녔다. 그는 살짝 놀란 듯하면서도 웃는 표정이었고 종종 머리 스타일을 바꾸거나 염색했다. 처음 만난 것은 28년 전인데, 그때는 나의 상관이었다. 그는 내게 화려한 작업만큼이나 힘들고 거친 작업도 신중하게 처리하여 깔끔하게 마무리하는 것이 중요하다는 점을 알려주었다. 그는 작업의 단계마다 충분히 관심을 기울이고 역량을 발휘하라고 당부했다.

토니는 수십 년간 육체노동을 한 탓인지 허리가 자꾸 아파서 병원을 전전했다. 다들 디스크에 문제가 있다고 진단했다. 디스크가 완전히 빠졌는데도 이를 전혀 모른 채 생활한 것이었다. 결국 척추고정술을 받고 몇 달간 몸통에 석고를 감고 있었다. 나는 집이 가까워서 종종 들러서 필요한 것을 챙겨주었다. 석고붕대를 감은 상태인데도 유머를 잃지 않았고 웃음소리가 끊이지 않았다. 하지만 가만있지 못하는 것이 문제였다. 대학 시절에 배웠다며 도자기를 만들기 시작하더니 온갖 종류의 도자기와 꽃병을 만들었다. 그러나 애써 만든 작품은 아파트 곳곳에 방치되었다. 애초에 제대로 된 자리를 마련할 생각도 없었던 듯했다.

수술 후 여러 달이 지났지만 회복은 더뎠다. 척추는 붙었지만 통증은 더 심해졌다. 다른 의사를 찾아가서 검사하니 다발성 골수종이라 했다. 당시에는 불치병이나 다름없었다. 힘들긴 해도 토니는 조금씩 걸어 다닐 수 있었다. 나는 우리 가족과 함께 애디론댁에 가서 호숫가 오두막에서 2주 동안 지내자고 했다. 토니는 아주 좋아했다. 그는 도시에서 태어나고 자랐기에 숲에 관한 것은 모두 흥미로워했다. 보트를 타거나 가스 불을 켜거나 펌프를 작동시키는 것 하나하나에 감탄했다. 그는 수영과 낚시를 하고 해먹에 올라 쉬곤 했다. 그러다 아이 하나가 토하기 시작했다. 심한 설사가 이어졌고, 얼마 후 모두 같은 증상을 보였다. 그중에서도 토니가 가장 힘들어했다. 나는 너무 미안해서 어찌할 바를 몰랐다. 이미 병으로 힘든 사람인데 우리 가족 때문에 더 힘들어진 것이었다. 그래도 토니는 이번 여행을 끝까지 즐기려 했다. 며칠이 지나자, 그는 다시 음식을 먹을 수 있을 만큼 호전되었다.

어느 날 아침, 우리 가족은 생필품을 구하려고 보트를 타고 마을로 나갈 계획이었다. 토니는 호수 맞은편에 자신을 내려줄 수 있는지 물었다. 지금까지 바라보기만 했던 산에 직접 올라가보고 싶다는 것이었다. 아내는 토니에게 점심 도시락을 싸주었다. 우리는 모래사장 끝부분에 있는 바위에 그를 내려주었다. 앰퍼샌드산 정상은 호수에서 왕복 12km 거리인데, 산행길의 절반은 가파른 데다 진흙투성이였다. 나도 그 길을 50번 이상 갔지만, 척추를 다치고 암에 걸린 상태로 오른 적은 없었다. 토니가 정상에 오를 수 있을지 불안했지만, 본인이 간절히 원했기에 그저 조심하라는 말만 해줄 뿐이었다.

마을에 들렀다가 토니를 데리러 갔다. 그는 진흙으로 몰골이 엉망이었고 다리를 절뚝거렸지만 환한 미소를 짓고 있었다. 자부심으로 환하게 빛나는 모습을 그때 처음 보았다.

두 달 후, 토니는 죽음을 준비하기 시작했다. 사실 그는 빈털터리였다. 다행히 뉴욕의 메모리얼 슬로언 케터링 암센터에서 그를 잘 돌봐주었다. 희귀한 병이라서 의료진이 특별히 그에게 관심을 보인 것 같았다. 하지만 그는 1년 이상 일을 못 한 상태였다. 곧 죽을 사람이라도 당장 끼니는 먹어야 했다. 그는 자기가 수리한 낡은 아파트에 살았는데, 아파트 데크에서 고와너스 운하가 내려다보였다. 콜레라 양성 반응을 보인 슈퍼펀드 부지로 지정된 곳이었다. 운하와 그동안 흡입한 납 페인트와 건축 폐기물이 그를 그렇게 만들었을 것이다. 이제는 이사할 때가 되었다. 토니는 파티를 열었다. 수십 명이 모여서 음식을 먹었고 토니가 만든 도자기를 하나씩 사주었다. 내가 산 꽃병은 비틀어지고 구부러진 모양이었는데, 나중에 토니의 몸도 그렇게 변해버렸다.

다음 날, 직장 동료 몇몇이 그의 짐을 아파트 밖으로 옮기는 데 손을 보탰다. 지독하게 더운 날이었다. 다들 온몸이 땀에 젖었는데, 계단으로 소파를 옮기기가 쉽지 않았다. 그때 회사의 프로젝트 매니저 한 명이 나타났다. 나는 안도하며 "마침 일손이 부족했는데 정말 잘됐네"라고 했다. 하지만 그는 명한 표정으로 나를 보더니 "죄송해요. 저는 토니 씨를 만나러 왔어요"라고 말하고는 계단을 올라가버렸다. 지금도 그때를 생각하면 괘씸한 마음이 든다.

토니는 병원에 갔고, 상태는 급격히 나빠졌다. 병문안을 두 번 갔는데, 처음에 갔을 때는 어머니가 그를 돌보고 있었다. 체구가 작지만 단단해 보이는 이탈리아 노인으로 아직 고향 억양이 남아 있었다. 노인은 자기 아들을 돌봐줘서 고맙다는 인사를 잊지 않았다. 토니와 이야기를 나누고 병원을 나오려 하자 노인은 나를 꼭 안아주었다. 두 번째 갔을 때는 토니가 혼수상태였다. 나는 그의 손을 붙잡고 혼자 이야기했다. 그를 정말 아낀다는 것과 내 아이들이 미니를 정말 좋아한다는 말도 해주었다. 이튿날, 토니는 숨을 거두었다.

그의 어머니는 브루클린 외곽에서 천주교식으로 장례를 치르고 가까운 곳에 아들을 묻었다. 사제는 생전에 토니를 만나본 적이 없었다. 사실 토니가 천주교 사제 자체를 만난 게 정말 오래전의 일이었다. 추도사는 내가 아는 토니의 삶과 전혀 다른 이야기였지만, 그의 어머니는 많은 사람이 자기 아들을 아껴주었다는 사실에 큰 위로를 받았다.

그 후로도 미니는 우리 가족과 7년을 더 살았다. 어느 날 아침 미니는 힘이 없어 보였고 밥을 먹지 않았다. 우리는 종일 미니를 지켜보았다. 겉보기에는 아픈 것 같지 않았다. 하지만 미니는 평소와 아주 달랐다. 우리 가족은 다음 날 바로 동물 병원에 가기로 마음먹었다. 그런데 아침에 일어나보니 1층 파우더룸에 드러누운 미니가 더는 숨을 쉬지 않았다. 우리는 담요로 미니를 감싸고 뒷마당으로 가서 땅을 팠다. 아들들도 돌아가며 삽질을 했다. 담요에 싼 채로 미니를 깊은 구덩이에 내려놓고 간단히 작별 인사를 건넨 후에 흙을 덮어주었다. 미니는 좋은 친구였다. 나는 토니가 또다시 죽은 것처럼 종일 울음을 그치지 못했다.

‡

폴린이 나를 처음으로 놀라게 한 것은 어느 아파트 공사에 대해 이야기하던 중이었다. 나는 집주인이 '오리엔털' 예술품을 수집한다고 말했다.

폴린은 빙그레 웃더니 "요즘은 아무도 그 표현을 안 써요"하고 말했다.

"무슨 표현을 안 쓴다는 거죠?"

"오리엔털이라 하지 않고 아시안이라고 하죠."

"진짜요? 왜 그런 거죠?"

"아시아 사람들이 불쾌하게 생각할 수 있으니까요. 그 사람들은 아시안이라고 불러주는 걸 더 좋아해요."

나는 전혀 몰랐다. 그런 것에 좀 뒤처지는 편이기도 하다. 폴린은 친절하지만 단호했다. 그녀의 말을 명심하고 그 후로는 오리엔털이라는 표현을 절대 쓰지 않았다.

폴린은 어느 도급업자의 사무실에서 비서로 일했고, 나도 그곳에서 5년간 근무했다. 그녀는 영리하고 아름다운 데다, 사무실에서 내 직위에 개의치 않고 나를 대해준 유일한 사람이었다. 나를 좋게 봐주었고, 그런 자신의 마음을 당당하게 표현했다. 폴린은 마음에 들지 않는 사람에게도 감정을 숨김없이 드러냈다. 나는 사무실에 자주 나가지 않았지만, 일단 가면 폴린과 밖에서 담배를 피우면서 시시콜콜하게 이야기를 주고받았다. 그때 나는 아내가 있었지만 폴린에게 호감을 느꼈고, 그뿐이었다. 폴린은 아마 나에게 다른 감정이 없었을 것이다. 물론 직접 물어본 적은 없었다. 우리는 좋은 친구였다.

한번은 휴식 시간에 그녀에게 "당신이 프로젝트 매니저를 맡아야 하는데. 여기 있는 매니저들 절반은 당신보다 못해"라고 말했다. 폴린은 내게 허풍이 심하다며, 자신은 건축에 대해 아무것도 모른다고 했다. "빈말이 아니야. 당신은 아주 똑똑해. 조직력도 있고. 사람을 보고 겁내지도 않잖아. 사람들과 소통하는 능력도 뛰어나지. 머릿속에 든 지식보다 그런 것이 더 중요하거든." 폴린은 한번 생각해보겠다고 했다. 그러더니 어느 날부터 야간 수업을 듣기 시작했다. 사장에게 여러 번 부탁했더니, 그는 못 이기는 척 폴린을 프로젝트 부매니저로 승진시켰다. 나는 더할 나위 없이 뿌듯했다.

폴린은 퀸스에서 어린 시절을 보냈다. 부모님은 모두 중국인이었다. 공립학교에 다닐 때 온갖 차별을 당해서 웬만한 일에는 끄떡도 하지 않는 강한 여자였다. 그녀는 갑옷으로 무장한 전사처럼 자신이 아끼고 사랑하는 사람들을 보호하고 지켜주려 했다. 우리는 같은 회사에 다니면서 남자 둘, 여자 둘, 이렇게 넷이 똘똘 뭉쳤다. 어느덧 우리는 매년 서로의 생일 챙겨주는 사이가 되었다. 어쩌다 생일 클럽으로 발전한 것인지 정확히 기억나지 않는다. 아마도 클리프와 내 생일이 같은 달에 있는 것을 보고 폴린과 아네트가 생일 파티를 제안했을 것이다. 그렇게 시작된 전통이 20년 가까이 이어질 줄은 아무도 예상하지 못했다. 우리는 두 번의 결혼을 축하하고 세 번의 이혼을 위로했다. 우리 넷 중에 서로 눈이 맞지 않은 게 천만다행이다.

나는 5년 후에 회사를 그만두었다. 폴린은 회사에 남았지만 클리프와 아네트는 나를 따라 이직하기로 했다. 폴린은 생각보다 회사에 대한 의리가 강했다. 그녀를 설득해 다시 함께 일하기까지 10년이 걸렸다. 그사이 나는 이미 두 번 이상 회사를 옮겼고, 이혼을 앞두고 새로운 거처를 물색 중이었다. 폴린은 그레이스라는 딸을 유산했고 직후에 유방암 판정을 받았다. 나는 일주일에 며칠만 근무해줄 프로젝트 관리자가 필요했는데 파크 애비뉴, 여름 작업 규칙, 이혼, 암과 같은 열악한 환경을 모두 감내하면서 편안하고 친근하게 일해줄 사람은 폴린 외에 없었다. 우리는 둘 다 다른 데 신경 쓸 여력이 없어서 일이 제대로 인정받지 못해도 별로 개의치 않았다. 폴린은 여러 가지 치료를 연이어 받았는데, 좀 나아지는 것 같다가 다시 나빠지곤 했다. 나는 나대로 이혼의 충격, 그로 인해 사이가 멀어진 아들들, 연애 감정의 상처에 대응하느라 몇 주간 정신을 차릴 수 없었다. 그 일이 끝난 후에 우리 중 누구도 해본 적 없는 초대형 프로젝트를 맡았고 클리프가 합류했다. 클리프도 얼마 전에 다발성 골수종 진단을 받았는데, 토니가 사망에 이른 바로 그 병이었다. 말하자면 우리 셋은 맨해튼에서 가장 어렵다고 손꼽히는 리노베이션 공사를 이성적으로 받아들이는 데 가장 적합하지 않은 조합이었다. 설상가상으로 나는 출근길에 자전거 사고를 당해서 골반을 다쳤다. 하지만 부상을 무시하고 현장까지 자전거를 몰았다. 폴린은 내가 진통제로 버틸 상황이 아니라고 판단했고, 그녀가 쥐여준 빗자루를 목발 삼아 겨우 몸을 가누었다. 우리는 택시를 잡아타고 응급실에 갔다. 의사가 뼈를 고정해주었고, 다음 날 폴린 부부는 캐츠빌에 사는 여동생의 집에 나를 데려다주었다. 나는 그곳에서 며칠 쉬다가 다시 출근했다. 누구도 멀쩡하지 않았지만, 서로를 오랫동안 잘 알고 지냈기에 서로의 마음을 헤아렸다. 작업 현장이 전쟁터라면 우리는 참호에 함께 몸을 숨긴 전우였다. 우리

셋은 지저스와 함께 평소처럼 일에 몰두했다. 지저스도 어머니의 임종을 앞두고 있어서 마음이 편치 않았을 것이다. 일에 몰두하니 차라리 마음이 편안했고 동료와 함께 시간을 보내니 다시 힘이 솟는 것 같았다.

특별한 일이 없으면 점심을 먹으러 현장에서 가까운 식당을 찾았다. 폴린이 '망할 중국집'이라고 부르는 곳이었다. 뉴욕 1번가에서 흔히 볼 수 있는 가게였다. 사실 그 집 음식은 꽤 먹을 만했다. 우리가 가면 항상 샘이라는 웨이터가 주문을 받았다. 폴린은 메뉴에 없는 특별 요리를 주문했고, 나는 사람들이 너무 맵다고 하는 특별 수프를 시켰다. 설계팀을 따돌린 덕분에 자유롭게 이야기할 수 있었다. 그때 주고받은 농담은 누가 들어도 '너무 섣부른 판단'이라고 말했을 것이다. 하지만 다들 위험을 감수하며 고통을 겪고 있었다. 또 서로를 각별히 아꼈기에 어떻게든 서로의 짐을 조금이라도 덜어주려 했다.

일이 끝나고 몇 달이 지난 후, 폴린의 병이 재발하여 대체요법을 찾기 시작했다. 우리는 한 달에 한 번쯤 만나서 점심 식사를 같이했다.

어느 날 오후, 내가 정말 잘되길 기대했던 연애 감정이 산산조각나고 말았다. 나는 혼자 점심을 먹으려고 '망할 중국집'에 갔다. 그곳에 가면 기분이 좀 나아질 거라 생각했지만 음식이 목구멍으로 넘어가지 않았다. 사실 숨 쉬는 것도 힘들었다. 나는 누군가에게 위로받고 싶은 마음에 폴린에게 연락했다. 폴린은 나에게 어리석기 짝이 없다며, 처음부터 그 여자와 잘될 리 없다고 생각했다는 것이었다. 우리 둘은 껄껄 웃었고, 그날 오후는 그럭저럭 버틸 만했다.

　1년 반 정도 지났고, 우리는 여전히 종종 만나서 점심을 먹었다. 나는 마음의 상처가 거의 아물었고, 폴린도 건강을 회복해 활기 넘치는 모습으로 돌아왔다. 몇 달씩 서로 만나지 않을 때도 있었다. 어느 날 아침, 내가 사는 건물 엘리베이터에서 로비 버튼을 누르면서 '루비'라고 소리 내어 말했다. 저번 공사 때 누군가 엘리베이터 밖에 스프레이 페인트로 '루비'라고 잘못 써놓은 것을 볼 때마다 키득키득 웃었던 기억이 났다. 단순한 실수인 걸 알면서도 볼 때마다 소리 내 웃었다. 나는 언제 점심이나 같이 먹자고 폴린에게 문자를 보냈다. 폴린은 뇌에서 병변이 여섯 개나 발견되어서 이틀 뒤에 뇌압을 낮추는 수술을 받는다고 했다.

　며칠간 그녀에게 아무런 연락이 없었다. 그녀의 안부가 몹시 궁금하다고, 몸이 회복되기를 바란다고 여러 번 문자를 보냈다. 마침내 남편 빅터가 대신 답장을 보냈다. 빅터는 폴린이 어릴 때부터 좋아한 남자였다. 폴린의 상태는 매우 심각했다. 최근 검사에서 간, 복막, 척추뼈 곳곳에서 암이 발견되었다. 의식은 있지만 힘이 하나도 없고 음식도 삼키지 못하는 상태였다. 병문안을 가도 되는지 묻자, 빅터는 내가 오면 폴린이 좋아할 거라고 했다.

　아네트에게 전화로 상황을 알렸다. 코네티컷에서 그녀를 차에 태운 다음 폴린에게 가기로 했다. 지저스도 그날 폴린의 집으로 오겠다고 했다. 폴린을 만나고 싶어 하는 친구와 가족, 지인들이 너무 많아서 빅터는 면회 시간표를 만들어 폴린이 원하는 이들만 만나게 하고, 나머지는 정중히 양해를 구했다.

우리가 도착하자 빅터가 나와서 맞이했다. 거실에는 불교 음악이 잔잔하게 흐르고, 폴린은 환자용 침대에 누워 있었다. 몸은 몹시 쇠약해졌고 얼굴에 핏기가 없었다. 머리 옆쪽에는 반원 모양의 흉터가 있었다. 의식도 없었고 예전 얼굴도 찾아볼 수 없었다. 우리는 폴린의 손을 잡아주고, 다리와 팔을 주무르고, 말도 걸었다. 빅터와 폴린의 여동생과 두 시간 정도 이런저런 이야기를 나누었다. 그러다 보니 다음 손님이 올 시간이 되었다. 빅터는 슬픔과 분노로 제정신이 아니었다. 그는 아내가 너무 오래 고통받지 않도록 연명장치를 모두 떼고 싶었지만, 가족들은 혹시 그녀가 호전될지도 모른다는 희망을 버리지 못했다. 그들 때문에 빅터는 더 괴로워 보였다. 나는 빅터의 판단이 옳다고 말해주었다. 폴린은 용감하고 인생을 사랑하는 사람이지만, 아무런 희망 없이 불필요하게 버티는 삶이 아니라 제대로 사람답게 사는 삶을 원했을 것이다. 우리는 코트를 입고 신발을 고쳐 신은 다음, 작별 인사를 나누고 폴린에게도 "잘 가요."라고 마지막 인사를 했다. 그전까지 폴린은 통제할 수 없는 경련이 올 때만 몸을 움직였지만, 우리가 인사를 건네자 왼손을 살짝 들어서 흔들어 보였다. 비록 눈은 감고 있었지만, 그녀도 작별 인사를 하려는 것 같았다.

아네트는 집에 오는 내내 울음을 멈추지 못했다. 그 주에 한 번 더 병문안을 가고 싶다고 했다. 하지만 환자는 그때까지 버티지 못할 것 같았다.

이튿날, 빅터에게 연락이 왔다. 그날 오후에 폴린이 숨을 거두었다는 소식이었다. 환자를 생각하면 참 길고 힘든 여정이었다.

하지만 그녀의 웃는 얼굴, 친구들의 안부를 묻는 모습, 농담하는 모습, 나의 수많은 결점을 너그러이 용서해준 모습만 기억이 난다. 나의 부족하고 미흡한 점들이 그녀를 조금이라도 힘들게 했다고 생각하니 몹시 후회된다.

멸종

나는 공룡이다.

내가 가본 장소 중에서 잊을 수 없는 강렬한 인상을 받은 것은 샤르트르 성당의 회중석, 스미스소니언 국립항공우주박물관의 입구 홀, 그랜드센트럴터미널의 중앙 홀, 메트로폴리탄 오페라극장, 라이먼 오디토리엄(Ryman Auditorium, 내슈빌의 유명한 공연장—옮긴이) 등 손에 꼽을 정도다. 어떤 장소는 웅장함으로 보는 사람을 압도하는가 하면, 내부 요소 때문에 기억나는 장소도 있다. 피츠버그에 있는 카네기 자연사박물관의 공룡전시관은 두 가지 이유가 모두 해당된다.

혼자서는 길을 찾지 못할 정도로 아주 어렸을 때, 어머니의 손을 잡고 공룡전시관에 갔다. 전시관을 돌아다니다 큰 교차로에서 교통 상황에 따라 신호등을 조절하는 모습을 보았다. 시각장애인 학교를 지나면서 처음으로 시각장애인에 대해 들었다. 나는 아이스크림을 먹은 뒤에 어머니의 손수건 모서리에 침을 살짝 묻혀서 얼굴을 닦았다. 전시관에 대여섯 번 다녀온 후에는 혼자서 길을 찾아 갔다. 그때 나는 일곱 살이었는데 겨드랑이에 공책을 끼고 셔츠 주머니에 연필을 넣고는 전시관으로 출발했다. 거기에 가서 공룡을 그릴 생각이었다.

카네기 자연사박물관에는 무료로 입장할 수 있었다. 친절한 보안요원인 조 아저씨는 내가 낯선 사람에게 끌려갈까 봐 한시도 나에게서 눈을 떼지 않았다. 공룡전시관은 대리석으로 만들어졌는데, 천장이 높고 아주 넓었으며 거대한 공룡 모형이 사방에 가득했다. 발을 내디딜 때마다 돌로 된 바닥에서 소리가 울렸다. 공룡 모형 앞을 지날 때면 브론토사우루스, 트리케라톱스, 스테고사우루스, 티라노사우루스 렉스와 같은 어려운 이름을 술술 읊었다. 종종 공룡 앞에서 연필을 꺼내 들었지만, 뼈 구조가 너무 복잡해서 금세 포기했다.

그곳에서 공룡만 구경한 것은 아니었다. 인류가 아시아를 떠나 신대륙으로 넘어오기 전에 북미 지역의 숲에는 거대한 곰, 사나운 이빨을 가진 고양잇과 동물, 사람 크기만 한 물고기가 있었다. 전시관 곳곳에 이런 동물의 모형도 있었는데, 어떤 것은 박제되거나 가죽을 덧씌워놓았고, 어떤 것은 골격만 있어서 무시무시해 보였다. 나무늘보와 비버도 있었는데, 한 가족의 1년 치 식량으로 넉넉해 보였다. 사람이 등장해 분명 그 동물들을 잡아먹었을 것이다. 전시관 한가운데에 헐벗은 상태로 혼자 사자와 마주 선 사냥꾼이 있었다. 손에 쥔 창으로는 사자를 제압하기 어려워 보였다. 동물에게 없는 재치와 민첩한 손가락, 쉬지 않고 떠들기 바쁜 혀가 전부인데 어떻게 그 전시관에서 유일하게 살아남았는지 의문스러웠다. 박제된 포유류는 저녁거리를 찾아 헤매는 온갖 동물과 인간에게 철저히 희생되었기에 더는 볼 수 없는 존재였다. 전시관을 둘러보고 나니 일곱 살밖에 안 된 나도 조만간 우리가 그들의 뒤를 이을 거라고 추론할 수 있었다.

나는 박물관을 자주 찾았고 항상 공룡관부터 돌아보았다. 그 시절에 내 또래 남자아이라면 누구나 공룡을 좋아했을 것이다. 일단 공룡관을 만족스럽게 둘러본 후에는 호기심에 이끌려 박물관의 다른 전시관도 두리번거렸다. 꼭대기 층은 고대 인류의 디오라마가 전시되어 있었는데 내가 알던 것보다 훨씬 다양한 생활 방식을 엿볼 수 있었다. 인류의 조상으로 추정되는 네안데르탈인에서 시작하여 〈내셔널지오그래픽〉에 나올 법한 아프리카 부족, 유목민, 헤드헌터, 태양을 섬기는 춤을 추는 라코타 부족을 지나 신대륙 해안에 도착한 최초의 유럽인이 마지막으로 전시되어 있었다. 그 풍경은 방금 지나간 듯한 분위기를 풍겼고, 내가 조금만 일찍 왔으면 하나도 놓치지 않고 다 만났을 것 같은 착각이 들었다. 내 할아버지는 20세기 초에 태어났으므로 이런 장면을 직접 봤을 것이다. 어쩌면 너무 먼 길을 걷거나 항해하다 정신을 잃은 사람을 발견했을지도 모른다. 우리 시대는 길드는 것과 거리가 멀었다. 전혀 알려지지 않은 먼 곳의 적과 싸우려고 젊은이들을 보냈고, 피츠버그 거리로 쏟아져나온 폭도들은 무력으로 진압되었다. 하지만 어린 내가 보기에, 비록 디오라마로 만들어져서 가만히 서 있지만 막대기, 부싯돌, 뼛조각으로 도구를 만들었던 선조들이 겪은 투쟁이 더 고귀하고 정정당당했을 거라는 생각이 들었다.

머릿속에 온갖 질문이 가득한 상태로 한 층 한 층 내려갔다. 식물이나 원생동물은 대충 구경했다. 잠깐이나마 벌레가 왜 그렇게나 많았는지 궁금했다. 먼지로 뒤덮인 나비와 새는 보는 둥마는 둥 했다. 내 마음은 포유류 동물에 온통 쏠려 있었다. 숲, 사막, 강둑, 평야를 배경으로 세워진 동물 모형을 보면, 피츠버그 콘크리트 동물원에 불쌍하게 갇혀 있는 동물들보다 더 생동감이 넘치는 것 같았다.

카네기 씨가 나에게 바라던 것은 모두 이루어졌다. 그 시절에는 이런 뼈, 사체, 석관(石棺)을 찾거나 훔치거나 재조립해서 세상의 광활함과 다양성, 유전적 질서를 보여주려 했다. 자연의 우월성을 보여주는 명확한 증거로 종교가 말하는 우화 같은 이야기를 덮어버린 것이다. 박물관 전체는 문화적, 계보학적, 생물학적, 진화적 우위를 보여주는 지도처럼 배열되어 있었으며, 바로 이런 질서에 대한 오마주였다. 엄청난 격차가 물음표로 덮여 있었지만, 그것이 바로 과학의 아름다움이었다. 항상 새로 발견할 지식, 새로 탐험할 세계가 남아 있다는 뜻이었다. 그가 살던 시대에 사람들은 인간이 이 지구의 관리자로서 마땅히 차지할 자리를 찾았다고 확신했다. 카네기 씨의 사진은 하나같이 꼿꼿하고 당당하게 서 있는 모습을 담고 있다. 그의 두뇌는 크고 호기심으로 가득 차 있을 것 같고, 그의 목에는 풀을 먹여 빳빳한 옷깃 아래로 나비넥타이가 매여 있었다. 카네기 씨가 자기 모습에 만족할 만했다. 공장 심부름꾼 소년에서 강도귀족(robber baron, 도금 시대에 벼락부자가 된 사람들을 비꼬아 부르는 말—옮긴이)에 이르기까지 그는 사회의 모든 계급을 경험해보았다. 한때는 전 세계에서 가장 큰 부자였으며, 나처럼 낮은 계급의 불쌍한 아이들을 도와주겠다고 발벗고 나선 위대한 박애주의자였다. 박물관이 오래된 사원처럼 보였을지 모르지만, 당시에는 세습된 권력이 지배했던 세계를 혁명으로 뒤엎은 것을 크게 칭송하는 기념비였다. 박물관 입구에는 새로운 세계의 청동 무기가 어렴풋이 모습을 드러낸다. 음악은 바흐, 미술은 미켈란젤로, 문학은 셰익스피어, 과학은 갈릴레오가 그 무기였다. 박물관 건물의 프리즈(frieze, 건물 윗부분에 그림이나 조각으로 띠 모양의 장식을 만든 것—옮긴이)에는 4대 왕국의 종족처럼 사원에 현실감을 부여한 사람들의 이름이 새겨져 있었다. 물론 발견되지 않았거나 인정되지 않은 사람, 이름을 밝히기 꺼린 사람들의 이름은 빠졌지만, 진화가 계속되면 언젠가 그들의 이름도 포함될 것이다. 지식과 이해력이 향상하면 부족주의, 미신, 편협함이 초래한 문제가 사라질 것이다. 카네기 씨는 오래전에 죽었지만 이를 입증하는 살아 있는 증거였다.

박물관 예술 전시관은 몇 년 주기로 카네기 인터내셔널이라는 현대 조각 및 회화 전시회를 주최했다. 카네기 씨가 살아 있을 때 첫 전시회가 열린 이래 지금까지 계속 이어지고 있다. 진보를 목표로 시작한 전시회였으나 내가 사는 시대에는 이 전시회가 어떤 모습일지 아무도 상상하지 못했다. 사진이 등장하기 전, 브루넬레스키(Filippo Brunelleschi, 르네상스 건축양식의 창시자—옮긴이)가 창안한 소실점과 정확히 묘사할 수 있다는 자연주의적 희망에 발이 묶인 채 누렇게 변해버린 작품 사이에서, 강렬히 대비되는 색상을 사용하며 불균형을 표현하는 예술은 절반은 모욕을 표현한 것이고 나머지 절반은 전쟁을 외친 것이었다. 그것은 합리주의의 경직성을 내버리고 원초적인 몸짓, 형태, 색상에 의미를 부여하려는 시도였다. 합리주의의 형식은 전쟁과 공포의 시대가 끼어들면서 무산되고 말았다. 예술은 원시적이고 잔인한 선사시대로 돌아가버렸는데, 문명의 얼룩이 생기기 전의 삶과 순수한 로맨스가 다시 가능해졌다는 뜻이기도 하다.

사람들은 평생 '새로운' 물결을 얼마나 자주 보게 될까? 중생대는 거의 2억 년간 지속되었다. 빅밴드 시대는 증조할아버지가 춤을 배울 나이가 될 때까지만 이어졌다. 진화라는 과정은 더 나아지고 개선되는 방향으로 나아가는가, 아니면 선택된 극소수에게만 번영을 허락하는 무분별한 파괴의 톱니바퀴에 불과한 것인가?

신체를 지배하는 기관으로서 두뇌가 위를 압도한 후로, 상호 이해와 상호 파멸이라는 두 가지 길이 인간 앞에 펼쳐졌다. 두 가지 길에는 씨앗이 이미 뿌려져 있다. 소실점은 전적으로 상상에 불과하지만, 엄연히 존재하는 현실이다. 인생이라는 길에서 우리의 두 다리가 한 걸음 한 걸음 내디디며 만드는 평행선은 저 멀리 지평선에서 만나지만, 그 점은 우리가 이동하는 만큼 계속 멀어진다. 기쁨과 슬픔, 삶과 죽음, 이성과 신비로움, 아름다움과 공포와 같은 것을 서로 이어보려고 아무리 애를 써도, 평행선은 결코 만나지 않는다. 우리는 끝까지 불완전한 상태로 남아 있다가 결국 이 세상에서 사라진다.

11장

건축과 예술

우리가 한 일이
우리가 어떤 사람인지 말해준다.

건축가를 꿈꾼 적은 한 번도 없다. 뭔가 만드는 걸 좋아하긴 했지만, 건축업계에서 일해보니 건축가는 실제로 집을 짓거나 무언가를 만드는 일에 참여하지 않는다는 것을 깨달았다. 내가 아는 건축가들을 보면 건축 규정 검토, 홍보 및 고객 관리, 사무실 경영, 도급업자 감독, 도면 작업 등에 시간을 쪼개어 투자한다. 건축은 언급조차 되지 않는다. 그래서 나는 건축일을 할 마음이 전혀 없었다. '건축가'라는 단어가 '마스터 빌더(master builder)'를 의미한다는 점은 정말 흥미로웠다. 대부분의 건축가는 정작 집 짓는 일에 직접 관여하지 않기 때문이다. 적어도 내가 보고 겪은 바로는 그렇다. 수십 년간 대학에서 이론적인 것만 가르치다 보니, 건축이라는 전문 분야는 물리적인 건축 행위와는 상당히 거리가 있다. 건축가를 현대적으로 더 정확하게 정의하자면, 건축 구조물의 강력한 특성에 관심이 있으며, 대학 학위와 애매한 자격증을 취득했기에 실제 건축업자에게 이래라저래라할 권한이 있다고 생각하는 사람이다.

함께 일했던 몇몇 건축가는 솔직하게 자기가 하는 일을 건축이라고 해도 될지 모르겠다고 털어놓았다. 상류층을 위해 고급 주택을 건설하는 데는 안식처, 지속 가능성, 가치, 자재 적합성과 같은 개념이 불필요하기 때문이다. 물론 그런 개념이 집을 꾸미는 수단으로 사용될 경우는 예외다. 15년 정도 일한 후에야 이점을 이해할 수 있었다. 그도 그럴 것이, 나는 다른 데 정신이 팔렸다. 나의 이상은 장인정신을 실현하는 것이었지만, 현실에서는 그럴 기회가 많지 않았다.

이 정도 수준을 감당할 수 있는 사람에게는 자신의 이미지를 더욱 돋보이게 만드는 것이 건축의 주요 목적일 것이다. 물론 이런 이유로 건축을 활용하는 것이 최근에 와서야 생겨난 현상은 아니지만, 이렇게 꼬집어 말하면 충격적이거나 공허하게 들릴 수 있다. 아무튼 이 점을 이해하면 이 세상에 존재하는 아름답고 가치 있는 것들을 잔뜩 움켜쥐고 있는 사람들이 정작 그러한 소유물의 가치를 제대로 인식하지 못하는 이유도 이해할 수 있을 것이다.

한 사람을 위한 예배당

지금까지 작업한 프로젝트 중에 열두 개 정도는 아무것도 기억나는 게 없다. 그중 하나는 사반세기 전에 했던 프로젝트인데, 설계자의 이름과 잡지에 실린 사진 한 장이 기억의 전부다. 집주인이 누구였는지, 어떤 집을 지었는지, 같이 일했던 작업자가 누구인지, 몇 년에 공사했는지 하나도 생각나지 않는다. 하지만 그 프로젝트를 계기로 상류층을 위한 고급 주택 건축의 목적을 제대로 이해할 수 있었다.

프로젝트 디자이너의 이름은 여러 해가 지나도 잊히지 않았다. 세 단어로 된 영국식 이름이었는데, 초라한 출신 가문을 감추려고 만든 이름일지도 모른다는 생각이 들었다. 이름 말고는 그 사람에 대해 아무것도 기억나지 않는다.

하루는 12시쯤에 모두 점심을 먹으러 갔는데, 그중 하나가 영국식 이름을 지닌 친구가 설계한 남쪽 나라의 어느 저택을 소개하는 인테리어 잡지를 넘겨 보았다. 저택 소유주는 당시 손꼽히는 억만장자였으며, 그의 별장은 주인의 재력을 증명하는 듯 여러 개의 정원을 갖춘 웅장한 모습이었다. 내 동료는 이 중 어느 것에도 관심이 없었다. 그는 집주인의 아내에게서 받은 사진을 찾고 있었다. 그는 "○○페이지에 계속됩니다"라는 문구를 따라 잡지를 몇 번 넘기더니 결국 사진을 찾아내어 주변 사람들에게 보여주었다. 다들 감탄사를 연발하자 그는 "이게 누군지 알아?"라고 물었다. 우리는 전혀 모른다는 눈빛으로 그를 쳐다보았다. "바로 △△이잖아." 그 자리에 모인 사람들은 아무것도 모르겠다는 표정이었다. "다들 왜 이래? 포르노 배우잖아." 컴퓨터나 스마트폰이 아직 널리 사용되기 전이어서 거기 모인 사람들은 요즘 사람처럼 아는 것이 많지 않았다. "내가 장담하는데, 이 자식이 영화에서 이 여자를 보고 매니지먼트에 연락해서 팜 비치로 불러들였을 거야. 그러고는 6개월 후에 결혼했겠지. 제길, 부자는 다르구먼. 그렇지 않아?"

그의 말이 사실인지 아닌지 나는 지금도 모른다. 이제 와서 그의 말이 맞는지 찾아보는 것은 무의미하다. 아무튼 사람들의 이목을 끄는 파격적인 사진이었다. 예쁘장한 젊은 여자가 19세기 중반 풍의 가운을 몸에 딱 붙게 입고 있었다. 컬이 잔뜩 들어간

머리를 길게 늘어뜨리고 붉은색으로 볼 터치를 한 모습이었다. 뒤쪽에는 여자를 떠받들어 모실 준비가 된 일꾼들이 반원 모양으로 도열해 있었다. 크고 웅장한 오크나무에서 뻗어 나온 가지도 보였다. 오크나무의 무성한 잎은 사람들 머리 위에 그늘을 드리우면서 미니어처 석조 예배당의 입구를 약간 가리고 있었다. 자연법칙이 만들어낼 수 있는 경치보다 더 목가적인 느낌을 주는 사진이었다.

사진 아래의 글을 읽어보니 더 자세히 알 수 있었다. 이 집의 여주인은 지역의 역사를 자랑스러워했고 로맨틱한 역사의 일부를 되살리고 싶어 했다. 그래서 집에서 일하는 사람들에게 고전의상을 입혔다. 정원의 모든 식물도 여주인이 지시한 대로 심었으며, 힘든 일상에서 잠시나마 벗어나서 영적 에너지를 충전하기 위해 돌을 하나하나 쌓아올려 작은 예배당을 만들었다. 그 여자는 젊은 신부에게 매주 일요일에 와서 영성체를 해달라고 간곡히 부탁했다. 신부 앞에 그녀가 엄숙한 표정으로 무릎을 꿇은 모습이 예배당의 그림자에 살짝 가려진 모습을 쉽게 상상할 수 있었다.

르네상스 시대에 이름을 날린 유명 화가들의 후원자들도 이 여자와 비교할 때 결코 뒤지지 않았을 것이다. 그들의 이미지는 경건한 느낌을 주는 걸작품의 여백에 어떻게든 쑤셔 넣을 수 있지만, 그들의 영향력이 아무리 크다고 한들 경건함과 포르노를 완벽하게 조화시키지는 못할 것이다.

‡

나는 취향의 중재자가 될 자신이 없다. 그쪽으로는 전혀 소질이 없다. 지금까지 만든 것은 작업할 당시에는 맵시 있다고 여겨졌지만, 세월이 흐르고 보니 대부분은 유행이 지나버렸다. 시간이 지나도 높이 평가되는 것이 있지만 그리 많지는 않다. 트렌드는 나에게만 가혹한 것이 아니라 모든 이에게 냉정하다. 트렌드는 주로 마케팅의 수단이며, 인기몰이하려는 노력과 결부된다. 나도 처음에는 트렌드에 부응하려 노력했지만, 몇 차례 실패한 후에 일찌감치 포기해버렸다.

　사춘기의 패션 감각은 충분히 어설프고 어색했지만, 나는 그것이 부족하기라도 한 듯 야생마가 그려진 도마뱀 혓바닥 색깔의 폴리에스테르 셔츠 위에 황갈색 블레이저를 입었다. 그걸로모자라 버건디색 코듀로이 나팔바지를 입고 생고무로 바닥을 댄스웨이드 댄싱 슈즈를 신었는데, 만나는 사람마다 내 신발을 쳐다보았다. 바르미츠바(Bar Mitzvah, 유대교에서 13세가 된 소년을 위해 치르는 성인식─옮긴이)에 가려고 잔뜩 멋을 낸 것이었는데, 사실 그렇게 입으면 소년법원에 끌려가도 할 말이 없었다.

　요즘에도 나는 우리 집을 꾸밀 때 타인의 이목은 전혀 고려하지 않고 가구를 들여놓거나 인테리어를 한다. 누군가의 눈에는 상당히 거슬리는 부분도 있을 것이다. 하지만 그들에게 사과할 생각은 없다. 내 마음에 드는 방식으로 집을 꾸미는 것이고 다른 사람들에게도 그렇게 하라고 권하고 싶다. 비평가의 말은 한 귀로 흘려들어도 된다. 각자 자기 집에서 편하게 사는 것이지 비평가를 모시고 사는 것은 아니기 때문이다.

　비평가들을 용감하게 대면하고 미래의 세상을 직접 설계하고 싶은 이들에게 다음과 같은 이야기를 들려주고 싶다.

건축의 역사 개요

500년 전에는 안드레아 팔라디오(Andrea Palladio)와 같은 건축가들이 직접 건축 현장을 누비고 다녔다. 팔라디오는 13세에 석조 및 벽돌 작업의 견습생이 되어 20년 정도 그 일을 했다. 어느날 팔라디오는 로마에 가서 고대 건축물의 잔해를 직접 보았고, 이 여행은 그의 목표를 완전히 바꿔놓았다. 그는 집에 돌아오자마자 이탈리아 전역에 매우 고요한 분위기의 주택, 궁전, 교회를 짓기 시작했다. 그렇게 해서 팔라디오는 최고의 건축가로 자리매김했다. 팔라디오의 작품은 한번 보면 도저히 눈을 뗄 수 없다. 그의 저서인 《건축가서(Four Books of Architecture)》를 읽으면, 유용한 지식을 기꺼이 알려주려는 나이 든 어느 장인과 유쾌한 대화를 나누는 느낌이 든다.

수백 년이 흐른 뒤에 스위스에 '현대 건축의 아버지'가 등장했다. 르코르뷔지에(Le Corbusier, 본명이 아니다)는 시계 제조 부문에서 잠시 교육받다가 방향을 바꾸어 그림과 색채를 배웠고, 마지막에는 건축 및 도시 계획에 흥미를 갖게 되었다. 그의 뒤를 이은 많은 사람이 그랬듯이, 르코르뷔지에의 첫 번째 목표는 부모에게 집을 선물하는 것이었다. 그러나 예산을 크게 초과하는 바람에 가련한 부부는 집을 포기해야 했다. 르코르뷔지에는 장식, 자연 색상, 수제 물품, 전통, 유럽풍이 아닌 모든 것 그리고 아이를 혐오했다. 건물이 빠른 속도로 무너지는 것이 건축가의 기술 지표라면, 그에게는 해당 사항이 거의 없었다. 그는 형편없는 프랑스 시인처럼 글을 쓰고, 건방진 익살꾼처럼 행동했으며, 나중에 건축계의 영웅 혹은 모두가 동경하는 롤모델이 되었다. 그가 지은 건물을 감상하는 게 쉽지는 않지만, 빌라 사보아(Villa Savoye)와 생트 마리 드 라 투레트 수녀원(the Convent of Sainte Marie de La Tourette)을 추천한다. 빌라 사보아는 그 후에 지어진 답답한 교외 사무실 단지의 전형이라 할 수 있고, 수녀원은 '종교적' 건물치고는 아름다움과 거리가 멀다. 벽에 붙은 이끼류가 수녀원을 조금씩 갉아먹는 것처럼 보이는데, 먹는 속도가 너무 더뎌서 부끄러워하는 것처럼 느껴질 정도다.

팔라디오는 기술을 연구해 건축에 활용했다. 사실 기술은 로마 시대 이후로 크게 발전하지 않았다. 르코르뷔지에의 인생은 인류에게 가장 변화가 심했던 시대의 절정과 맞물렸다.

산업주의는 수천 년 이어진 인류의 농업 역사를 무색하게 만들었다. 페니실린, 마취제, 백신과 같은 것들은 크게 환영받았으나 기계화 전쟁, 생태계 파괴, 지역 전통문화 말살처럼 자비롭지 못한 변화도 있었다.

하루아침에 건축업자는 냉간압연강재, 강철 콘크리트, 판유리 등 다양하고 새로운 자재를 손에 넣었다. 더는 돌을 쌓거나 목재를 연결해서 구조물을 세울 필요가 없었다. 증기선이 넓은 바다를 가로질러 다녔는데, 어떤 증기선은 세계에서 가장 높은 건물보다 더 큰 규모를 자랑했다. 말이 하던 역할을 자동차가 이어받았고, 사람들은 기계로 만든 허접한 연에 매달려 하늘로 날아올랐다. 귀족과 종교에 대한 충성심에서 해방된 건축은 날개를 쭉 펴고 기계화 시대의 혜택을 마음껏 누렸다. 초기 현대 건축가는 아마도 슈퍼 히어로가 된 듯한 기분이었을 것이다. 실제로 몇몇 건축가는 망토를 걸치고 다녔다. 그들보다 온순한 편인 현대 건축가는 르코르뷔지에와 비슷한 안경을 쓰는 데 만족한다.

산업주의로 고층 건물이 많아졌고 일상생활의 모습도 바뀌었다. 그에 더하여 사회 계급도 전면 개편되었다. 작업장이 사라지고 공장이 등장함에 따라 노동자와 경영진이 분리되었고 노동자의 독자성을 빼앗겼다. 그 결과 이 세상 사람의 3분의 2는 매일 저녁 먼지를 잔뜩 뒤집어쓴 채 집으로 돌아가지만, 나머지 3분의 1은 말쑥한 모습으로 퇴근한다. 뉴욕 퇴근 시간에 지하철을 타거나 택시에 승차한 사람을 조사해보면 두 계급 중 어디에 속하는지 금방 알 수 있다.

21세기 초반에는 대학이 많이 생겨났다. 그러자 건축가들도 힘들고 지저분한 작업 현장을 떠나 말쑥한 차림을 한 계급에 합류했다. 건축업계 전체로 보면 이러한 변화가 큰 손해였지만, 건축가의 이동은 계속되고 있다. 도면을 그리는 사람들은 더는 잉크나 흑연으로 손을 더럽히지 않는다. 손으로 직접 도면을 그리는 기술은 건축가에게 가장 유용한 기술임에도 지금은 시대착오적인 것으로 여겨진다. 혈기 왕성한 젊은 건축가는 자기 사무실에 있는 반짝이는 신형 3D 프린터가 '순식간에 시제품을 만들어내는' 모습에 열광한다. 3D 프린터보다 다섯 배나 빠른 속도로 더 아름다운 조각물을 만들어낼 수 있는 조각가는 내가 알기로는 손에 꼽을 정도다. 20년만 지나면 지금 내가 아는 젊은 건축가들도 현재 자신의 직장 상사를 닮아갈 것이다. 그들은 작은 건축업체를 운영하지만, 실제로 문짝 하나가 어떻게 만들어지고 움직이는지 제대로 이해하지도 못한다.

젊은 사람이라면 누구나 앞으로 큰 업적을 이루어 사람들의 찬사를 받는 인생을 꿈꿀 것이다. 나도 그런 사람 중 하나였다. 그래서 아름다운 결과물을 완성해내는 한 편의 교향곡 같은 장면을 보면서도 세컨드 오보에 연주자가 아니라 번스타인이 되기를 갈망하는 젊은이들을 무턱대고 비난할 수 없다. 하지만 번스타인이 결코 모르는 몇 가지 지식을 오보에 연주자들이 안다는 점을 그 젊은이들도 언젠가 깨닫길 바란다.

‡

진지하게 최선을 다해야 하는 일이 그렇듯이 건축도 상당히 큰 책임이 뒤따른다. 이 지구상에서 환경을 엉망진창으로 만드는 종은 인간밖에 없을 것이다. 지금까지 사람의 손을 거쳐 완성된 최고의 건축물에는 몇 가지 공통점이 있다.

1. 안전하다. 적어도 그것이 만들어진 시대와 장소에 한해서는 안전성이 보장된다. 자연 요소가 결과물을 휩쓸어 버리거나 난간에 걸려 넘어지는 사람이 많다면, 뭔가 문제가 있는 것이다.

2. 사람들에게 멸시받지 않는다. 공동체의 영향력은 매우 크다. 공동체 성원 상당수가 어떤 구조물을 불쾌하게 여긴다면, 그 구조물은 오래 버티지 못하고 사라질 것이다.

3. 건축물 전체에 건축업자의 기술이 분명히 드러난다.

4. 자기 위치를 정확히 안다. 절벽 끝에 지어진 수도원이든,

숲속 깊이 자리 잡은 초가지붕 오두막이든, 최고의 건물은 원래 지어진 자리에 있을 때 가장 빛이 난다. 기이하게 생긴 낚시 오두막에서 강한 의지와 고집스러운 겸손함이 느껴지듯이, 가장 영광스러운 대성당은 권력과 외경심을 효과적으로 드러낸다.

요즘 세상에는 한 가지 특성을 추가해야 한다.

5. 좋은 건축물은 지구에 해를 끼치지 않는다.

이 일을 40년간 했지만, 이런 기준에 맞게 공사한 적은 한 번도 없다. 이제야 난생처음 이 기준에 들어맞는 프로젝트를 할 참이다.

우리는 마침내 나무가 많고 갈색 벽돌 건물이 즐비한 브루클린으로 돌아왔다. 이곳에는 180년 된 타운하우스가 줄줄이 이어져 있었다. 막 완성된 콘크리트 기초 위에는 구부러진 목재 프레임이 안정적으로 올라갔다. 삐걱거리는 목재 뼈대보다 훨씬 강한 강철 뼈대가 내부에서 단단히 받치고 있었다. 늘 그랬듯이 집은 다 똑같이 생긴 낡은 부싯돌 상자 모양이었으나, 벽난로와 가스스토브가 없어져서 화재 위험은 훨씬 줄었다. 나아진 점도 있었다. 건물을 다 허물고 처음부터 다시 지었다면 더 엄격한 규정을 따라야 했을 것이며, 현대적인 '안전'의 의미는 충족시켰을지 모르나 동네 주민들과 정면으로 대립했을 것이다.

벨기에 사람이 조약돌을 좋아하듯이 뉴요커는 오래된 타운하우스를 선호한다. 자치구마다 너무 비싸서 살 수 없는 집이라는 소문이 퍼짐에 따라, 새로운 세대의 소유주들은 자기네 집이 그다지 장엄하지 않지만 역사적인 가치가 있다고 믿고 싶은 마음이 생긴 것 같다. 타운하우스가 줄줄이 늘어선 이곳에서 한 블록 떨어진 곳에는 단독 맨션으로만 이루어진 대로가 있는데, 이는 빅토리아 시대 뉴요커들의 과시욕이 얼마나 대단했는지 보여준다. 주택의 원래 소유자가 보란 듯이 집을 자랑했듯, 그들도 힘들게 얻은 기술을 보여주고 싶어서 안달이 났던 것이다.

대로의 뒤쪽으로 가면 우리가 일하는 곳과 이어진다. 지붕이 낮은 건물은 마구간이거나 인부들이 사용하는 숙소이며, 한 블록 떨어진 곳에 있는 상인이나 집사의 집을 축소해놓은 듯한 집이 가끔 보였다. 이런 집은 전혀 다른 업체가 지은 것인데 싸구려 자재를 사용하고 건축 방식도 엉성하다. 따라서 건축물로서 가치가 있다기보다는 사회적 환경에 비추어볼 때 역사적인 의미가 있다. 그럼에도 수백만 달러를 지불하고 마구간 같은 곳에 살기 위해 타운하우스를 허물려는 새 집주인에게 신의 가호가 있기를. 공동체 정신은 눈엣가시 같은 흉물을 비난하는 것만큼이나 기원(provenance)에 대한 인식을 옹호할 가능성이 높다.

쌍둥이처럼 똑같이 생긴 타운하우스는 그대로 보존하기로 했다. 이제는 건물의 앞부분을 복원하고 내부를 요즘 유행하는 얼룩덜룩한 스타일로 꾸밀 차례다. 목공 기술은 지금까지 잘 보존되었으므로 원래 상태보다 훨씬 질 좋은 시대적 외관을 구현할 수 있다. 요즘 나오는 페인트와 접착제, 멤브레인 실란트를 사용하고 유지 보수에 신경 쓴다면 아마 내 손주보다 더 오래 살아남을 것이다. 하지만 내부 장식은 장담하기 어렵다. 화려한 조각으로 장식된 계단이 중앙 무대를 차지하는 등 재주를 한껏 뽐내는 순간도 있었다. 하지만 50년이 지나 후대인들이 이 집의 다른 부분을 둘러보면, 지금 우리가 1970년대 스타일의 낮은 거실과 목재 패널을 두른 방을 볼 때와 비슷한 기분이 들 것이다.

우리가 하는 일의 대부분이 엄밀히 말해서 공예라고 주장하기는 어렵다. 현대적 설계와 예산을 생각하면 그럴 여유가 없다. 이 집들에 남아 있는 몇 안 되는 원래의 골조를 강화하는 데 자금이 너무 많이 들었고 기하학적으로 이상한 부분을 수정하느라 오랜 시간을 허비하는 바람에, 장인정신의 속도와 비용은 의뢰인이 참아줄 수 있는 한계를 넘어선다. 모자이크 욕실과 탁 트인 계단을 제외한 상태로 공사는 매우 빠르게 진행할 것이다. 특이한 벽지를 바르고, 펑키 스타일로 주문 제작한 조리대를 사용해 시각적으로 인상적인 느낌을 주는 데는 전혀 문제가 없을 것이다. 건축가들은 시각적으로 웅장한 느낌을 주기 위해 비장의 카드를 꺼낼 준비가 되어 있다. 주방과 거실 공간의 높이는 기존의 두 배가 될 것이며 양쪽에는 천장까지 이어지는 창문을 낼 것이다. 전문 포토그래퍼라면 멋진 사진을 찍을 거리가 충분하다고 할 것이다.

건축가는 이 디자인 콘셉트를 '팰림프세스트(palimpsest, 원래 글을 지우고 처음부터 다시 쓴 고대 문서라는 뜻—옮긴이)'라고 부른다. 이 말을 들으면 다들 사전을 펼쳐야 할 것이다. 이번 공사와 어느 정도 어울리는 말이다. 오래된 양피지를 긁어내고 다시 사용하라는 요청을 받은 적이 거의 없으므로 교양이 부족한 점은 충분히 용서받을 거라고 여긴다. 사실 이 비유가 적절한지 나도 잘 모르겠다. 우리가 지금 하는 일은 오래된 공룡 뼈에서 연조직의 흔적을 긁어내고 도마뱀 가죽을 잡아당겨서 뼈를 덮어 그럴싸한 외관을 완성한 다음, 현대식 냉난방 및 조명 시스템을 설치해서 전체에 생명을 다시 불어넣는 것이다. 안타깝지만 내 어휘력으로는 더 자세히 설명할 방도가 없다.

그 결과물은 이웃집과 비교할 때 전혀 이질감이 없는 평범한 주택처럼 보일 것이다.

그렇지 않으면 우리가 벌금을 물어야 한다.

이제 건축과 관련하여 마지막 질문이 남아 있다. 이런 주택 때문에 지구가 망가지는 것일까?

영구적인 구조물이 지구에 미치는 악영향은 정도의 차이가 있을 것이다. 이 주택의 경우, 새로 기초 공사를 하느라 약 76㎥의 콘크리트를 부었으며 이를 지지하기 위해 강철 프레임 33t이 사용되었다. 이번 공사는 소규모인데도 이미 약 7만㎏에 달하는 이산화탄소를 발생시켜 대기를 오염시켰다. 지구 환경을 해치는 문제에서 우리 같은 건축업자들의 책임이 적지 않다. 매스팀버(mass timber, 철근 콘크리트 건축에 대한 친환경적 대체재—옮긴이)나 탄소 중립 콘크리트와 같은 신기술이 최근에 등장했지만 효과는 아직 미미하다. 약 3000개에 달하는 각 지역 건축 부서가 한자리에 모여서 이러한 제품의 사용을 승인한다면 문제는 바로 해결될 것이다. 당장 이런 대체재가 지나치게 비싸다고 느껴지는 점은 충분히 이해할 만하다. 하지만 태양광도 처음에는 엄두조차 내기 힘든 에너지원이었으나 지금은 전기를 생산하는 가장 저렴한 방법으로 널리 사용된다.

브루클린에 평범한 단독주택 두 채를 지을 때 필요한 자원을 사용하고 연료를 쓰고 폐기물을 생성하는 모든 방법을 일일이 열거하자면 긴 두루마리가 필요할 것이다. 나는 긍정적인 소식만 언급하는 편을 택하겠다.

우리가 브루클린에서 수행하는 작업 중에서 유해한 것을 딱 하나만 꼽기란 어렵다. 유해한 일이 수없이 일어나고 있으며, 이보다 덜 해롭거나 반대로 유익을 주는 대안은 원래부터 없었다. 현재로서는 방해 요소가 두 가지로 정리된다. 해로운 기술을 제공하는 업체는 판매 이익을 악착같이 지켜내려 하며, 좋은 해결책이 나오면 이를 인정하고 받아들이게 할 만큼 합리적이고 귀중한 교육은 아주 소수다. 미래에 대한 희망적인 태도란 사물에 대한 비판적인 관점을 배제하지 않는 것이다.

브루클린 쌍둥이 건물은 나름대로 열심히 노력하고 있다. 둘 다 '패시브 하우스(Passive House, 내부 열이 밖으로 새어 나가는 것을 차단하여 에너지 사용량을 줄이는 주택—옮긴이)' 인증을 받을 것이다. 미국에서 다양한 집단이 이 문구를 상표로 등록하려 했지만 모두 실패했다. '친환경'이나 '유기농'과 마찬가지로 이 표현은 영업사원에게 마케팅 도구로 사용된다. 세 가지 표현 모두 일광욕실에서 편안한 리넨 옷을 입고 말없이 요가를 연습하는 평온한 가족의 모습을 떠올리게 한다. 내 동료들은 대부분 포드 사에서 새로 출시한 '패시브 픽업' 트럭을 구입하려 서두르지 않을 것이며, 애인이 자신을 "내 남자 친구는 패시브야"라고 남들에게 소개해도 우쭐해지지 않을 것이다. 유익한 아이디어를 약간 과장해서 소개한다고 해서 크게 나쁠 것은 없다. '고성능'처럼 듣기 지겨운 말조차 개선 사항이 될 수 있다.

우리가 고수하는 원칙은 다음과 같이 매우 단순하다.

- 최대한 세심하고 야무지게 주택 외부를 단열 처리 또는 실링한다.
- 모든 출입문과 창문의 열 절단율을 집주인이 감당할 수 있을 만큼 가능한 한 낮춘다.
- 건물 밖으로 나가는 모든 서비스, 배관, 덕트, 전선은 세심하게 절연 처리 또는 실링한다.
- 모든 시스템은 전기로 가동한다.
- 신선한 공기로 환기해야 할 경우, 가능한 한 많은 양의 열을 붙잡아서 가장 필요한 곳이나 가장 해가 적은 곳으로 전달한다. 날씨가 추울 때는 주택 내부로, 더운 날에는 실외로 열을 보낸다.

이러한 과정을 더 자세히 들여다보면 추가로 언급할 사항이 많지만, 위에서 언급한 것은 언제나 반드시 지켜야 할 원칙이다. 미국에서 집을 직접 짓는 것은 합리적인 방안이다. 이러한 주택은 수명 기간 내내 냉난방 비용이 거의 들지 않는다. 그리고 집주인은 별도의 설명서를 보지 않고도 냉난방 시스템을 가동할 수 있다. 만약 뉴욕에서 재생 가능한 방식으로 전기가 생산된다면, 이러한 주택으로 환경 오염을 완전히 멈출 수 있다. 원한다면 이를 패시브라고 명명해도 좋다. 하지만 개인적으로는 그렇게 부르지 않기를 바란다.

‡

다른 사람이 무엇을 만들지, 어떤 집을 지을지 일일이 참견할 생각은 없다. 사람마다 모양, 크기, 색상, 습관, 취향이 다 다르기 때문이다. 돌이킬 수 없는 심각한 피해를 거의 유발하지 않으면서 집을 짓고 싶다면, 본인의 취향대로 과시적인 요소를 사용하되 주변 이웃을 불쾌하게 하지 않길 바란다. 그 선을 지킬 수 있다면 잘한 것이다.

예술

어떤 인생은 운 좋게 자연의 우아한 모습을 따라가지만,

그렇지 못한 인생은 자연이 남긴 얼룩에 불과하다.

예술의 매력이자 무시무시한 점은 예술의 정의에 얽매이지 않는다는 것이다. 적어도 예술의 창작자에게는 그렇다. 나는 예술 외에 추구할 만한 가치가 있는 것을 찾기란 불가능하다고 생각한다. 최근 몇 년 사이에 예술가가 반드시 실물을 가진 결과물을 산출하지 않아도 된다는 분위기가 생겨났다. 아이디어나 제스처 하나를 만들어내도 예술이 된다는 것이다. 나는 예술 교육을 제대로 받은 적이 없고 그 분야의 이론을 전혀 모르기 때문에 이러한 변화가 일어난 목적이나 가치에 대해 함부로 의견을 말할 수 없다. 그래도 예술에 대해 매력을 느끼는 이유는 오로지 내가 원하는 대로 어떤 작업을 할 수 있고, 내가 중요하다고 생각하는 의미를 자유롭게 보유할 수 있으며, 내가 생각하기에 가장 적절

하다고 생각되는 기호나 표시로 그 의미를 전달할 수 있고 현대의 예술 계층에서 그 점에 대해 뭐라고 하든 무시해도 되기 때문이다. 목수 일로 생계를 꾸리기 때문에 금전적 가치나 사회의 인정에 구애받지 않는다. 학위 부담이 없다는 것도 장점인데, 예술을 전공하지 않았기 때문에 특정 학파를 옹호하거나 지지할 필요가 없다. 복잡한 이론과 학술 논문이 수없이 나와 있지만 나는 그런 것에 눈길을 주지 않았다. 그저 내가 좋아하는 대로 생각하며, 어떤 학파도 내 방식에 초점을 맞추고 비평을 쏟아내지 않을 거라고 확신한다.

이렇게 순진한 마음 하나만으로 나는 예술을 통해 구원을 얻으려 한다.

간단히 상상해본 예술의 역사

옛날 옛적 어느 지역에 원시인들이 따스한 모닥불 주위에 모여 앉아서 저녁 시간을 보내고 있었다. 언어가 생긴 지 얼마 되지 않아서 간단하고 실용적인 대화만 주고받았다. 상대방의 마음을 사로잡을 수 있는 다채로운 표현은 찾아볼 수 없었다. 그들 중 한 사람은 자유로운 정신에 창의성이 남달랐다. 그는 나뭇가지를 가지고 장난을 쳤다. 끝부분을 불에 그슬리기도 하고 돌을 가져와서 나뭇가지 끝을 뾰족하게 갈아서 부족 전체가 사용하던 사냥 도구처럼 만들기도 했다. 가끔 나뭇가지 끝이 너무 달아오르지 않았는지 확인하려고 손으로 만져보기도 했다. 그랬더니 손끝에 그을음이 검게 묻었다. 손을 닦으려고 팔뚝에 문질렀더니 팔뚝에도 검은 자국이 생겼다. 팔뚝에 시커먼 것이 묻어서 도움 될 일은 없지만, 그래도 팔뚝에 줄무늬가 생긴 것을 보고 흥미롭다고 여겼다. 아무도 신경 쓰지 않았지만 그는 허벅지, 삼두근, 가슴, 얼굴에 검은 줄무늬를 차례로 그려보았다. 자신의 달라진 모습이 꽤 마음에 들었다. 그는 친구에게 다가가서 어깨를 툭툭 쳤다. 친구는 그를 보고 "으악!" 하고 비명을 질렀다. 친구는 두 눈이 커졌으며 귀를 쫑긋 세우고 가까이에 있는 돌이나 막대기를 집으려고 손을 휘저었다. '와, 이거 재미있네. 사냥에도 도움이 되겠어'라고 생각했다. 친구가 비명 지르는 것을 보고 깨달은 것이다. 머지않아 부족 전체가 시간이 남을 때 이 남자처럼 몸에 검은 줄무늬를 그려보기 시작했다. 산딸기류 열매를 으깨서 입술에 바르자 사람들이 탄성을 질렀다. 꽃을 엮어서 만든 화환을 목이나 팔다리에 걸자 한층 예뻐 보였다. 그들은 벽에 사냥 장면을 새겨 넣었다. 이렇게 하면 언어로 다 표현할 수 없는 세부 사항을 전달할 수 있었다. 그들은 머리카락을 꼬거나 묶어서 매력을 발산했다. 어떤 사람은 위협적으로 보이거나 고상한 느낌을 주거나 이성에게 잘 보이기 위해 걸음걸이나 몸짓을 다르게 해보았다. 이 중 몇몇은 사람들이 모닥불 주변에 모였을 때 새로 만들어낸 몸동작을 선보일 것이고, 이를 보고 황홀해진 사람들은 손뼉을 치거나 막대기로 바닥을 치며 환호할 것이다.

여러 세대를 거듭하면서 창의성은 더욱 발전했을 것이다. 이 원시인들은 유치한 것에서부터 아주 경건한 것에 이르기까지 다양한 방식으로 서로를 자극하거나 충동을 일으키는 방법을 찾아냈다. 그렇게 해서 예술이 생겨났다.

수백 년이 더 흘렀다. 어느 여름날 저녁, 현대인과 같은 모습을 갖춘 인간이 로드아일랜드 해변 곳에 모였다. 밴더빌트의 '여름 별장' 입구의 거대한 홀에는 벽난로가 있는데 세심하게 쌓아 올린 돌무더기 안에서 모닥불이 거세게 타오르고 있다. 현악 앙상블이 경쾌한 곡을 연주하고, 턱시도를 차려입은 집사가 손님이 도착했음을 알린다. 초대받은 부부가 처음으로 홀에 입성한다. 남자는 화려한 건물 내부를 보며 "제기랄"하고 욕설을 내뱉는다. "으악" 하고 비명을 지르던 원시인에 비하면 언어가 매우 다채로워진 것이다. 그의 아내는 밴더빌트 부인이 우아하게 웅장한 계단을 걸어 내려오는 모습을 보고 깜짝 놀라서 입을 떡 벌린다. 진화의 톱니바퀴는 이제 느리게 돌아간다.

그날 저녁 이후로 많은 것이 엇나가기 시작했다. 세계대전이 연이어 발생하고 기근이 덮쳤으며 전 세계적으로 양극화에 대한 불만이 높아졌고, 그 결과 우리의 위치와 목적에 대한 의문이 생겼다. 많은 사람이 인생은 무의미하다는 생각에 빠졌으며 예술도 그러한 허무함을 표현하는 데 활용되었다. 하지만 사람들은 문제투성이 세상을 바라보면서 언제나 더 완전한 것을 상상했다. 중세 시대에 태피스트리를 만들던 사람은 말을 보고 상상력을 자극받아 유니콘 그림을 직물에 짜 넣었다. 오르간 연주자의 부모는 30년전쟁에서 목숨을 잃었지만 그의 조부모는 살아남았고, 조숙한 어린 소년은 나중에 자라서 〈성모의 노래(Magnificat)〉를 작곡한다. 우리는 작은 것에 휘둘리지 않도록 조심해야 한다. 의미는 우리가 열심히 내용을 받아들여 소화한 후에 내면에서 만들어지는 것이지, 존재 자체에 의해 만들어지는 것이 아니다. 하지만 게으름과 절망에 사로잡히면 잘못된 기대에 빠져

의미가 존재 자체에 의해 성립된다고 생각할 수 있으므로 조심해야 한다.

마크스

내 나이가 이제 59세인데, 나의 첫 예술품을 이제야 완성했다. 예전에는 '헬리콥터가 공룡을 죽였어요'라든가 '일하는 엄마'와 같은 그림을 잔뜩 그렸고, 냉장고에 그런 그림이 붙어 있던 기억이 난다. 음악 수업에 낙서만 하다 끝난 적도 있었다. 도예, 간단한 그림, 색채 이론, 석조 조각 수업도 있었다. 맨해튼에 있는 '예술' 학교에 1년간 다니면서 숯 얼룩이 덕지덕지 묻은 작품을 만들기도 했다. 각종 부품, 가구, 극장 세트, 술집이나 파티장, 야외에서 하는 연주를 설계한 적도 있었다. 사실 이런 온갖 것을 직접 만드는 것이 40년간 내 직업이었다. 미적/기술적 문제에 대한 창의적인 해결책을 찾는 것이 내가 하는 일의 전부라 해도 과언이 아니다. 개인적인 시간이 많이 들지만, 한 번도 이런 일을 예술이라고 주장한 적은 없다.

예술과 공예를 칼같이 구분하려는 것이 아니다. 내가 보기에는 둘을 구분하는 명확한 선은 존재하지 않는다. 하지만 많은 사람이 수백 년 이상 이 문제를 놓고 열띤 토론을 벌이느라 시간을 허비했다. 지식인층은 누가 만들고 누가 좋아하느냐에 따라 그들 마음대로 규정한 패션과 패브릭 아트의 위계를 따지지만, 패션은 충격적인 공연 예술가보다 삶과 문화에 훨씬 더 깊은 변화를 가져온다. '공예'도 목적과 실행이 일치한다면 얼마든지 '예술'의 경지에 오를 수 있다. 다만 내가 평생 만든 모든 것의 의도와 예술 작품을 의도적으로 만드는 것은 구분하고 싶다. 내가 만든 것이 아무리 '창의적'이라 해도 구분할 필요가 있다고 생각한다.

9년 전에 말솜씨가 세련된 어떤 여자에게서 전화를 받았다. 내 오랜 동료에게서 연락처를 받았다고 했다. "브루클린 브리지 파크에 회전목마 파빌리온을 짓는 중인데, 가구를 몇 개 주문 제작하려고 해요. 티켓 키오스크, 매니저가 쓸 책상, 긴 의자, 옷장이 필요합니다. 목공업자 몇 명에게 보여주었는데 너무 복잡하다고 고개를 내젓더라고요. 가끔 와서 일하는 분이 사장님이라면 가능할 거라며 전화번호를 알려줬어요." 요즘 내가 돈을 받고 하는 일의 대부분은 이런 전화 한 통으로 시작된다. 나는 "할 수 있을 것 같습니다"라고 말해주었다.

직접 만나보니 의견이 잘 통했다. 나는 즉시 행동을 개시했다. 여러 차례 의뢰인을 만나고, 수많은 도면을 들여다보고 모형을 제작한 끝에, 그 여자가 말한 반짝거리는 아크릴 유리병 같은 건물에 완성된 가구를 배달해주었다. 회전목마는 절반쯤 설치된 상태였고, 회전식 원형 플랫폼은 준비되어 있었다. 장남 매튜와 나는 며칠에 걸쳐 가구를 설치했다. 하지만 우리 둘은 거의 100년이 다 된 아이들의 놀이기구가 완성되는 과정을 지켜보는 데 더 관심이 있었다. 평생 회전목마를 조립하고 수리하는 일을 해온 기계공이 모든 과정을 감독했다. 그는 샤프트를 연결하고 기어가 딱 맞물리게 설치하고 카메라를 맞추고 거대한 칼리오페(calliope, 그리스 신화에 등장하는 아홉 뮤즈의 우두머리—옮긴이) 모형도 그럴듯하게 설치했다. 그리고 날씨가 아주 화창한 어느 날, 목마용 말을 모두 가져와서 지지대에 하나씩 고정했다. 목재를 일일이 손으로 조각해서 만든 멋진 예술 작품이었다. 용맹스럽게 뛰어오르는 자세를 하고 있었으며, 당장이라도 콧구멍으로 콧김을 내뿜을 것 같았다. 100년 전 회전목마를 처음 운영할 때와 같은 색으로 페인트를 덧칠한 모습이었다.

멋진 경험이었다. 밝은 햇살이 내리쬐는 작은 언덕, 반짝이는 새 건물, 즐겁게 돌아가는 회전목마는 내 상상력을 한껏 자극했다. 나는 회전목마의 역사를 조사하기 시작했다. 의뢰인과 기계공에게 회전목마에 대해 아는 것을 다 말해달라고 부탁했다.

원래 이 회전목마는 오하이오주 영스타운에 있는 이도라 파크에 설치하려고 만든 것이었다.

130년 전에 트롤리 회사가 주말 여유 시간에 손님을 끌기 위해서 오락 시설을 짓기 시작했다. 전국 곳곳에 '트롤리 파크'가 생겨났다. 당시에는 수백 개였지만, 지금은 브루클린에 코니아일랜드, 펜실베이니아주 앨런타운에 도니 공원, 피츠버그 외곽에 케니우드가 남아 있고, 여전히 큰 인기를 누리고 있다고 주장한다. 영스타운에는 미국 동부에서 가장 큰 야외 댄스장이 있다. 종종 '큰 인기를 누린다는 주장'은 몇 차례 검증을 거쳐야만 인정받는 것 같다.

1922년에 이도라 파크에 회전목마가 생겼다. 많은 아이가 회전목마를 타면서 자기가 기수, 소몰이 선수, 기사, 모험가라고 상상의 나래를 펼쳤다. 그런데 1984년에 화재가 발생하여 이 놀이공원의 상당 부분이 크게 훼손되었고, 예전 모습으로 복원되지 않았다. 회전목마의 일부는 경매로 팔렸는데, 나의 의뢰인이 경매에 나온 것을 모두 사들여서 직접 회전목마를 다시 만들었고, 브루클린 브리지 아래에 다시 설치했다. 그런 다음 의뢰인이 이 지역에 기증한 것이었다.

회전목마, 이도라 파크, 영스타운과 그것의 몰락에 대해 새로운 사실을 알게 될 때마다 나와 미국 산업사의 연결 고리가 생겼다. 피츠버그와 영스타운은 힘이 세고 지저분하지만 생산성이 높은 기계와 같아서 수십 년간 미국 전역의 성장과 발전, 부의 창출을 주도했다. 2차 세계대전 때의 공습으로 전 세계의 공장이 대부분 파괴됐으나, 미국은 전쟁의 영향을 받지 않았다. 사실 전쟁이 이어지는 동안 미국의 산업은 몇 번이고 성장 기록을 경신했다. 전쟁이 끝나고 보니 전쟁으로 폐허가 된 세상을 재건하는 데 필요한 물품 상당수를 생산할 수 있는 유일한 나라는 바로 미국이었다.

미국의 산업이 가진 영향력은 신화가 될 정도로 막강했다. 하지만 그 후로 수십 년간 안일함과 관리 태만뿐 아니라 눈앞의 이익에 현혹돼 비효율과 낭비는 신경 쓰지 않는 분위기가 이어졌다. 1970년대에 이 모든 것이 무너졌다. 철강 제조업체는 여전히 1920~1930년대 기술로 공장을 가동했다. 반면 독일, 영국, 일본의 공장들은 반짝반짝 윤이 났고 효율적으로 가동되었으며 의욕도 넘쳤다. 나중에 중국도 이 대열에 합류했다.

지금까지 나의 유년기, 사춘기 및 성년기의 배경을 소개했다. 가족과 함께 독립기념일을 보낼 때, 오케스트라가 애국가를 연주하고 피츠버그의 강 세 군데에서 성대한 불꽃놀이가 벌어졌다. 물고기 떼가 배를 내놓은 채 둥둥 떠 있는 모습이 강 곳곳에 보였다. 잿더미를 내뿜는 제철소가 강둑을 따라 수 킬로미터에 걸쳐 늘어서 있었고, 매일 밤 그들만의 불꽃놀이를 벌였다. 지금은 그런 공장이 모두 자취를 감추었다.

몇 년간 이런 이미지들이 만든 콜라주가 나를 괴롭혔다. 그 중심에는 회전목마가 있었다. 그런 생각을 책으로 엮어내는 방법도 있었다. 하지만 나는 몇 차례 책을 낼 기회를 고사했다. 내가 원하는 이야기를 풀어낼 방법은 하나도 없는 것 같았다. "나는 글 쓰는 사람이 아니잖아"라고 소리 내어 말한 적도 있다. 하지만 이 모든 것을 표현하고 싶은 마음이 컸다. 어떤 방법이 좋을지 알 수 없었다. 그래서 아들 마틴과 그의 여자 친구 릴라에게 '영스타운 북'이라고 이름 붙인 것을 좀 도와달라고 했다. 우리는 차 두 대에 짐을 가득 싣고 영스타운에 가서 일주일간 뭘 할 수 있는지 찾아보았다.

영스타운은 사라진 것이 지금 남아 있는 것보다 더 화려했다. 이도라 파크에는 이제 콘크리트 패드만 몇 개 남아 있는데, 롤러코스터 바퀴가 지나간 두 개의 트랙을 고정시킨 볼트만 툭 튀어나와 있다. 사람이 다니지 못하게 울타리가 쳐져 있고 표면적으로는 출입을 금하고 있지만, 사실 이곳에 호기심을 갖는 사람은 아무도 없었다.

강변을 따라 늘어서 있던 제철소의 타워형 용광로는 오래전에 철거되어 폐기되었다. 창고는 몇 개 남아 있는데, 어떤 회사들이 소라게처럼 슬며시 들어와서 오래된 조개껍데기를 차지하듯 그 공간을 사용하고 있다. 도심에서 몇 킬로미터 떨어진 곳에 오래된 방앗간이 하나 남아 있다. 모든 사람이 같은 날 우르르 나가버린 것처럼 철저히 버려진 상태다. 주변에는 울타리가 둘려져 있고 출입 금지 표지판도 세워져 있지만, 굳이 들어가 보고 싶다면 커다란 바퀴가 달린 트럭에 올라가면 된다. 사무실에 들어가서 남아 있는 서류도 뒤져볼 수 있을 것이다. 어떤 서류에는 아직도 커피잔을 올려놓았던 갈색 동그라미 자국이 남아 있다. 그리 오래전도 아닌 어느 날, 모든 것이 멈춰버렸다.

이런 상황에 대해 많은 글과 기사가 쏟아져 나왔다. 미국 전역의 여러 도시가 비슷한 일을 겪었다. 현지 공장은 문을 닫고 산업체는 해외로 이주했으며 일자리를 찾는 것은 하늘의 별 따기였다. 나라의 절반은 제대로 된 일거리가 없는 상태였다. 공장에 재투자하고, 자사의 장비와 재산을 갖추었으며, 효율성을 높이고 발전하는 데 집중적으로 노력한 진취적인 기업들도 있었지만, 1980년대 기업 사냥꾼들로 인해 무너지고 말았다. 재정적으로 몰락하자 이러한 기업들은 매각되었는데, 내가 집을 지어준 의뢰인 몇몇도 이러한 기업의 일부를 인수했다. 이런 상황에 대해 과연 뭐라고 말할 수 있겠는가? 참 어렵고 황당한 상황이었다. 나는 적잖이 충격을 받았다. 책을 쓸 힘도 없고 그럴 기분도 아니었다.

나는 마틴과 릴라를 데리고 뉴욕으로 돌아왔다. 중고 필름 롤을 여러 개 챙겼으나 구체적인 계획은 없었다. 몇 차례 글을 쓰려고 시도해보았으나 매번 벽에 부딪혔다. 글이 잘 풀리지 않을 때면 소파에 앉아서 기타를 연습했다. 기타는 47년간 거의 매일 연습했으므로 어색하지 않았다. 내 인생에서 오랫동안 음악은 뒷전에 밀려나 있었지만 50세가 되자 아이들이 집을 떠나면서 삶에 여유가 생겼다. 몇 년간 집중해서 연습하고 나니 내 연주가 마음에 들기 시작했다. 나는 친한 친구와 즉흥적으로 앙상블을 결성했으며, 놀랍게도 작곡을 하면 곡이 술술 흘러나왔다. 책에서 기대할 수 없는 결과를 노래에서는 항상 얻을 수 있다. 한두 가지 아이디어에 집중하고, 약간 모호하지만 내 생각과 감정을 온전히 담아서 표현할 수 있고, 노래를 듣고 감동받아 눈물 흘리는 사람들이 눈치채기 전에 얼른 노래를 마무리하는 것 말이다.

회전목마와 영스타운에서 얻은 영감을 바탕으로 몇 곡을 쓰기 시작했다. 난생처음 구체적으로 내 마음을 표현하게 되었다. 의미 있고 중요하다고 생각하던 것들을 표현하고 꼭 말을 건네보고 싶던 사람들에게 전하는 메시지를 완성했으며, 내 생각의 요점을 잘 전달할 방법을 찾은 것이다. 노래는 한 곡 한 곡 차례로 만들어졌다. 배경도 관점도 모두 다른 열두 곡이 완성되었다. 그중 몇 곡을 골라서 프로듀서 겸 엔지니어 겸 드럼 연주자에게 보냈다. 예전에 만난 적이 있거나 같이 작업했으며, 개인적으로 잘 모르긴 하지만 객관적으로 평가해주리라 믿을 만한 사람이었다. 그는 같이 앨범을 제작하자고 했다.

몇 달 후에 본격적인 앨범 작업을 시작했다. 여러 해 꾸준히 연습한 덕분에 내 기타 연주는 듣기에 좋았으며, 노래도 들어줄 만한 수준이었다. 무대에 올라 연주하는 것은 여전히 조금 부담스러웠다. 내 한계를 잘 알기에, 내가 직접 작곡한 곡이지만 무대에 올릴 수준이 될 때까지 부단히 연습해야 한다는 점을 잘 알고 있었다. 친구이자 베이스 기타 연주자인 롭이 나를 기꺼이 도와주었다. 제대로 된 전문 녹음실에서 연주할 기회가 생길지 모른다는 희망도 있었고, 그가 평소에 말한 대로 유의미한 프로젝트인 데다 노래도 좋았기 때문이었다. 우리는 다섯 달 동안 일요일마다 모여서 열심히 연습했다. 드디어 정해진 날이 되었고 내 픽업트럭에 악기를 다 싣고 퀸스에 있는 지하 스튜디오로 갔다. 스튜디오의 이름은 매드하우스인데, 소유주인 마크 앰브로시노가 직접 운영하는 곳이었다.

마크는 내가 만나본 음악가 중에 가장 친절하고 이해심이 많았다. 그의 드럼 솜씨는 타의 추종을 불허했다. 악장이 바뀌거나 감정선이 달라질 때 그 전환 부분을 강조하는 능력은 소름이 돋을 정도였다. 이 모든 연주의 기반인 백 비트는 매우 종교적이라서 드럼의 울림 하나하나가 듣는 사람에게 안도감을 안겨주었다. 자기 이야기를 떠벌리는 스타일이 아니지만, 며칠간 늦은 시간까지 작업한 후에는 오랜 경력 중에서 유명인들과 함께 공연하거나 작업한 경험을 한두 가지 들려주었다. 우리는 석 달간 함께 시간을 보내며 많은 이야기를 나누었고, 나보다 훨씬 뛰어난 전문 음악가들이 맡은 부분을 녹음했다. 우리는 서로를 존중하는데, 이는 매우 드문 감정이며 정말 가치 있는 관계였다. 내가 자신감을 잃고 힘겨워할 때면 그는 격려해주고 커피를 끓여주었다. 덕분에 다시 힘을 내 음반 작업에 몰두할 수 있었다. 그는 수십 년간 음악 작업을 했고 음반 제작에 지칠 줄 모르고 헌신해왔기에 쉽게 실망하거나 힘들어하지 않았고, 겸손하면서도 솔직했다. 밤마다 아마추어 실력으로 작업에 몰두하다 보니 집에 갈 때면 나는 녹초가 되었다. 하지만 그는 내가 집에 간 후에 혼자 남아 다음 날 작업을 위해 필요한 편집, 편곡, 컴파일링을 하느라 시간을 보냈다. 정말 지치고 고됐을 것이다. 그런 사람을 만나서 함께 작업한 것은 나에게 정말 큰 축복이었다.

13명의 노고가 합쳐져 '마일즈 오브 더트(Miles of Dirt)'라는 앨범이 완성되었다. 앨범의 모든 가사 하나하나가 내게는 복합적 의미를 띠고 있다. 내가 어릴 때 좋아했던 소리, 리듬, 가사를 사용했기에 기발하면서도 빈틈이 없고 개인적으로 큰 의미가 있다. 조니 캐시나 아이작 헤이스와 비슷하게 들리는 부분도 있지만, 오마주로 착각할 정도는 아니다. 마틴과 릴라는 앨범에 들어갈 삽화와 사진을 준비해주었다. 최종 앨범은 여섯 장을 제작해 한 장은 보관용으로 남기고 다섯 장은 선물하거나 판매할 계획이다. 현지 인쇄소/제본소에서 사본을 수작업으로 인쇄한 다음 예전 방식으로 일일이 바느질할 것인데, 앨범의 특성에 잘 어울리는 방식이라고 생각한다. 특별한 사례를 만들 기회이므로 하나도 놓치지 않을 것이다. 어쩌면 언젠가 남들처럼 모든 곡을 인터넷에 올려서 스트리밍 서비스를 제공할지도 모르지만, 지금은 그렇게 하지 않을 생각이다. 내가 완성한 유일한 예술 작품이자 아낌없이 고민하고 투자한 결과물이다. 그러므로 누구나 즐길 수 있는 '콘텐츠'로 제공하는 것은 당분간 보류할 것이다.

‡

최근에 뉴욕 뉴버그에 있는 낡은 소방서를 매입했다. 지역 주민들이 잘 알다시피, 이곳은 컬럼비아호스 컴퍼니 2호의 본거지였다. 뉴버그에 역사 애호가가 많이 살아서 그런 것이 아니라,

입구 상단에 그렇게 새겨져 있다. 나도 이곳에 몇 번 와보지 않았지만 그 명칭에 대한 유치한 농담을 세 번이나 들었던 기억이 있다. 적어도 이웃 사람들이 계속 관심을 보인다는 뜻이었다.

뉴버그는 허드슨 밸리의 더 멋진 곳에 사는 사람들이 이혼한 후에 모여드는 곳이었다. 허름하고 약간 위험해 보이기도 했지만 다양한 가능성이 있어서 새 출발을 하기에 좋았다. 그냥 하는 빈말이 아니라 나도 이곳에서 인생을 새로 시작하면 잘될 것만 같았다.

뉴버그의 역사는 순탄했다. 수십 년간 마을은 계속 커졌고 번성했으며 팽창했다. 하지만 미국의 수많은 산업 도시를 무너뜨린 바로 그 힘이 뉴버그에도 작용했다. 뉴버그의 운명이 안타까워 보일지 몰라도 부유하고 번창하는 세계 주요 도시에 비해 딱 하나 좋은 점이 있다. 그것은 바로 생활비가 비싸지 않다는 것이다. 제작업자, 페인트공, 조각가, 무용수, 배우 등 모든 사람은 생활 터전이 있어야 하지만 대부분 경제적으로 쪼들린다.

뉴욕에도 이렇게 잊힌 동네가 여럿 있다. 지난 40년간 나는 대담한 예술가들이 작업 공간, 즉 다락방이나 스튜디오를 찾는 과정을 지켜보았다. 예술가들이 지나가면 건축가, 디자이너, 상점 주인, 식당 운영자 등이 몰려들었다. 그래서 10~20년 단위로 동네의 모습이 완전히 달라졌다. 월세가 오르면 예술가와 제작업체는 도심에서 좀 떨어지긴 해도 세가 저렴한 곳으로 자리를 옮긴다. 이런 현상을 가리키는 표현이 두 가지 있는데, 하나는 젠트리피케이션이고 다른 하나는 도시재개발이다. 예술가들이 몰려들기 전에 이곳에 살던 사람들은 조금도 배려하지 않기에 이런 상황이 벌어지는 것이다. 좋은 기회를 허비하는 것을 보면 안타깝기 그지없다.

최근에 택시를 탔는데, 뉴버그 출신의 젊은 택시 기사는 이 동네 소식을 훤히 꿰고 있었다. 운전을 쉴 때는 친구나 이웃을 위해 교육 센터를 조직하는데, 현지 도급업자나 관련직 종사자를 초빙하여 견습생 프로그램을 제공한다고 했다. 향후 도시 개발이 이루어질 때 현지 주민이 많은 혜택을 누리게 하려는 것이다. 도시재개발 공사를 하려면 어마어마한 인력이 필요하다. 여기서 태어나고 자란 사람들이 기술을 갖추고 시장에 진입하거나 열심히 노력해서 자기 고향에 집을 사고 직접 고칠 수 있다면 얼마나 좋겠는가? 그렇게 되면 이 마을에 새로 이사 오는 사람들도 같은 혜택을 누릴 수 있다는 희망이 생긴다. 내가 스물세 살에 더 똑똑하고 미래를 내다볼 줄 알았다면 얼마나 좋았을까 싶어 후회가 된다. 내 작업장에서 교육받으려는 사람이 있다면 나는 기꺼이 받아줄 것이다.

이제 건축업에 종사한 지 40년이 되었다. 그동안 내가 예상했던 것보다 훨씬 더 많은 일을 했고 흥미로운 프로젝트에도 많이 참여했다. 앞으로 내가 이 일을 몇 년이나 더 할 수 있을지는 모르겠다. 물론 20~30년은 더 하고 싶다. 그래도 이제는 생각을 조금 바꿔볼까 한다. 새 작업장은 '기적을 낳는 작업장(Workshop of Wonders)'이라 이름 짓고, 평생 처음으로 그동안 상상만 하던 것을 실제로 만들어보고 싶다. 화려하고 웅장한 것, 나에게만 의미가 있는 것, 그럼에도 다른 사람의 상상력에 도움이 되는 것도 좋을 것 같다.

매일 내가 하고 싶은 대로 이것저것 만들면서 자유롭게 시간을 보내라고 한다면 오히려 겁이 날 것 같다. 지난 40년간 나는 필요한 것만 만들면서 정신없이 살아왔다. 30년 전에 인생을 마음대로 살 기회를 얻었다면 아무것도 안 했을지 모른다. 이제 와서 원하는 대로 하면서 사는 것이 과연 내 능력으로 감당할 수 있는 일인지 모르겠다. 필요한 것을 만들며 살다 보니 바쁘게 일하는 습관이 뼛속까지 배인 듯하다. 주말 내내 해변에만 있는 것은 참을 수 없다. 지금도 종일 공구를 만지지 않으면 일한 것 같지 않아서 몸이 찌뿌둥하다. 자유가 주어졌을 때 내 안에 영감이 부족하다는 점이 드러나는 것은 별로 겁나지 않지만, 창의적인 것을 만들려는 노력의 결과물에 만족하지 못할까 봐 두렵긴 하다. 수십 년간 이 일을 했지만, 다시 초보자가 된 기분이다.

마크 앰브로시노와 나는 두 번째 앨범을 녹음하기로 했다. 이번에는 다른 음악가처럼 모음집 형태로 만들어서 더 많은 사람에게 선보일 것이다. 작곡은 이미 끝났고 연습도 충분히 해보았다. 이 책이 출간된 시점이면 앨범도 아마 완성되었을 것이다. 혹시 음반을 들어보고 싶은 사람이 있을지 모르니, 음반명이 '하드 투 태임(hard to tame)'이라는 점을 밝혀둔다. 내가 대중 앞에서 실제로 공연할 가능성은 거의 없다.

내 작업대 밑에는 6년 전부터 만들기 시작한 기타 부품 상자가 여러 개 있다. 그것부터 시작해볼 생각이다. 절반 정도 만든 것은 절반밖에 지키지 못한 약속과 같아서 내 양심을 아주 불편하게 만든다. 처음 만들기 시작할 때는 지금 가지고 있는 기타만큼 멋진 악기를 완성할 거라고 자신했다. 기타 부품이 몇 년째 먼지에 덮여 있으므로 예전만큼 자신만만하지는 않다. 현악기를 만드는 장인은 기술 완성도를 높이는 데 수십 년을 투자하는데, 나는 정말 멋진 기타를 이미 여러 대 가지고 있으니 기대치가 높다. 이를 알아낼 방법은 하나뿐이다.

그 밖에 설계만 하고 마무리하지 못한 침대도 여러 개다. 수년 전에 제목은 생각나지 않지만 어떤 영화를 보다가 중국의 웨딩 침대에 반해버렸다. 침대에 들어가면 신혼부부만의 로맨스와 신비로움이 완전히 가려진다는 사실이 마음에 쏙 들었다. 영화를 보고 나서 여섯 개의 독특한 디자인을 만들어보았다. '가구'라기보다는 '환경'이라고 해야 할 것이다. 어떤 침대는 온통 반짝거리는데 캐노피에 조개 모양의 유리 디스크가 가득 달려 있기 때문이다. 또 다른 침대는 고대 늪지에서나 볼 만한 덩굴처럼 생긴 것이 사람의 몸을 포근히 감싸준다. 세 번째 침대는 천을 짜고, 자수를 놓고 매듭을 짓는 작업을 모두 동원하여 만든 직물 침대다. 나머지 침대도 다 현실에서 쉽게 찾아볼 수 없는 야심찬 작품들이다.

기타와 침대 작업을 모두 끝내려면 여러 해가 걸릴 것이다. 운이 좋으면 뭔가를 만들고 싶은 내면의 욕구가 충족될 것이고, 그렇지 않더라도 또다시 뭔가 완벽한 것을 직접 만들려는 시도는 조금 줄어들 것이다. 둘 다 아주 소소한 것까지 완벽하게 끝낼 수 있다고 생각한다. 내 생각이 틀렸을지 모르지만, 적어도 나에게는 매우 흥미진진한 도전과제다.

일단 두 가지 프로젝트를 잘 끝내고 나면, 또 어떤 일에 도전할지는 나도 모른다. 지금보다는 작고 단순한 물건을 만들 수도 있고, 반대로 더 대범해져서 벽 위로 올라가거나 천장을 덮는 것을 만들지도 모른다.

프로젝트의 규모나 범위는 한계를 정하고 싶지 않다. 프로젝트의 규모가 내 욕심을 채울 만큼 충분히 크고 호기심을 자극한다면, 주저하지 않고 바로 팀을 조직해서 일을 시작할 것이다. 건축업계에는 아직도 내가 풀지 못한 난제가 많기에 계속 도전하고 싶다. 나는 고독한 예술가 유형과는 거리가 멀다. 중요한 것은 내가 무엇을 만드느냐가 아니라 만드는 과정이다. 나도 이제 내 기대치에 부응할 만한 기회를 누리고 있다. 아직은 옆으로 한발 물러나서 다른 사람에게 그런 기회를 양보할 마음이 없다. 두려움에 굴복하지도 않을 것이다. 사실 나는 이미 작업장 간판을 주문해놓은 상태다. '기적을 낳는 작업장'이라는 간판 말이다.

에필로그

내 오해다.

2년 전, 퇴근길에 파크 애비뉴를 지나 할렘 기차역 방향으로 접이식 자전거의 페달을 밟았다. 장시간 내린 비로 바닥은 젖어 있었고, 저녁 무렵이라 시야도 흐릿했다. 나는 평소대로 조심스럽게 자전거를 몰아서 물이 넘치거나 고인 부분을 통과했다. 20개월 전에 어느 운전자가 자전거 도로를 제대로 확인하지 않고 정차하는 바람에 캐딜락과 주차된 차 사이에 끼인 적이 있었다. 그때 넘어지면서 왼쪽 손목이 골절되었다. 하지만 내가 활동하던 밴드가 공연하는 날이라서 아픈 것을 꾹 참고 밴드 공연에 참여했다. 다음 날에야 병원에 가서 치료받았다.

손목을 다친 지 10개월 정도 지났을 때, 메트로폴리탄 미술관 근처에서 조깅하던 사람과 부딪혔다. 버스 뒤에서 갑자기 달려 나오는 사람을 피할 수 없었다. 넘어지면서 오른쪽 골반이 땅에 세게 부딪혔다. 골반 부서지는 소리가 귀에 들렸지만, 현실을 인정할 수 없었다. 나는 다시 자전거에 올라타고 현장으로 갔다. 진통제 세 알을 삼키고 한 시간 정도 절뚝거리며 현장을 돌아다니다 폴린의 성화를 이기지 못하고 응급실로 갔다. 그날 저녁에 대퇴골두를 접합하느라 10cm 길이의 핀을 세 개나 박았다. 통증이 너무 심해서 사람들이 마약성 진통제를 찾는 이유를 알 것 같았다.

두 차례의 사고는 모두 내 잘못이었다. 자동차가 부주의하게 운전하는데도 자전거로 그런 차들에 가까이 다가가는 못된 습관이 문제였다. 캐딜락 운전사가 정신을 단단히 차리게 만들겠다는 생각이 부상의 원인이었다. 조깅을 하다가 내 자전거에 부딪힌 남자는 파란불을 보고 뛰어온 것이었다. 내가 더 조심했어야 했다.

뼈가 부러진 데에는 그만한 사연이 있다. 그날 밤 나는 파크 애비뉴에서 자전거로 조심스레 이동 중이었다. 두 차례의 사고를 통해 깨달은 바가 있었기에 길가에 바짝 붙어서 자전거를 몰았다. 1m가 채 안 되는 물웅덩이를 지나는데, 웅덩이 표면에 빛이 반사되는 바람에 아래에 자전거 앞바퀴가 빠질 정도로 크게 팬 부분이 있는 것을 알아보지 못했다. 자전거가 앞으로 콰당 넘어지면서 체중이 앞으로 쏠렸고 결국 윗입술이 찢어졌다. 잠시 후 나는 경계석 바로 옆에서 몸을 추스르고 일어났다. 셔츠는 온통 피투성이였다. 혀로 앞니를 훑어보니 입천장에 앞니가 납작하게 달라붙은 것 같았다. 혼다를 몰던 여자가 비명을 지르며 차를 세웠다. "세상에나, 어쩌면 좋아? 괜찮으세요?" 여자는 손수건을 내밀었다. 그 여자는 나와 한참 떨어져 있었기에 내가 다친 것과는 무관했다. 그런데도 자기가 잘못한 것처럼 마음 아파하는 모습이 신기할 따름이었다. 조금 떨어진 곳에 수술복 차림의 젊은 의사가 건널목 앞에서 신호를 기다리고 있었다. 서둘러 그쪽으로 가려고 하는데 의사가 내게로 다가왔다. 나는 손수건을 치우고 "많이 심각한가요?" 하고 물었다.

"네, 그런 것 같아요. 바로 저기가 응급실입니다."

나는 자전거를 접어 들고 한 블록 반 정도 떨어진 응급실로 걸어갔다. 중증도를 분류하는 간호사는 자기 책상에 피를 흘렸다며 나에게 짜증을 냈다. 그는 몇 가지 서류를 작성하라고 하더니 다시 대기실에서 기다리라고 했다. 나는 대기실에 멍하니 앉아서 부주의했던 나 자신을 한없이 탓했다. 친절한 레지던트가 최선을 다해 내 상처를 봉합해주었다. 몇 개월 후에 치과에서 치아 두 개를 새로 심었다. 그 전에 미리 위턱의 갈라진 틈 사이로 새 뼈가 자라도록 유도하면서 치아 심을 자리를 정해둔 터였다.

치아를 잃었지만 별로 아깝지 않았다. 학교에 들어가기 전에 시소에서 떨어져 이미 다쳤던 치아였다. 내가 시소 뒷자리에서 갑자기 떨어지면 맞은편에 앉은 친구가 어떻게 될지 궁금해서 일부러 떨어진 것이었다. 영구치 중 하나는 이미 오래전에 뿌리까지 다쳐 시커멓게 변해서 빼버렸는데, 무방비 상태로 누군가에게 세게 얻어맞아서 다친 것이었다. 아무튼 새로 심은 치아는 희고 반짝거려서 훨씬 보기 좋았다. 하지만 지금도 내 것이 아닌 듯 이질감이 느껴진다.

넘어져서 얼굴을 다치면 통증이 심하지만, 시간이 지나면 차차 나아진다. 하지만 완벽하게 치유되는 것은 없다. 나는 인생의 모든 고통을 내 걸음걸이에 고스란히 담아낸다. 누군가 너무 가까이 다가오면 두 눈에는 금세 두려움이 나타나고, 부끄러운 마음을 가리려고 거짓말을 할 때도 있으며, 다른 사람에게 돌이킬 수 없는 고통을 준 일이 떠올라 마음이 힘들 때도 있다.

‡

내가 만나본 좋은 선생님들은 한 가지 교훈을 강조했다. 그것은 바로 모든 일을 가능한 한 완벽하게 해내라는 것이었다. 100% 정확한 것이야말로 추구할 만한 가치가 있는 유일한 목표다. 이 교훈은 독하게 마음먹어야만 실천할 수 있으며, 최상의 결과를 보장한다. 교훈 자체에는 문제가 없다. 완벽함을 도모하라는 것인데 뭐가 문제겠는가? 하지만 이보다 더 어려운 교훈이 있다. 실패, 무너짐, 약점, 오류를 함부로 조롱해서는 안 된다는 것이다. 이런 것을 두 팔 벌려 환영할 수 없겠지만, 살다 보면 이런 것을 순간마다 경험하게 된다.

이 세상에는 부러지고 망가진 것이 셀 수 없이 많다. 우리가 하는 일도 대부분 잘 마무리되기 어렵고 완벽하게 마무리되는 일은 하나도 없다. 심각한 실수를 저지를 때도 있다. 이 세상은 거대한 불협화음의 연속과 같다. 그건 내 탓이 아니라고 말하고 싶지만 나 자신을 솔직히 돌아보면 차마 그 말을 내뱉을 수 없다. 이 세상은 우리가 만든 것이므로 모든 책임은 우리에게 있다. 아무리 훌륭한 것이든 아무리 끔찍한 것이든 이 세상은 인류가 얼마나 멀리 와버렸는지 정확히 반영하고 있다. 솔직히 말하면 "나는 아름다움과 영예, 모든 좋은 것을 배우는 사람이야"라고 소리 지르고 싶다. 이 세상의 모든 부정적인 것에서 면제받을 수 있다면 정말 좋을 것이다. 하지만 그럴 수 없는 이유는 내가 여전히 많은 실수와 잘못을 저지르기 때문이다.

내가 이 세상에 긍정적으로 이바지한 것은 거의 없다. 내가 만들거나 건축한 것의 4분의 3은 도시 쓰레기장에 버려져 있다. 이곳저곳에 유용한 역할을 한 적도 있지만 그에 못지않게 해로운 영향도 미친 것이다. 내가 굳게 믿던 것이 나중에 알고 보니 아무런 의미가 없었다. 끔찍이 아끼던 것도 나중에는 아무런 가치가 없었다. 그런데도 시험받는 것이 두려워서 굳은 신념을 버리지 못했다. 편안함과 안정감은 부조화와 두려움을 외면하게 만드는 강력한 아편과 같다.

나 자신은 물론이고 다른 사람들도 행복하게 해줄 수 있는 격언이라도 소개할 수 있다면 좋을 것이다. 그런 격언은 누구나 쉽게 찾아낼 수 있다. 디즈니 영화만 보더라도 자신의 마음이 가는 대로 살라고 알려주지 않는가. 하지만 나는 나이 지긋한 월트가 인간의 마음을 과연 제대로 이해했는지 의문이 든다. 백설공주가 즐거운 마음으로 자기 마음이 가는 대로 행동했는데, 그녀를 죽이려고 한 못된 여왕도 사실 자기 마음이 이끄는 대로 행동한 것이기 때문이다.

신화학자 조지프 캠벨은 "자신의 희열을 따라가라"라는 명언을 남겼다. 캠벨이 행복의 근원을 찾고 이를 가꾸는 데 평생을 바쳤다는 점은 알려지지 않았다. 그는 주방에 있는 냉장고 자석에서 행복을 찾지 않았다. 행복은 뜻하지 않게 오는 경우가 거의 없다. 대부분 사람은 희열을 맞이할 준비가 제대로 되지 않았다.

축복과 희열은 실제로 존재한다. 종종 우리를 포근히 감싸주는데, 어쩌면 항상 그런지도 모른다. 단지 우리가 별것 아니지만 기분 나쁜 일을 투덜거리면서 견디느라 축복과 희열을 알아차리지 못할 뿐이다. 우리는 조그만 균열에도 분개하는 미치광이들이다. 균열이 일 때마다 우리는 고통받고, 잠을 이루지 못한다.

지금까지 나는 이러저러한 이야기를 하면서도 도덕적인 교훈을 직접적으로 언급하지 않았다. 하지만 이야기에 잘 녹아 있으니 직접 찾아보기 바란다. 내가 말해주는 것보다 독자가 숨겨진 교훈을 직접 찾는 것이 훨씬 효과적이고 의미가 있다. 그러나 몇몇 교훈은 쉽게 접하기 어려운 것이니, 내게 주어진 마지막 지면에 가능한 한 명확하게 설명해볼까 한다.

이야기의 교훈

모든 실수는 하나의 문과 같다.

열쇠는 실수 뒤에 숨겨져 있다.

첫 번째 사고는 전적으로 내 탓이었다. 나는 캐딜락 운전사의 부주의한 태도를 응징하고 싶었다. 하지만 그 대가로 내 손목을 다치고 말았다.

두 번째 사고도 전적으로 내 탓이었다. 빨간불인데도 자전거를 세우지 않았다. 사실 뉴욕에서 자전거를 타는 사람들은 대부분 적색신호를 무시해도 된다고 생각하는데 굉장히 잘못된 생각이다. 나는 버스 주변을 살피지 않았다. 조깅하던 사람이 내 앞으로 뛰어나왔지만, 그는 잘못이 없었다. 내 자전거와 부딪혀 넘어졌지만, 그는 욕설 한마디를 내뱉고는 그대로 뛰어가버렸다.

어쩌면 그 사람도 나만큼 심하게 다쳤을지 모른다.

　세 번째 사고가 날 무렵에는 이전 실수를 통해 교훈을 얻었기에 무모하고 못된 충동을 억눌렀다. 주변의 위험 요소도 충분히 인지했고, 나름대로 조심하면서 자전거를 몰았다. 그럼에도 이번 사고 또한 내 잘못이었다. 서두를 이유가 없었기에 기차역까지 자전거를 끌고 걸어갈 수도 있었다. 비에 젖는 것쯤은 아무렇지 않게 생각한다. 나는 강한 사람이니까. 내가 다른 사람보다 더 강하고 생각이 깊고 결단력이 강하다고 생각하는 것은 착각일지 모른다. 사실 나도 보통 사람처럼 약한 인간이다. 다치거나 죽을 수 있고, 언젠가는 죽을 것이다. 그날 윗입술이 콧구멍까지 다 찢어지고 이는 여러 개 부러졌으며 머리를 심하게 다쳐서 6주간 걱정은 고사하고 아무 생각도 할 수 없었다. 그동안 내가 잘못 생각한 것이었다. 내가 하는 모든 일에는 분노, 악의, 무관심, 우쭐대는 마음이 숨어 있었다. 그런 감정이 없는 곳에는 비겁함, 시기, 탐욕, 악의가 파고들었다. 생의 모든 갈림길에서 그런 감정이 나의 의도를 좌지우지하거나 나를 쿡쿡 찌르고 심지어 강하게 밀치기도 했다. 나만 그런 것이 아니라 사람은 누구나 이렇다.

　우리가 사는 이 세상을 둘러보면, 아름다운 모습도 있고 야만적인 구석도 있다. 인간의 심리와 정말 똑 닮은 것 같다. 달리 사람의 심리를 설명한 방법이 없지 않은가? 우리가 이 세상을 만들었고, 이 세상에 맞춰서 사람의 심리가 만들어진 것이다. 우리가 만나는 모든 사람은 고통, 수치심, 슬픔에 둘러싸여 있다. 또한 희망과 바람, 경탄을 느낄 때 큰 힘을 얻는다.

이 세상에는 나에게 영감을 주는 것이 많다. 놀라운 아이디어는 자부심도 느끼게 해준다. 이런 것들은 소중히 여기고 오랫동안 보존해야 한다.

하지만 자유를 얻는 놀라운 비결은 잘못을 저지르거나 틀린 선택을 수없이 반복하는 자신을 냉정하고 단호하게 판단하고, 고통의 악순환을 초래하는 어리석은 생각이나 행동을 멈출 줄 아는 것이다. 그렇게 하지 않고서야 어떻게 살아갈 용기를 얻겠는가? 이것 외에 타인이 살면서 느끼는 고통을 헤아릴 방법이 있을까? 우리가 사는 이 세상의 불합리한 부분을 개선할 만한 다른 방법은 없을 것이다.

잘못을 저지르는 것은 두려워할 필요가 없다. 나를 포함하여 모든 사람이 잘못을 저지른다.

열심히 일하고, 넘치게 사랑을 베풀며 살아가자. 나도 그렇게 살려고 노력할 것이다.

마무리

사람은 다 비슷하다. 장기, 팔다리, 얼굴의 주요 특징은 모든 사람이 같다. 두뇌도 같은 메커니즘에 따라 움직이는데, 단백질과 에너지를 사용한다는 점도 공통적이다. 정도의 차이는 있으나 근본적인 차이는 없다. 누가 뭐라 해도 지금의 나를 만든 것은 우연이었다. 인생에 대해 배운 점은 그리 많지 않은데, 그나마 그러한 교훈이 손을 뻗으면 닿을 만큼 가까이 있었기에 내 것으로 만들 수 있었다. 지구 반대편에 사는 사람은 나와 전혀 다른 환경에서 성장할 것이고 전혀 다른 영향을 받을 것이다. 우리는 다양한 방식으로 생각해야 하며, 그러한 차이가 중요하다는 점을 배웠다. 그런 차이점은 정말 중요한 것일까?

역사는 길고 세상은 방대하므로 우리는 결코 이 모든 것을 알 수 없다. 사실 어떻게 해야 할지조차 파악하기 어렵다. 내가 9년밖에 살지 않았던 어린 시절의 집을 생각해보면 항상 눈길을 끄는 것이 몇 가지 있었다. 식당 벽지에는 내가 피츠버그 마차라고 생각한 것이 그려져 있었다. 벽난로에는 주철과 세라믹으로 만든 가스버너가 있었는데 밸브를 돌리면 불이 붙었다. 성냥도 항상 있었다. 다락방에는 어머니가 사용하시던 스웨덴 베틀이 있었는데 셔틀과 발판, 잉아(베틀의 날실을 끌어올려서 씨실이 들어올 자리를 만들어주는 장치―옮긴이)가 움직이는 모습은 나에게 마술처럼 느껴졌다. 지하실에서는 테이블톱에서 나는 거친 소리가 이어졌다. 그리고 피아노도 한 대 있었는데, 철로 된 부분과 가문비나무로 된 부분이 섞여 있었다. 피아노 아래쪽은 덮개가 없어서 내부가 고스란히 드러나 있었다. 내가 사는 세상은 내가 무엇을 원해야 할지 알려주었던 것 같다.

우리가 하는 일은 우리가 앞으로 어떤 모습이 될지를 결정한다. 적절한 지도를 받고 열심히 집중해서 매일 어떤 일을 하다 보면, 우리의 생리적인 부분과 심리 상태가 달라지며, 자기 자신과 이 세상에 대해 느끼는 바도 달라질 수 있다. 성취감과 자존감은 서로 밀접하게 관련되어 있다. 매일 꾸준히 노력할 경우, 학생은 한 달간의 연습을 통해 새로운 자료의 약 5%를 습득할 수 있다. 하지만 복리 이자가 무섭게 늘어나듯이 이 과정을 13개월간 지속하면 거의 100%에 가까운 성취도를 달성할 수 있다. 만약 이 학생이 매일 꾸준히 노력하는 과정을 40년간 지속하면 어떻게 될까? 아마 학생이라는 말과는 상당히 거리가 먼 전문가가 될 것이다. 트럼펫 거장 허브 알퍼트를 가르친 교사의 말을 조금 각색하면 아마 이렇게 될 것이다. "허브, 중요한 건 나팔이 아니야. 네가 어떻게 하느냐에 달렸어."

한때 신경과학자들은 정확성과 표현력이 뇌에서 서로 정반대 위치에 있다고 단정했다. 당시에는 매우 중대한 사안이었다. 어떤 이유인지 몰라도 당시 심리학자나 신경학자들은 뇌량이 좌우 반구를 확실히 연결해준다는 사실에 별로 유의하지 않았다. 신경은 3억 개나 되므로 얼마든지 상호작용할 수 있다. 내 작업장에서도 전선만 연결되면 모든 기계에 동시에 전기를 공급할 수 있다. 수사학, 그림, 격투기, 시, 음악, 무용, 과학까지 두루 공부한 사람이라면 언어와 수학이 얼마나 밀접하게 관련되어 있는지 잘 알 것이다. 어떤 학문을 연구하든 간에, 기술과 호소력, 정확성과 표현력, 진실과 아름다움을 발견할 수 있다.

오랫동안 나는 결국에는 인생의 의미를 깨닫게 되리라고 믿었다. 인생은 신성할 정도로 단순하고, 악마처럼 복잡하다. 인생은 자연법칙의 지배를 받으며, 이것이 곧 혼돈의 정의다. 우리는 축복받은 존재이자 저주받은 존재다. 온 우주가 내 안에 있지만, 사람은 모두 혼자다. 어떤 이는 이 세상이 무의미하다고 말하지만, 내 심장은 여전히 인생의 목적을 위해 열심히 뛰고 있다.

사람은 저마다 표현 방식이 다르다. 한동안 셰익스피어의 글이 도무지 이해되지 않았는데, 익숙해지고 나니 의미를 알 것 같았다. 그러나 초서의 글은 여전히 수수께끼다. 얼마 전까지만 해도 어떤 사람이 어떤 일을 하려는 생각이 들면 "나는 이걸 하려고 해"라든가 "나는 저

일을 할 생각이야"라고 표현했다. 최근 몇 년간 나도 목표에 시선을 고정할 때 이런 표현을 사용했다. "난 이 일을 끝낼 거야." 이 표현은 의도를 많이 부각한 것이다. 집중해야 할 필요성을 인정하고, 그 과정이 쉽지 않을 것임을 암시하며, 운이 좋기를 바라는 마음도 담겨 있다. 하지만 그 말이 성공을 보장하는 것은 아니다. 내 약점에 굴복하거나 내가 쏟은 노력을 스스로 물거품으로 만들 가능성도 있다. 어쩌면 내가 하려는 일에 비해 내 능력이 턱없이 부족할지 모른다. 주변 상황 때문에 내가 바라던 결과를 얻지 못할 가능성도 있다. 그렇지만 적어도 현재 내 자리에서 내 목소리를 낼 수 있다는 사실이 중요하다.

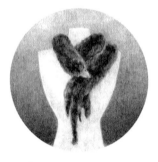

인생의 대부분은 일하는 시간으로 이루어진다. 이 세상 모든 것은 관리나 돌봄이 필요하다. 사업, 인간관계, 가정, 정원, 기계, 관심사, 신체, 심리 등 어느 것도 예외가 아니다. 누군가 계속 유지, 관리하지 않으면 모든 것이 무너져버리고 만다. 물론 관리해도 결국 무너지는 것도 있다. 좋아하는 일을 하면 즐겁겠지만, 그와 반대로 원치 않아도 반드시 해야 하는 일이 많다. 자신의 인생 영역에서 대부분의 구성요소가 잘 관리되고 문제없이 작동하는 상태가 되려면 엄청난 노력이 든다. 열심히 노력해서 그런 상태에 도달한다면 자부심을 가져도 좋다. 더 나아가 이를 자축하는 시간을 마련해도 전혀 이상하지 않다. 파티를 열면 재미있겠지만, 꼭 그래

야 하는 것은 아니다. 그저 이웃 사람이 담장 너머로 "그 집 정원
은 정말 아름답네요"라고 칭찬하는 말을 듣는 것으로 충분할지
모른다. 그때 "고맙습니다. 이렇게 정원을 가꾸니 자부심이 생기
네요"라고 화답하면 된다.

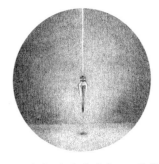

이 세상에서 중요한 기준은 내가 반
드시 지키는 것뿐이다. 상대방이 우
리가 아직 배우지 못한 기준을 우
리에게 적용한다면, 친절로 받아들
일 수 있다. 그 기준을 자신에게도
같은 수준으로 적용한다면 그는 존
경받아 마땅하지만, 그렇게 하지 않는다면 그런 사람은 우리에
게만 친절을 베풀고 정작 자신을 돌보지 않는 것이다. 나 자신에
관해 높은 기준을 세우고 그에 도달하기 위해 끊임없이 노력한
다면, 인생은 갈수록 더 힘들어질 것이고 나의 부족한 점은 끝도
없이 계속 발견될 것이다. 그러면 관용의 의미를 바꿔야 하고,
나 자신과 원만한 합의점을 찾아야 한다. 자신의 약점과 실수를
직면하고 괴로워하는 사람에게 현대 상담전문가는 그런 자기 모
습을 받아들이라고 격려한다. 나는 그런 단계에 아직 못 미치지
만, 관용은 어느 정도 실천하며 살고 있다.

어릴 때 넘어져서 다칠 때면 누군가가 나를 안고 달래주거나 손
수건으로 눈물을 닦아주기를 바랐다. 하지만 주변에 어른이 없
으면 눈물을 흘려도 아무 소용이 없었다. 물론 심하게 다쳐서 고

통을 참지 못해 우는 것은 달랐다. 아이들은 자신을 피해자로 여기는 경향이 강해서 수치심, 후회, 결단력보다는 자기연민을 앞세운다. 물론 아이들이 고통을 겪을 때 위로해 주는 것은 전혀 잘못된 일이 아니다. 대단한 업적을 세웠을 때 칭찬받아 마땅한 것처럼 힘든 일을 겪을 때 인정받는 것도 꼭 필요하다. 하지만 무릎이 살짝 까진 것을 비장이라도 파열된 것처럼 호들갑 떨 필요는 없다. 어린아이의 낙서는 엄청난 걸작품이 아니다. 때로는 "일어나봐. 괜찮을 거야"라든가 "애야, 참 멋지구나" 정도의 칭찬이면 충분하다. 그럴 때 그 아이가 더 성장할 가능성이 남는다.

내게 친구, 연인, 가족과 같은 사람을 잃는 것보다 더 큰 고통은 없다. 하지만 시간이 지나면 그들은 모두 내 곁을 떠나고 만다. 그래서 내 마음에는 사랑과 고통이 항상 공존하며, 사랑이 고통을 일으키거나 그 반대의 상황이 벌어진다. 사랑하는 사람을 잃으면 어떤 위로도 귀에 들어오지 않았고, 사랑하는 사람에게 연락이 오면 세상을 다 얻은 듯 행복했다. 살면서 만나는 모든 사람이 그런 절망감과 기쁨을 오가며 살아간다. 또 모든 것을 잃는다. 고통과 환희를 두고 우리는 선택해야 한다. 이 세상이 초래한 슬픔을 그대로 되갚을 것인가? 아니면 슬픔을 받아들이고 그 속에 반영된 것을 지켜보고 이를 발판으로 연민을 더 키울 것인가?

우리는 이 세상을 다시 만들 기회를 쥐고 있다. 원한다면 작은 것부터 바꾸려고 시도할 수 있다. 첫 번째 시도가 성공한다면 조금씩 변경 대상을 넓혀보라.

완벽에 관하여

훌륭한 것을 만들어내는 일에 대한 뉴욕 목수의 이야기

2024년 4월 28일 초판 1쇄 발행
2024년 9월 13일 초판 5쇄 발행

지은이 마크 엘리슨
옮긴이 정윤미

펴낸이 김은경
편집 권정희, 장보연
마케팅 박선영, 김하나
디자인 황주미
경영지원 이연정
펴낸곳 ㈜북스톤
주소 서울시 성동구 성수이로7길 30, 2층
대표전화 02-6463-7000
팩스 02-6499-1706
이메일 info@book-stone.co.kr
출판등록 2015년 1월 2일 제2018-000078호

ⓒ 마크 엘리슨
(저작권자와 맺은 특약에 따라 검인을 생략합니다)

ISBN 979-11-93063-43-9 (03100)

‡ 이 책은 저작권법에 따라 보호받는 저작물이므로 무단전재와 무단복제를 금지
하며, 이 책 내용의 전부 또는 일부를 이용하려면 반드시 저작권자와 북스톤의
서면동의를 받아야 합니다.
‡ 책값은 뒤표지에 있습니다.
‡ 잘못된 책은 구입처에서 바꿔드립니다.

북스톤은 세상에 오래 남는 책을 만들고자 합니다. 이에 동참을 원하는 독자 여
러분의 아이디어와 원고를 기다리고 있습니다. 책으로 엮기를 원하는 기획이
나 원고가 있으신 분은 연락처와 함께 이메일 info@book-stone.co.kr로 보내주
세요. 돌에 새기듯, 오래 남는 지혜를 전하는 데 힘쓰겠습니다.